개화국어

수능적 접근

KB251021

문장편

저자 **오극찬**

CONTENTS

개화 국어 수능적 접근 | 문장편

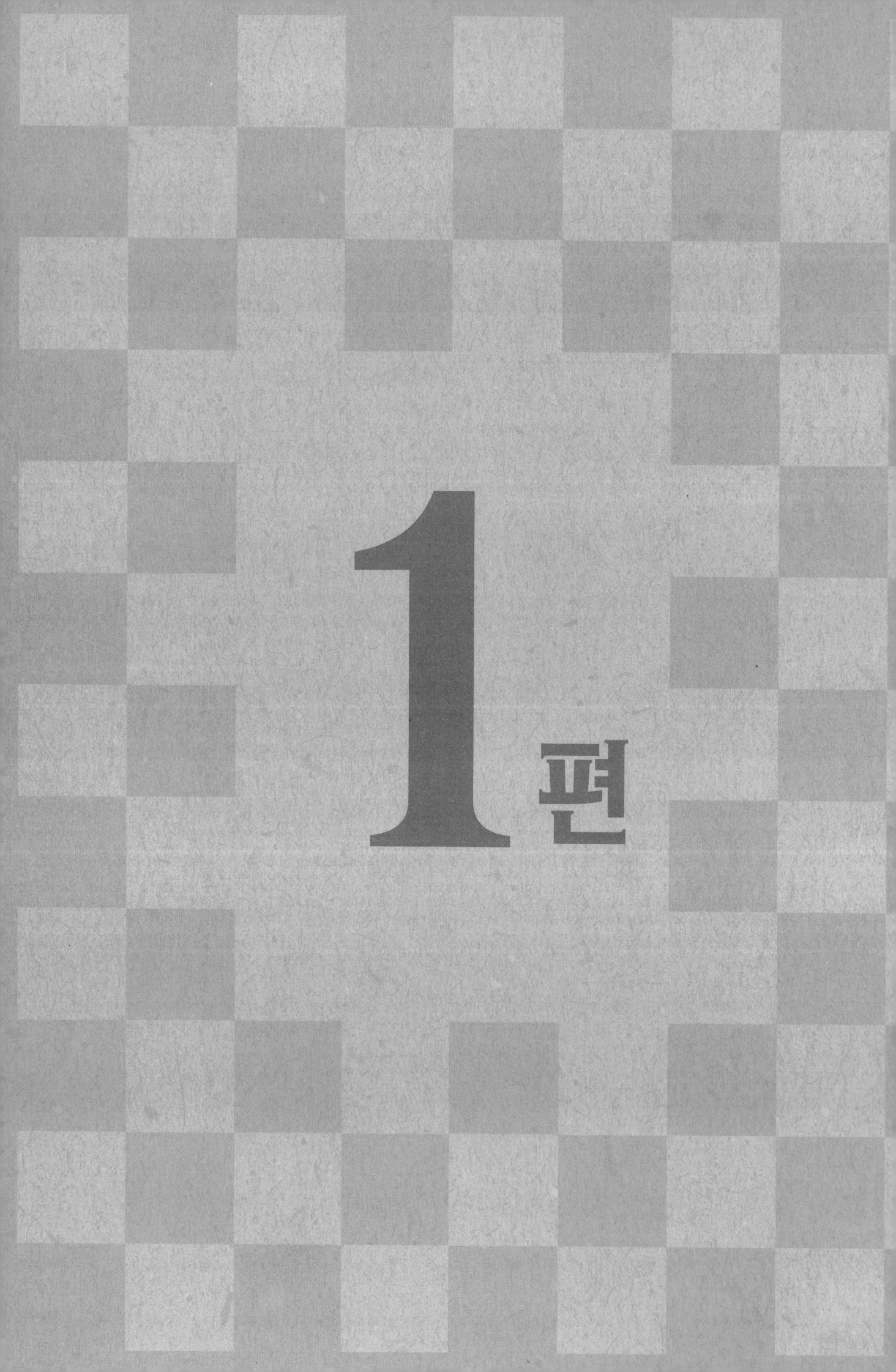

1편

Ⅰ. 사용설명서

들어가며

안녕하세요. 책 저자입니다.

여러분들의 이해를 돕기 위해 짤막한 사용설명서를 하나 제작했습니다.

제작 의도, 구성, 주의사항 등 저자로서 권하는 교재의 활용방안 정도를 실어놨어요.

마지막 부분엔 개인적으로 감사함을 표하고픈 몇 사람들이 있어서 그 사람들에게 전하고 싶은 말도 적어놨습니다.

중요한 내용은 아닙니다. 그냥 가벼운 마음으로 읽어 봐주세요.

제작 의도

정확한 시기는 기억이 잘 나지 않지만, 제 군 입대 이전에 일어난 일임을 고려하면 지금으로부터 꽤나 오래 전이었던 것 같습니다.

지금과 다르게 그땐 대학생 국어 과외를 하던 시기라 이리저리 찾아다니며 학생들을 수업하는 게 주 업무였습니다.

그날도 어느 때와 같이 시험장에서의 풀이를 한 학생에게 설명해주고 있었습니다.

그게 아마도 반추위 지문이었던 것 같은데, 갑자기 제게 묻더라고요.

> K: 근데 독서 지문 읽을 때, 그읽그풀❶이 뭐고 이걸 잘하려면 어떻게 해야 하나요?

그때의 저는 그읽그풀이 무슨 느낌인지 설명해주고 싶었으나 마땅한 방법이 떠오르지 않아 허둥 댔습니다.

그래서 지금은 내 능력이 부족하니 답변을 정제해 오겠다며 며칠만 시간을 달라했죠.

---

1. '그냥 읽고 그냥 풀기'의 줄임말로 이유는 모르겠지만, 수험판에서 유명한 말이다.

그러나 며칠 동안 그에 대해 아무리 고민을 해봐도 답을 내지 못했습니다.

이 고민은 그 친구의 입시가 끝나고 그가 저보다 좋은 학교에 진학할 때까지도 해소하지 못했습니다.

이는 그로부터 또 몇 년 후, 제가 군에 입대한 후 소대원들과 시답잖은 소리를 하며 낄낄대다가 해결됐습니다.

저도 이유를 모르겠는데 그 당시 소대 간부님 성대모사를 하던 중에 '읽는 게 무엇인지', '이를 어떻게 전달해야 할지' 생각이 들었습니다.

그래서 기억이 희미해질까 하여 기록해둔 뒤 이렇게 활자로 출판하게 됐습니다.

사실 어떻게 만들었고, 무슨 과정을 거쳤는지는 중요하지 않습니다.

중요한 것은 이 책이 **'그읽그풀이 뭐고 어떻게 잘하는지'에 대한** 200페이지 답변이라는 것입니다.

콘텐츠

• QNA

아무래도 이 책의 목표가 어느 글이든 적용 가능한 도구를 설명하다 보니 교재를 공부하시다가 궁금한 것들이 많이 생기실 거예요.

그럴 때를 위해, QNA 창구를 하나 만들었습니다.

바로 네이버 카페입니다.

https://cafe.naver.com/rlackdtjqeoajfl

여기 오셔서 교재 구매자 인증 후, [QNA게시판] - [수능적접근]에서 자유롭게 질문하실 수 있습니다.

사람이 별로 없어서, 웬만하면 제가 직접 달 듯합니다.

독자 여러분들은 오르비에 있는 판매 페이지에 질문을 하셔도 좋고, 카페에서 질문을 하셔도 좋습니다.

• 강의 영상

책 내용을 보면 아시겠지만, '훈련' 파트에는 별다른 해설지를 첨부하지 않았습니다.

그도 그럴 것이 처음에는 해설지를 만들었는데, 페이지 수가 900페이지를 넘어가더라고요.

이렇게 되면 판매가 불가능할 듯하여, 해설지는 과감히 폐기하고 녹화 강의를 업로드하는 방식으로 진행할 예정입니다.

강의 영상은 QNA와 마찬가지로 교재 구매자 인증 후, [강의] - [수능적접근]에서 자유롭게 보실 수 있습니다.

• 칼럼

교재 구매자들을 위해 정기적으로 칼럼을 업로드하지만, 일부 칼럼은 오르비에 업로드하기엔 부적절한 부분이 많습니다.

어느 순간부터 제가 누군가에게 무엇을 설명할 때, 쉽고 오류를 줄이는 것에만 초점을 맞추더라고요.

이런 전략이 전달의 측면에서도 직관적이고 이해가 잘될 뿐 아니라 신입 저자로서도 여러분의 관심을 끌기에 좋아 보이지만 반대로 수위, 도덕성 따위는 신경 쓰지 않게 되어 일부 학생들이 불편하게 느끼실 수 있게 됩니다.

이런 태도로 오르비에 글을 쓰면, 회사의 이름에 폐를 끼치는 일이 생길 듯합니다.

제 책을 출판해준 감사한 오르비에게 홍보를 가장한 민폐를 끼치고 싶지 않아, 칼럼의 수위를 조절하게 되었습니다.

제 칼럼 중 그나마 정제된 버전은 오르비에 업로드하고, 논란이 될 여지가 있는 칼럼은 카페에 업로드하기로 했습니다.

당연히 전달하고자 하는 내용은 유사하니 오르비에 올라간 내용만 봐도 충분합니다.

(수위 문제가 없는 콘텐츠는 모두 오르비에도 동일하게 업로드합니다.)

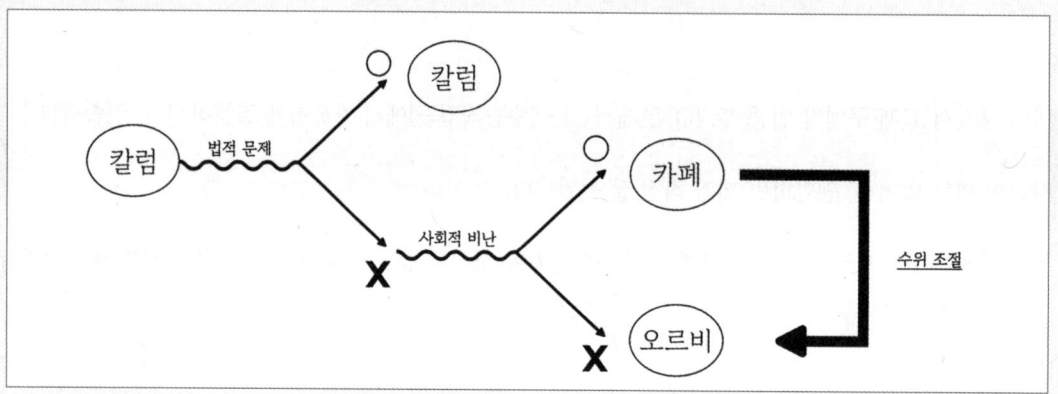

구성

• 개념

각 이정표에 대한 기본적인 개념을 설명합니다.

각 이정표들이 주는 느낌을 해명한다고 보시면 됩니다.

쉽게 말해, 이 책은 "A인 경우, B 해보자!" 라는 가언적 청유문의 형태를 띠고 있는데,

A는 **이정표**, B는 **가져야 할 느낌 및 행동강령** 정도라고 보시면 됩니다.

참고로 온갖 이상한 예시와 비유를 들어서 설명합니다.

예민하신 분들은 여러분은 '천박한 재해석', '실제사용', '최종결론'만을 주의 깊게 보시면 됩니다.

나머지는 이들을 이끌어내기 위한 징검다리에 불과하니까요.

• 훈련

개념에서 느낌을 학습했다면, 이를 훈련에서 연습할 수 있습니다.

즉, 개념에서 'A할 때 B하자!'를 배웠다면, 훈련에선 이걸 써먹어 보는 거죠.

훈련에는 평가원 모의고사 및 수능에 실린 예문을 실어 뒀습니다.

중요한 건 이를 점진적으로 구성했다는 겁니다.

'예시'의 학습이 완료된 독자는 '대비'에서 '예시'와 '대비'를 모두 활용할 수 있는 지문들을 마주치게 될 거예요.

가면 갈수록 뻑뻑해지는 느낌이 들겠지만, 잘 버텨봅시다.

권고사항

제가 여러분보단 나은 건 딱히 없지만, 이 책의 저자로서 주의사항 몇 개는 전달해드릴 수 있을 듯합니다.

꽤 중요하니 잘 읽어보십쇼.

• 가벼움

이 책은 가볍게 봐야 합니다.

친구들이랑 시답잖은 농담할 때 있잖아요. 그런 느낌으로 봐야 합니다.

공부의 본질, 독해력의 본질과 같은 대단한 소리는 집어치우고, 그냥 '저 인간이 뭔 개소리를 하나' 정도의 태도로 보면 충분합니다.

혹시 압니까? 그렇게 읽어보다가 뭔가 건질 수도 있잖아요.

이 책은 그런 태도로 봐야 합니다.

그도 그럴 것이 이 책은 단순히 사실로 여겨지는 정보를 전달하는 책이 아닙니다.

오히려 '어떻게 읽어야 하는가?'에 대한 느낌을 전달하죠. 즉 방법론 자체를 다룬다는 얘깁니다.

이런 방법론을 제시하는 책을 읽을 때 주의점은 그 책에 매혹되지 않아야 하는 겁니다.

특히 이 책을 구매하신 여러분들은 이 책에 매혹될 확률이 꽤나 높습니다.

우리 솔직해집시다.

제 책을 사는 사람들이 얼마나 되겠습니까?

여러분들이 국어 공부에 전혀 문제가 없고, 앞으로 어떻게 해야 할지 자신 있는 상태라면 제 책을 보겠습니까?

제 책을 구매하는 루트는 두 가지입니다.

대면 수업을 듣는 학생들 중 일부, 오르비에서 제 이상한 칼럼을 보고 관심을 가진 사람들 저는 수서역 어딘가에서 숨어 살고, 제 개인과외 학생들 중 국어를 잘하는 학생은 없습니다.

또, 오르비에서 제 칼럼을 보고 관심을 가진 사람들 중 국어를 잘하는 사람들은 그저 "인마 이거 웃기네 ㅋㅋ" 하고 넘기지 비싼 돈을 들여 제 책을 사지 않습니다.

그러니 이 책을 사서 보는 여러분들은 국어에 대해 어려움을 겪고 있을 확률이 높을 겁니다.

이런 상황에서 제가 현란한 혀 놀림으로 이런저런 팁을 제시해버리면 여러분들은 이에 홀릴 확률이 높습니다.

그러나 이는 좋지 못한 태도입니다.

제가 여기서 고안한 것들은 수험판에 존재하는 수많은 방법론 중 하나일 뿐이고 그것마저도 이미 이전 세대에서 다뤘던 논의들을 쉽고 천박하게 재해석한 것들입니다.

그러니 절대로 여기에 빠지지 말고, 참고하는 정도로만 읽어보세요.

즉 본인의 생각을 가지고 이 책은 그저 '도움 되면 좋고 아니면 그만'이라는 태도로 읽어보라는 겁니다.

· 말투와 표현 수위

책의 목적을 고려하면, 말투는 기본적으로 반말로 진행하는 것이 좋아 보입니다.

게다가 존댓말로 쓰면 글이 필요 이상으로 길어져요.

두꺼우면 여러분들이 안 살 거잖아요.

더하여 독해에 관해서 제가 여러분께 전달하고 싶은 천박한 느낌이 제대로 전달되지 않습니다.

그래서 반말로 썼습니다.

문제는, 반말도 반말이지만 천박한 내용이 있다는 것입니다.

이 책에 활용된 여러 예시 표현들을 보면 자극적이고 얼탱이가 없는 것도 많거든요.

이는 필연적인 선택입니다. 가볍게 느낌을 전달하는 책인데, 그 느낌을 진중하게 써버리면 제작 목적과 모순되잖아요.

그래서 딱 그 정도 가볍게 낄낄댈 정도로 볼 수 있게끔 만들어 놨으니 꼭 가볍게 보십쇼!

만약 책을 읽다가 '저자가 좀 이상한데' 하는 생각이 드실 경우, '아! 가볍게 읽으라 했지' 하고 편한 마음으로 읽어보시길 바랍니다.

마치며

책을 만드는데 감사한 사람들이 너무나도 많습니다.

물론 제가 젤 수고했죠.

그러나 제가 이렇게 책을 쓸 수 있었던 건 제 힘만이 아니었던 것 같네요.

생각나는 이름을 몇 꼽아보자면.....

많은 생각의 원천이 되어준 H, 집필의 희생양이 된 **창섭**, **해성**, 검수를 맡아준 **준용**, **지선**, **주형**, **승혁**, **성연**, **지성**, **유영** 시각 장애인용 오디오 녹음을 맡아준 **지민**, 천박한 제 생각을 펼칠 출판 기회를 준 오르비 분들, 제 이상한 소리를 받아주며 교재 완성을 도와주신 **오르비** 전온유 담당자님, 인용 및 디자인 활용을 허가해주신 **김해마루** 판사님, 귀찮으실 법한 질문에도 흔쾌히 자문을 맡아주시고, 이론 사용을 허가해주신 **변종필** 교수님, **김도현** 교수님, 그리고 제가 교육적으로 영향을 많이 받았던 **이해황** 선생님, **박새봄** 선생님, **이재빈** 선생님께 감사의 말씀을 드리고 싶습니다.

그 외로 **지민**, **서윤**, **인우**, **승규**, **담**, **민성**, **조은**, **나윤**, **주성**, **현진 등**.. 많이 있네요.

특히 **이해황** 선생님께서 교재 내용의 인용을 허가해주셔서 독자 분들께 편하게 설명할 수 있었던 것 같습니다. 정말 감사합니다.

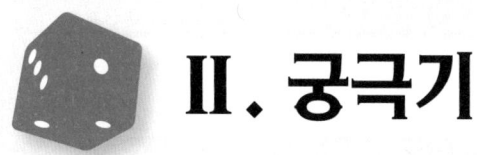

II. 궁극기

들어가며

이 단원은 지금부터 할 모든 논의들을 한 단원으로 요약한 것이다.

지금 얘기하는 내용을 이해한다면 다른 내용들은 보지 않아도 좋다.

권장하는 학습 방법은 이 내용을 인터넷 강의와 같이 수강하는 것이다.

1강에 모든 것들을 다 설명하는 내용을 올려뒀으니, 이 부분을 학습할 때 꼭 참고하길 바란다.

OT

아래 문장을 진심으로 읽어보자. 이해하겠다는 태도로. 천천히.

> 정립-반정립-종합. 변증법의 논리적 구조를 일컫는 말이다. 변증법에 따라 철학적 논증을 수행한 인물로는 단연 헤겔이 거명된다. 변증법은 대등한 위상을 지니는 세 범주의 병렬이 아니라, 대립적인 두 범주가 조화로운 통일을 이루어 가는 수렴적 상향성을 구조적 특징으로 한다. 헤겔에게서 변증법은 논증의 방식임을 넘어, 논증 대상 자체의 존재 방식이기도 하다. 즉 세계의 근원적 질서인 '이념'의 내적 구조도, 이념이 시·공간적 현실로서 드러나는 방식도 변증법적이기에, 이념과 현실은 하나의 체계를 이루며, 이 두 차원의 원리를 밝히는 철학적 논증도 변증법적 체계성을 지녀야 한다.
>
> [22110409]

만약 당신이 이 문장을 처음 본 경우에 이 문장이 완전히 이해됐다고 생각하면, 이 책을 덮자. 당신에겐 필요가 없을 듯하다.[2]

그렇지 않다면, 이 책을 마저 읽어보면 된다.

---

2. 그렇다고 환불은 하지 말자.

예시

예시의 이정표에는 '가령', '예를 들어' 등이 있다.

우리가 글을 읽다가 예시의 이정표를 만났다고 생각해보자.

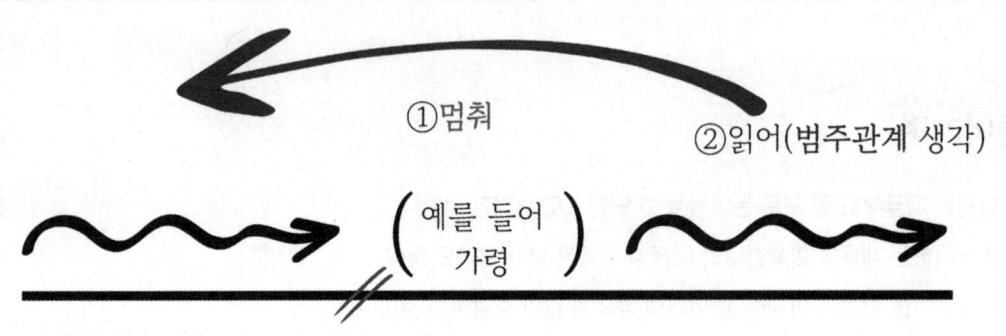

그때 가장 먼저 해야 하는 것은 ①일단 멈추는 것이다.

이때 멈추는 것은 정말 물리적으로 멈추는 것이다.

글을 읽다가 0.5초~1초 정도 "흡!" 하고 의도적인 정지를 한다고 이해해도 좋다.

그 다음 ②뒷부분을 앞부분에 꼬라박겠다는 목적의식을 가지고 나머지 부분을 읽는 것이다.

추상적인 설명은 지루해할 테니 다음과 같은 예시를 보자.

> 하지만 지각은 주체와 대상이 각자로서 존재하기 이전에 나타나는 얽힘의 체험이다. **예를 들어** 다른 사람과 손이 맞닿을 때 내가 누군가의 손을 만지는 동시에 나의 손 역시 누군가에 의해 만져진다.
>
> [24061217]

> 하지만 지각은 주체와 대상이 각자로서 존재하기 이전에 나타나는 얽힘의 체험이다. **예를 들어** 다른 사람과 손이 맞닿을 때 내가 누군가의 손을 만지는 동시에 나의 손 역시 누군가에 의해 만져진다.
>
> [24061217]

일단 멈추는 것은 당신의 시야 범위가 좁든 넓든 상관없이, '예를 들어'를 보자마자 의도적으로 정지를 하는 습관을 들이는 것이다.

여기서 정지를 하고 나서...

하지만 지각은 주체와 대상이 각자로서 존재하기 이전에 나타나는 얽힘의 체험이다. **예를 들어** 다른 사람과 손이 맞닿을 때 내가 누군가의 손을 만지는 동시에 나의 손 역시 누군가에 의해 만져진다.

[24061217]

이 부분을 읽을 때, '**이 내용은 앞부분에 꼬라박히는 내용이다**'라고 되뇌며 읽는 것이다.

그러다 보면, 다음과 같은 독해가 가능해진다.

하지만 지각은 **주체**와 **대상**이 각자로서 존재하기 이전에 나타나는 얽힘의 체험이다. **예를 들어** 다른 사람과 손이 맞닿을 때 주체[내]가 대상[누군가의 손]을 만지는 동시에 대상[나의 손] 역시 주체[누군가]에 의해 만져진다.

[24061217]

생각 하나

우선 '예를 들어' 앞부분의 내용에 따르면, 지각은 '주체'와 '대상'이 각자로서 존재하기 이전에 나타난다.
이는 '주체'와 '대상'이 분리되기 전에 즉, 둘이 동일할 때 '지각'이 나타나는 것이다.

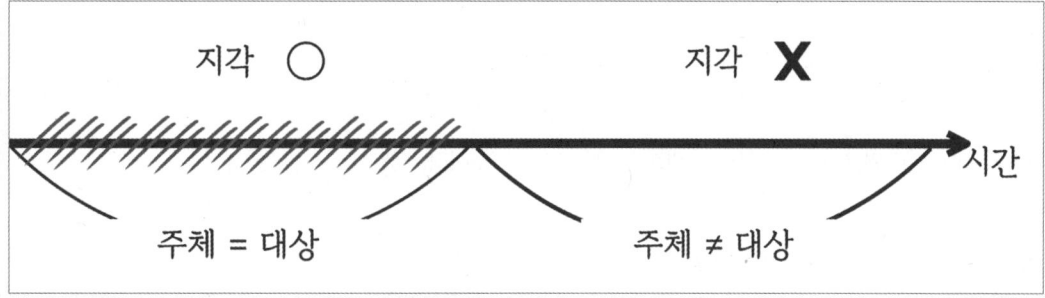

생각 둘

그럼 이제 '예를 들어' 부분을 보자.
'예를 들어' 앞부분의 '**주체**'는 뒷부분의 '**나(내)**', '**누군가**'이다.
'예를 들어' 앞부분의 '**대상**'은 뒷부분의 '**나의 손**', '**누군가의 손**'이다.

주체	나(내), 누군가
대상	나의 손, 누군가의 손

생각 둘의 내용은 생각 하나의 내용과 연결되지 않는가?

그렇다 생각 둘의 내용은 결국 생각 하나의 내용과 사실상 동일한 말이다.

주체를 기준으로 하면, 주체는 내가 될 수도, 누군가가 될 수도 있다.❸

대상을 기준으로 하면, 대상은 나의 손이 될 수도 누군가의 손이 될 수도 있다.

그럼 이건 무엇인가?

결국 주체와 대상이 사실상 같다는 말 아닌가?

이는 **주체와 대상이 각자로서 존재하지 않는** 상황을 말한다.

그렇다면, 뒷부분의 '다른 사람의 손을 맞잡을 때'는 앞부분의 '지각'이 일어나는 상황으로 볼 수 있는 것이다.

이 설명을 보고 무난하게 이해되는가?

만약 그렇다면, 이 교재에서 굳이 예시를 공부하지 않아도 좋다.

대비

예시의 이정표에는 '그러나', '하지만', '그런데', '반면(에)' 등이 있다.

우리가 글을 읽다가 대비의 이정표를 만났다고 생각해보자.

주의할 것이 있다면, 이는 예시와의 느낌과 조금 다르다는 것이다.

예시의 경우엔 이정표를 인식하자마자 그 즉시 멈추는 것을 권장했지만,
대비의 경우 이정표의 존재만 인식한 다음 끝까지 읽어야 하기 때문이다.

그렇게 문장을 끝까지 읽고 나서의 느낌이 중요하다.

---

3. 이때, '나의 손'은 '나'의 일부로 굳이 구별하지 않아도 된다. 누군가의 손도 마찬가지다.

·CASE1· 별 문제 없을 때

대비의 이정표가 있어도 문장이 자연스럽게 이해가 되는 경우가 있다.

내용이 엄청나게 쉬울 수도 있고, 그렇지 않더라도 독자가 이에 어느 정도 배경지식이 있거나, 그날따라 유독 컨디션이 좋거나...

상황은 다양하다.

어떤 상황이든 잘 읽힌다면, 뒤돌아보지 말고 넘어가면 된다. 굳이 와서 뭘 할 필요가 없다는 소리다.

예시를 하나 들어보자.

> 창섭이는 대머리다 **그러나** 여자친구가 있다.

이 문장을 봤을 때, 이상한가?

아니다. 오히려 이상하다고 하는 것이 이상하다.

그도 그럴 것이 우리의 직관 속에는 '대머리는 여자친구를 만들기 쉽지 않다'라는 내용이 들어있기 때문이다.

이렇게 한 번에 읽어도 별 문제가 없을 때는 굳이 뭘 할 생각을 하지 말고 그냥 넘어가면 된다.

·CASE2· 찝찝할 때

문제는 문장을 읽었을 때, 한 번에 뇌리에 박히지 않는 경우가 있다는 것이다.

다음 문장을 보자.

> 그는 "미국이 경상수지 적자를 허용하지 않아 국제 유동성 공급이 중단되면 세계 경제는 크게
> 위축될 것"이라면서도 "**반면** 적자 상태가 지속돼 달러화가 과잉 공급되면 준비 자산으로서의
> 신뢰도가 저하되고 고정 환율 제도도 ㅈ붕괴될 것"이라고 말했다.
>
> [22111013]

이 문장들이 이해가 되는가?

이해는 될 것이다. 훌륭한 수험생이라면 이 지문을 너덜너덜해질 때까지 분석을 했을 테니까.

그러나 처음 봤을 때 이 문장들을 이해했다고 자신할 수 있는가?

사실상 불가능하다.

간혹 '문맥이 주어지면 가능하다'라는 소리를 하는 작자들을 위해서 앞의 문맥도 첨가해주겠다.

[앞부분]

기축 통화는 국제 거래에 결제 수단으로 통용되고 환율 결정에 기준이 되는 통화이다. 1960년 트리핀 교수는 브레턴우즈 체제에서의 기축 통화인 달러화의 구조적 모순을 지적했다. 한 국가의 재화와 서비스의 수출입 간 차이인 경상 수지는 수입이 수출을 초과하면 적자이고, 수출이 수입을 초과하면 흑자이다.

앞의 문맥을 첨가해 줘도 이 문장을 처음 봤을 때 뻑뻑한 게 정상이다.[4]

그럼 어떻게 해야 할까?

이때 두 가지 방법을 사용한다.

1 일대일 대응

처음 읽는 문장에 대비의 이정표가 있고, 이 문장이 한 번에 소화가 안 된다면, 앞부분으로 돌아가야 한다.

그 다음 이정표를 기준으로 그 앞과 뒤를 일대일 대응시키면 된다.

여기서 일대일 대응이란 내용 항을 말 그대로 일대일로 대응시켜 보는 것이다.

그는 "미국이 경상수지 적자를 허용하지 않아 국제 유동성 공급이 중단되면 세계 경제는 크게 위축될 것"이라면서도 "**반면** 적자 상태가 지속돼 달러화가 과잉 공급되면 준비 자산으로서의 신뢰도가 저하되고 고정 환율 제도도 붕괴될 것"이라고 말했다.

[22111013]

여기서 한번 해보자.

'반면'을 기준으로 내용 항을 일대일 대응 시켜보면 다음과 같은 결과물이 나온다.

그는 "미국이 경상수지 적자를 허용하지 않아 국제 유동성 공급이 중단되면 세계 경제는 크게 위축될 것"이라면서도 "**반면** 적자 상태가 지속돼 달러화가 과잉 공급되면 준비 자산으로서의 신뢰도가 저하되고 고정 환율 제도도 붕괴될 것"이라고 말했다.

[22111013]

---

4. 만약 당신이 이 문장을 처음 봤는데, 전혀 문제가 없고, 당신이 경제 관련 지식이 전무하다면, 당신은 굳이 이 책을 보지 않아도 된다.

우선 '적자'와 관련된 얘기는 이 색으로 처리된다.

'반면' 앞부분의 '미국이 경상수지 적자를 허용하지 않음'과 '반면' 뒷부분의 '적자 상태가 지속'이 일대일 대응하는 것이다.

둘의 내용이 '적자' 여부로 나누어지니까 일대일로 대응시킬 수 있다.

여기서 언어적 직관이 엄청나게 좋은 독자는 '일반적으로 적자는 허용하고 금지할 대상이 아니라는 점'을 고려하여, 기축통화국으로서의 미국의 지위 및 권한이 꽤나 대단함을 느끼고 갈 수 있다.

'공급'과 관련된 얘기는 이 색으로 처리된다.

'반면' 앞부분의 '국제유동성 공급이 중단'과 '반면' 뒷부분의 '달러화가 과잉 공급'이 일대일로 대응하는 것이다.

둘의 내용이 '공급' 여부로 나눠지니까 일대일로 대응시킬 수 있다.

여기서 '공급'의 목적물로서 앞부분은 '국제 유동성'을, 뒷부분은 '달러화'를 들고 있다는 점을 고려하면, 독자는 '국제 유동성'과 '달러화'가 모종의 관련이 있음을 예상해볼 수 있다.

마지막 단계에 대한 얘기는 이 색으로 처리된다.

'반면'의 앞과 뒤는 모두 단계적으로 진행하고 있다.

'반면' 앞부분의 '세계 경제는 크게 위축'과 '반면' 뒷부분의 '고정 환율 제도도 붕괴'가 일대일 대응한다.

더하여, 두 부분 모두 '-될 것'이라는 유사한 구조를 가지기 때문에 이를 일대일 대응시킬 수 있다.

여기서 앞 문맥을 끌고 온 독자는 '아 둘 다 어느 길로 가든 망하는 거고 이게 구조적 모순이구나~' 라고 반응할 수 있다.

> [앞부분]
> 기축 통화는 국제 거래에 결제 수단으로 통용되고 환율 결정에 기준이 되는 통화이다. 1960년 트리핀 교수는 브레턴우즈 체제에서의 기축 통화인 **달러화의 구조적 모순**을 지적했다. 한 국가의 재화와 서비스의 수출입 간 차이인 경상 수지는 수입이 수출을 초과하면 적자이고, 수출이 수입을 초과하면 흑자이다.

이런 식으로 대비의 이정표가 담긴 문장을 한 번 읽었을 때 느낌이 안 올 경우, 앞으로 돌아가서 일대일 대응을 시도해볼 수 있다.

그러나 **모든 문장이 다** 일대일 **대응되게 서술되어 있지 않다.**

그럴 경우 다음과 같은 방법을 사용한다.

2 해명

해명은 필자가 사용한 이정표의 **존재 의의**에 대해 생각해보는 것이다.

쉽게 말해, 독자는 **'왜 하필 많고 많은 자리 중에 <그러나>가 여기 처박히는 거지?'**라고 스스로에게 물어본 뒤, 그 앞과 뒤를 보며 답을 찾아내면 된다.

다음 문장을 보자.

> 행정 당국은 지목(地目) 변경은 해 두었지만 서류상으로는 그 모든 가옥들이 무허가 주택이나 다름없었으며, 따라서 집들의 매매는 권리금에 다름이 아니었다.
>
> [26112730]

이 문장은 한 번에 읽어도 뭔 소린지 모르겠고, 다시 돌아와서 일대일 대응을 시도해 봐도 먹히지 않는다.

이럴 경우에는 독자는 잠깐 멈춰 서서 **'왜 하필 <-지만>이 여기 쓰인 거지?'**를 고민해 보면 된다.

그렇게 고민해 보면, 다음과 같은 사실을 알 수 있다.

> 행정 당국은 **지목(地目) 변경**은 해 두었지만 서류상으로는 그 모든 가옥들이 무허가 주택이나 다름없었으며, 따라서 집들의 매매는 권리금에 다름이 아니었다.
>
> [26112730]

<-지만>이 상반의 느낌을 주는 것은 자명하다.

필자가 굳이 이를 여기다 써놨으니 앞과 뒤가 뭔가 다른 것이 올 것이다.

그렇게 반대되는 것이 무언인지 살펴보다보면, 독자는 '지목 변경'이라는 것이 무엇인지 정확히 뭔지 몰라도, **'지목 변경'이 '허가' 쪽에 가까운 개념**이라는 것은 알 수 있다.

이 설명을 보고 무난하게 이해되는가?

만약 그렇다면, 이 교재에서 굳이 대비를 공부하지 않아도 좋다.

일치

일치의 이정표에는 '즉', '다시 말해' 등이 있다.

우리가 글을 읽다가 일치의 이정표를 만났다고 생각해보자.

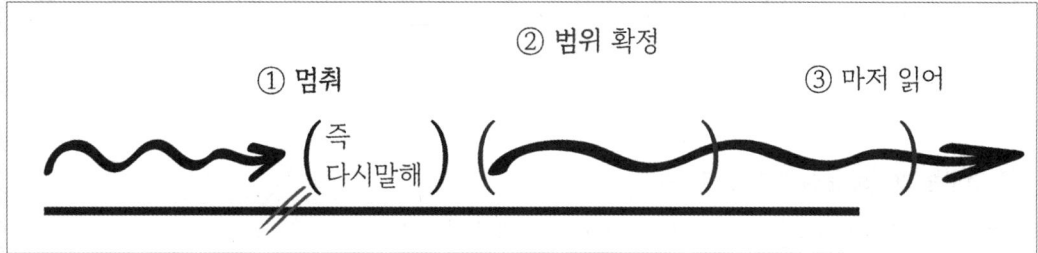

그 때 가장 먼저 해야 하는 것은 ①일단 멈추는 것이다.

멈추는 것은 예시의 경우와 유사하다.

그 다음 ②'일치의 범위'를 확정해 줘야 한다.

다음 문장을 읽어보자.

> 로랜즈에게 인지 과정은 파생적 상태가 심적 상태로 변환되는 과정이 아니라, 파생적 상태를 조작함으로써 심적 상태를 생겨나게 하는 과정이다. 심적 상태가 주체의 몸 외부로 확장되는 것이 아니라, 심적 상태를 생겨나게 하는 인지 과정이 확장되는 것이다. 이러한 확장된 인지 과정은 인지 주체의 것일 때에만, **다시 말해** 환경의 변화를 탐지하고 그에 맞춰 행위를 조절하는 주체와 통합되어 있을 때에만 성립할 수 있다. **즉** 로랜즈에게 주체 없는 인지란 있을 수 없다.
>
> [24061217]

여기서의 '다시 말해'와 '즉'은 동일한 일치의 이정표로서 기능하지만, 그 **일치 범위**에서 차이를 보인다.

> 로랜즈에게 인지 과정은 파생적 상태가 심적 상태로 변환되는 과정이 아니라, 파생적 상태를 조작함으로써 심적 상태를 생겨나게 하는 과정이다. 심적 상태가 주체의 몸 외부로 확장되는 것이 아니라, 심적 상태를 생겨나게 하는 인지 과정이 확장되는 것이다. 이러한 확장된 인지 과정은 [인지 주체의 것일 때에만], **다시 말해** [환경의 변화를 탐지하고 그에 맞춰 행위를 조절하는 주체와 통합되어 있을 때에만] 성립할 수 있다. **즉** 로랜즈에게 주체 없는 인지란 있을 수 없다.
>
> [24061217]

'다시 말해'의 경우는 문장 전체가 아닌 특정 부분을 연결한다.

로랜즈에게 인지 과정은 파생적 상태가 심적 상태로 변환되는 과정이 아니라, 파생적 상태를 조작함으로써 심적 상태를 생겨나게 하는 과정이다. 심적 상태가 주체의 몸 외부로 확장되는 것이 아니라, 심적 상태를 생겨나게 하는 인지 과정이 확장되는 것이다. **[이러한 확장된 인지 과정은 인지 주체의 것일 때에만, 다시 말해 환경의 변화를 탐지하고 그에 맞춰 행위를 조절하는 주체와 통합되어 있을 때에만 성립할 수 있다.]** 즉 **[로랜즈에게 주체 없는 인지란 있을 수 없다.]**

[24061217]

'즉'의 경우는 반대로 문장 전체를 연결한다.

이렇게 같은 일치의 이정표라도 그 사용 맥락에 따라 범위가 달라진다.

따라서 독자는 그 범위를 확정 지어 주는 과정이 필요하다.

일치의 범위를 확정하는 과정이 끝난 후, ③ <u>뒷부분과 앞부분이 사실상 동일한 내용이라는 생각을 가지고 나머지 부분을 **다시** 읽는 것</u>이다.

그럼 이를 활용해 보자.

로랜즈에게 인지 과정은 파생적 상태가 심적 상태로 변환되는 과정이 아니라, 파생적 상태를 조작함으로써 심적 상태를 생겨나게 하는 과정이다. 심적 상태가 주체의 몸 외부로 확장되는 것이 아니라, 심적 상태를 생겨나게 하는 인지 과정이 확장되는 것이다. 이러한 확장된 인지 과정은 인지 주체의 것일 때에만, **다시 말해** 환경의 변화를 탐지하고 그에 맞춰 행위를 조절하는 주체와 통합되어 있을 때에만 성립할 수 있다. 즉 로랜즈에게 주체 없는 인지란 있을 수 없다.

[24061217]

'다시 말해'를 지각한 순간 독자는 잠깐 멈춰선 뒤, 일치의 범위를 확정한다.

로랜즈에게 인지 과정은 파생적 상태가 심적 상태로 변환되는 과정이 아니라, 파생적 상태를 조작함으로써 심적 상태를 생겨나게 하는 과정이다. 심적 상태가 주체의 몸 외부로 확장되는 것이 아니라, 심적 상태를 생겨나게 하는 인지 과정이 확장되는 것이다. 이러한 확장된 인지 과정은 [인지 주체의 것일 때에만], **다시 말해** [환경의 변화를 탐지하고 그에 맞춰 행위를 조절하는 주체와 통합되어 있을 때에만] 성립할 수 있다. 즉 로랜즈에게 주체 없는 인지란 있을 수 없다.

[24061217]

그 말인즉슨, [인지 주체의 것일 때에만]과 [환경의 변화를 탐지하고 그에 맞춰 행위를 조절하는 주체와 통합되어 있을 때에만]이 같은 의미인 관계임을 인지한 채로 문장을 다시 읽어보는 것이다.

그러면, 독자는 인지 주체가 '환경의 변화를 탐지하고 그에 맞춰 행위를 조절하는 주체'임을 알 수 있다.

즉, 인지 주체의 정체 및 역할에 대해 자세히 추가적인 정보를 알 수 있다.

그렇게 마저 읽다 보면, '즉'이 등장한다. 이때도 마찬가지로 일치의 범위를 확정지어야 한다.

로랜즈에게 인지 과정은 파생적 상태가 심적 상태로 변환되는 과정이 아니라, 파생적 상태를 조작함으로써 심적 상태를 생겨나게 하는 과정이다. 심적 상태가 주체의 몸 외부로 확장되는 것이 아니라, 심적 상태를 생겨나게 하는 인지 과정이 확장되는 것이다. **[이러한 확장된 인지 과정은 인지 주체의 것일 때에만, 다시 말해 환경의 변화를 탐지하고 그에 맞춰 행위를 조절하는 주체와 통합되어 있을 때에만 성립할 수 있다.]** 즉 **[로랜즈에게 주체 없는 인지란 있을 수 없다.]**

[24061217]

그러면 독자는 그 두 개가 정말 같은지를 생각하면서 다시 읽어봐야 한다.

그러면 다음과 같은 사실을 알 수 있다.

로랜즈에게 인지 과정은 파생적 상태가 심적 상태로 변환되는 과정이 아니라, 파생적 상태를 조작함으로써 심적 상태를 생겨나게 하는 과정이다. 심적 상태가 주체의 몸 외부로 확장되는 것이 아니라, 심적 상태를 생겨나게 하는 인지 과정이 확장되는 것이다. [이러한 확장된 ^{B}〈인지 과정〉은 ^{A}〈인지 주체〉의 것일 때에만, 다시 말해 환경의 변화를 탐지하고 그에 맞춰 행위를 조절하는 ^{A}〈주체〉와 통합되어 있을 때에만 성립할 수 있다.] 즉 [로랜즈에게 ^{A}〈주체〉 없는 ^{B}〈인지〉란 있을 수 없다.]

[24061217]

이 지문 내에서 〈인지과정〉은 〈인지〉와 사실상 동의어로 사용되고, 〈인지 주체〉는 〈주체〉와 동의어로 사용된다.
후자의 경우는 그닥 영양가가 없지만, 〈인지과정〉이 〈인지〉와 동의어로 사용되는 것은 꽤 유용한 정보가 된다.

이 설명을 보고 무난하게 이해되는가?
만약 그렇다면, 이 교재에서 굳이 일치를 공부하지 않아도 좋다.

논증

논증의 이정표에는 '그래서', '따라서', '그러므로', ' 때문이다' 등이 있다.

우리가 글을 읽다가 논증의 이정표를 만났다고 생각해 보자.

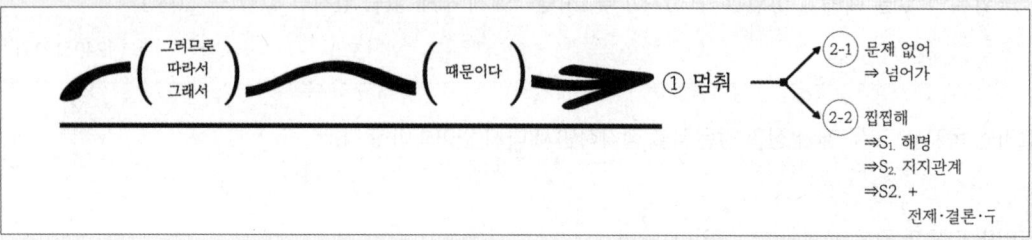

이 경우에는 대비의 경우와 유사하게 끝까지 진행한다.
문장을 끝까지 읽고 나서의 느낌이 중요하기 때문이다.

·CASE 1· 별 문제 없을 때

논증의 이정표가 있을 때 문장이 자연스럽게 이해가 되는 경우가 있다.
대비의 경우와 마찬가지이다. 내용이 쉽거나, 컨디션이 좋거나 등.. 모종의 이유로 쉽게 이해되는 상황이 있을 것이다.

> 창섭이는 탈모가 진행 중이다. 그래서 발모제를 산다.

이 문장을 봤을 때, 이상한가?
전혀 이상하지 않다. 아주 자연스럽다.
그럴 경우는 그냥 넘어가라는 것이다.

·CASE 2· 찝찝할 때

반면 다음 문장을 보자.

> 창섭이는 탈모가 진행 중이다. 그래서 여자친구와 결혼을 준비하러 간다.

어떤가? 직관적으로 이해가 되는가?
웬만해선 안 될 것이다.
이게 직관적으로 이해가 되는 사람은 높은 확률로 탈모에 대해 걱정해 본 적 있는 사람일 것이다.
일부 저주받은 남자들은 30대에 들어서면, 슬슬 머리가 빠진다.
그때 드는 고민은 '과연 내가 결혼을 할 수 있을까?'이다.

개화 국어 수능적 접근 | 문장편

즉, 탈모가 더 진행되면 자신의 매력이 떨어지고, 그런 상태에서 자기를 선택해줄 여자들이 점점 줄어든다는 실존적 고민을 한다는 것이다.

예문에서의 창섭이도 그런 생각이다.

그래서 머리가 더 빨리 빠지기 전에 현재 있는 여자친구와 결혼을 앞당기는 것이다.

조금 더 있으면 여자친구가 자신의 머리카락처럼 도망가 버릴 수 있기 때문이다.

자. 탈모에 대한 얘기는 접어두고, 이런 경우엔 어떻게 해야 할까?

1 해명

이럴 땐 앞으로 돌아가서 필자가 사용한 이정표의 **존재 의의**에 대해 생각해보면 된다.

이는 앞서 '대비'에서 언급한 '해명'의 내용과 유사하다.

쉽게 말해, 독자는 **'왜 하필 많고 많은 자리 중에 <그래서>가 여기 처박히는 거지?'**라고 스스로에게 물어본 뒤, 그 앞과 뒤를 보며 답을 찾아내면 된다.

> 창섭이는 탈모가 진행 중이다. 그래서 여자친구와 결혼을 준비하러 간다.

여기서도 잠깐 멈춰서 고민해보면, 쉽게 답을 찾을 수 있다.

2 전제/결론 분할

그러나 이것도 불가능한 경우가 있다.

방금 제시한 예문 같은 경우는 짧아서 해명에 어려움을 겪지 않지만, 긴 경우는 골치 아파지기 때문이다.

팁을 주자면, 전제와 결론을 분할하는 것이다.

그닥 어렵지 않다. 논증의 이정표가 있을 때 정 이해가 안 되는 부분을 다음과 같이 이해하는 것이다.

> 결론[인터넷 ID의 명예 주체성을 인정하는 입장]에 따르면, 전제1[자기 정체성은 일원적·고정적인 것이 아니라] 전제2[현실 세계와 가상 공간에 걸쳐 존재하고 상호 작용하는 복합적인 것이다.] 전제3[인터넷에서의 자기 정체성은 사용자 개인의 자기 정체성의 일부]이기 때문에 결론[자기 정체성을 가진 인터넷 ID의 명예 역시 보호되어야 한다.]
>
> [25111417]

이 설명을 보고 무난하게 이해되는가?

만약 그렇다면, 이 교재에서 굳이 논증을 공부하지 않아도 좋다.

참고로 본 교재에 등장하는 창섭이는 탈모계의 수드라, 기만자, 사기꾼, 가짜 탈모인이다.

그에 따르면, 그는 열성 탈모이고 그저 관리를 안 한 것일 뿐이다.

실제로 그의 아버지를 만나 뵌 결과 이 말이 사실임을 알았다.

그와 달리 아버지는 빽빽하셨기 때문이다.

결국 창섭이는 약 몇 번 먹고 관리만 하면 씻은 듯 나을 수 있는 가짜 대머리이다.

반면 본인은 탈모계의 브라만, 황족, 귀족인 뿌리 깊은 M자 탈모 유전을 가지고 있는 사람이다.

따라서 지금은 풍성하지만 언제 머리가 죄다 도망쳐 버릴지 모르는 상황이다.

이런 입장에서 가짜 탈모인인 창섭이는 기꺼이 지탄받아 마땅하다.

마치며

이 내용은 책의 전체 내용을 압축해서 실어뒀기 때문에 생략된 부분도 존재하고 대충 넘어가는 부분도 많을 것이다.

따라서 이 부분은 반드시 강의와 함께 공부하고 자신이 부족한 부분은 교재를 통해 학습하자.

Ⅲ. 이해

시작하며

본 서에서 가장 첫 번째로 규정하고 가야 할 대상이다.

이 장에선 우리가 일상적으로 쓰는 '이해'란 용어를 텍스트와 관련지어 해명할 것이다.

이 내용은 이 책 안 모든 논의의 시발점이 될 뿐 아니라 다음 권인 『수능적 해석』에서 언급할 '기출 분석 방법론', '실전 vs 분석', '이해 vs 정보처리' 부분에 있어서도 영향을 끼치기 때문에 독자들의 집중이 필요하다.

따라서 엄밀한 논증보다는 도식과 비유를 통해 쉽게 전달하는 데 초점을 맞췄다.

이해와 읽기

일반적으로 **'텍스트 이해'는 '읽기'라는 말과 사실상 동의어**로 사용되고 이때의 읽기를 독자가 텍스트의 의미를 재구성하는 과정이라고 한다.

이는 학계에서 널리 퍼져있는 정의인데, 수능에서도 이와 유사한 설명이 등장하였다.

> 독서(텍스트 이해=읽기)는 독자가 목표한 결과에 도달하기 위해 글을 읽고 의미를 구성하는 인지 행위이다.
>
> [24110103]

따라서 읽기는 자신의 생각(스키마)과 글의 내용(텍스트의 사실적 정보 내용) 간의 상호작용을 통하여 일종의 새로운 형태의 지식을 창출해 냄을 의미한다. 더하여 이렇게 텍스트에 드러난 미시적 정보의 연결 관계를 파악하는 것뿐 아니라 이를 통해서 텍스트에 대한 하나의 총체적인 의미(이 텍스트가 무엇을 말하고 있는가?) 역시 아는 것이다. [5]

얼핏 보면, 이런 부분이 수험판의 유명한 가십인 '구조 독해와 그읽그풀'과 관련된 구분이 아닌가 싶을 수도 있지만, 그러한 구분은 국어 수험생의 입장에서 국어 강사들을 구별하는 하나의 틀에 불과하지 이런 독해 과정과 관련된 연구와는 그닥 관련이 없다고 생각한다.

오히려 이러한 부분을 '독서'라는 것의 두 가지 조건 정도로 이해하면 좋을 것 같다.

---

5. 김혜정 (2002). 텍스트 이해에서 의미 구성의 층위와 인지적 상호 작용. 국어교육학연구, 15, -.

말하자면 다음과 같다.

> **독서는 (1)자신의 생각과 글의 내용들 간의 상호작용을 통해 새로운 형태의 지식을 창출해 내고**
> **(2)텍스트에 대한 하나의 총체적인 의미를 아는 것이다.**

자! 잠깐 멈춰보자.

내가 저 위에 싸질러 놓은 내용이 이해가 가는가?

잘 와닿지 않을 것이다.

당연하다. 애초에 못 알아먹을 만큼 불친절하게 써놨기 때문이다.

그러나 진한 글씨로 써둔 읽기 정의를 곱씹어보면 흥미로운 부분이 있다.

> **독서는 (1)자신의 생각과 글의 내용들 간의 상호작용을 통해 새로운 형태의 지식을 창출해 내고**
> **(2)텍스트에 대한 하나의 총체적인 의미를 아는 것이다.**

이에 따르면, '**독서(읽기)**'의 과정엔 필연적으로 독자(읽는 사람=인식주체)의 주관이 들어가야 한다.

정의 자체에 '자신의 생각과 글의 내용들 간의 상호작용'이 들어가기 때문이다.

이해의 주관성

앞선 논의에 따르면, 이해에는 주관성이 들어간다.

어디까지나 보다 학술적인 접근에서든, 수험적인 접근에서든 읽기라는 과정에서 주관성의 영역을 배제할 수 없기 때문이다.

그러한 접근 외에도 아주 근원적인 이유도 존재한다.

상식적으로 무언가 '이해'하기 위해서는 어떤 대상을 두 눈으로 봐야 한다. 즉 감각을 사용해야 하는 것이다.

그러나 그 감각은 사람마다 다르다. 따라서 '이해'에도 개인에 따라 차이가 생길 수 있다.

더하여, 이해라는 것은 인지 작용 중 하나로서 인지 작용은 개인의 선이해와 이익관심에 필연적으로 기초할 수밖에 없다는 것도 하나의 이유가 될 수 있다.

있어 보이는 소리들로 이러니저러니 해도 결국 이해라는 것은 굉장히 주관적인 영역이라는 것이다.

• 재밌는 이야기

> 우리 사이엔 그저 숫자만 남았을 뿐이다.

우리가 저 글을 딱 봤을 때, 드는 느낌은 사람마다 다를 것이다.

이를 입증하기 위해 실제로 가벼운 실험을 해봤다.

관심 분야가 다른 사람들에게 같은 문장을 문맥을 배제한 채 주고, 반응을 본 것이다.

먼저 취미로 시를 쓰는 김유영 씨에게 이 문장을 읽어보라 했다.

참고로 실제 대화 내역이다.

맥락 다 재끼고 저것만 읽고 무슨 생각이 드냐 물어봤다.

> 저자: 야
>
> 김유영: 왜요
>
> 저자: 우리 사이엔 그저 숫자만 남았을 뿐이다.
>
> 김유영: 뭐요
>
> 저자: 아니 저거 보면 뭔 생각이 드냐?
>
> 김유영: **문맥이 없어서 모르겠는데요.**
>
> 저자: 그래도
>
> 김유영: **굳이 말하자면 그 이전의 우리 사이가 뭔가 인격적인 관계였는데, 지금은 돈 문제만 남았다는 거?**

문학에 관심이 있는 사람에겐 저 문장이 저렇게 이해되나보다.

아주 소설을 쓰고 있다.

반면 논리학을 좋아하는 친구 J에게 물어봤다.

> 저자: 야
>
> J: ㅇ
>
> 저자: 우리 사이엔 그저 숫자만 남았을 뿐이다.
>
> J: ?
>
> 저자: 저거 보면 뭔 생각 드냐?
>
> J: **적절한 ENTHYMEMA[6] 후보?**

그렇다.

이 친구에게는 저 문장이 엔튀메마의 후보 정도로 이해되나보다.

---

6. 두 전제 중 하나 또는 결론이 명시적으로 언표되지 않은 삼단논식 (2009, 한석환). **(참고로 몰라도 된다.)**

> 저자: 창섭아
>
> 김창섭: 왜
>
> 저자: 우리 사이엔 그저 숫자만 남았을 뿐이다.
>
> 김창섭: 어?
>
> 저자: 저거 보면 뭔 생각 드냐?
>
> 김창섭: **모르겠는데**

그렇다

창섭이는 뭔 소린지 관심도 없다.

여기 세 친구들에게 실험을 해본 결과

모두 반응이 다르다.

당연히 셋 다 대학교육을 받은 사람들로, 적어도 1인분은 하고 살아간다.

웃긴 점은 아예 생각을 거부해버린 창섭이를 제외한 저 둘(유영, J)은 그 문장에 대해 나름의 이해를 했지만 그 이해가 서로 다르다는 것이다.

> 문학을 좋아하는 김유영씨는 독립된 문장에 서사를 붙여서 이해한다. 그것이 자신의 세상 속에서 하나의 이야기가 되니까.
>
> 논리학을 공부하는 J씨는 독립된 문장에 논증의 이름을 붙여서 이해한다. 그것이 자신의 세상 속에선 하나의 수사법이 되니까.
>
> 게임을 좋아하는 창섭이는 독립된 문장을 쳐다보려고도 하지 않는다. 그것에 관심이 없어 자신의 세상 속에 발도 못 붙이게 하니까.

생각건대 이해는 아마도 어떤 외부에 있는 대상을 자신의 세상 속으로 끌어들이는 것 같다.

다시 말해, 텍스트 형식으로 존재하는 무언가를 눈으로 지각한 뒤 자기 머릿속으로 드래그하는 것이다.

그렇게 성공적으로 자신의 머릿속에 안착시킨다면, 자기 나름대로 이해에 성공한 것이 아닐까.

(당연히 창섭이는 자신의 세계에 넣지도 않았기 때문에 이해했다고 보긴 힘들다)

'이해'는 컴퓨터에서 바탕화면에 있는 파일을 자신의 머릿속이라는 폴더로 옮기는 것과 유사하다.

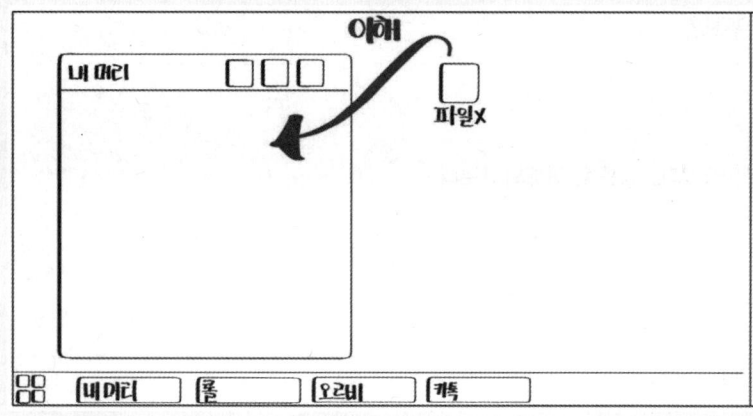 

• 주관성의 폐해

이렇게 이해를 주관성과 결부해 설명하면, 예리한 학생들이 질문을 하곤 한다.

> 지민: 내가 생각하기에 이 내용이 이해가 됐는데, 실제로 틀린 이해면 어떻게 해요?

그렇다. 어떤 대상을 자신의 세계 속으로 끌어들였는데, 그것이 잘못된 경우 문제가 된다.

여기서 **기출문제의 학습 목적**이 드러난다.

우리가 대하는 기출 문제는 다음과 같은 형식을 띠고 있다.

[지문] 이러한 사단이 벌어지게 된 것은 다름이 아니었다. 아무도 거들떠 보지 않던 심심산골, 불모의 황무지였던 이곳 독가촌 일대가 하루아침에 각광을 받는 지대로 둔갑이 되었기 때문에 생긴 일이었다. 특히 독가촌은 오늘의 달라진 인문지리의 환경으로 따져 보았을 적에 고속도로와 접속이 되게 될 교통 요충지가 되었을 뿐 아니라 관광지로서의 좋은 조건을 모두 구비하고 있다는 것이었다.	[발문] '독가촌'에 대한 설명으로 가장 적절한 것은? [선지] ① 고속도로가 연결될 것이 알려진 후 외부 사람들의 관심을 받게 된 곳이다. ② 허명두가 지목 변경으로 기득권을 부여받고서 집들을 사들이고 있는 곳이다. ③ 마을 사람들이 농사를 지어 왔지만 여전히 경제적으로 자립하기 어려운 곳이다. ④ 온 씨가 마을 사람들과 함께 농업 중심의 기존 생활양식을 바꾸려 하는 곳이다. ⑤ 관광지로서의 좋은 조건을 갖추게 하려고 마을 사람들이 피땀 흘려 노력한 곳이다.

이 문제에서 정답이 ①이라고 하자.

또 당신은 이 문제를 풀 때 고민하다가 ①과 ②에서 세모를 치고(판단 보류), ③, ④, ⑤를 거짓이라고 확정지었다고 해 보자.

그렇다면 ②, ③, ④, ⑤는 시험지의 세상에선 거짓인 명제가 되고, ①은 참인 명제가 된다.

당신이 이를 공부한다는 것은, 당신이 ①이 참인 이유를 받아들이고, ②가 거짓인 이유를 받아들이는 것이다.

이것이 가장 보편적으로 알려져 있는 기출 분석 방법이다.

앞서 말한 주관성과 결부시켜 보면, 이런 기출 분석 방법은 자신의 주관을 평가원의 것과 유사하게 다듬는 것이다.

즉, 우리가 어떤 문제를 틀리고 나서 그걸 분석하는 과정은 자신의 세상을 평가원의 세상과 유사하게 만드는 과정으로 이해될 수 있다.

이러한 기출 분석 과정이 반복될수록 공부를 하는 학생의 세계는 평가원의 세계와 유사해진다.

처음엔 낯설었던 사고과정이 점점 자연스러워진다.

즉 당연하지 않았던 것들이 하나하나 당연해지는 것이다.

그럼 지민 학생이 제시했던 물음에 답할 수 있다.

"틀려야죠. 그리고 분석하면 되죠."

마치며

모든 이해는 주관적이고 사람마다 다르다.

그러나 평가원이 제시한 정답은 하나이다.

따라서 우리는 기출 분석을 통해 자신의 주관을 평가원과 유사하게 조각할 수 있다.[7]

---

7. 본 서가 구문 및 개념교재인 점을 고려하면, 여기서는 기출 문제 분석의 중요성만 언급하고, 다음에 출판될 수능적 해석에서 구체적인 방법론을 제시할
   예정이다. 언제 나올지는 나도 모른다.

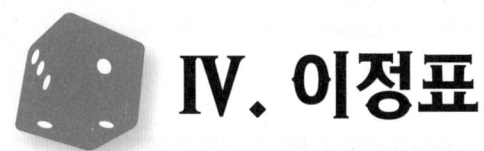

IV. 이정표

시작하며

예시에 대해 본격적인 논의를 하기 전, 이정표 개념에 대해 언급하고 가겠다.

이 용어는 이 책뿐 아니라 이후 제작할 교재들에서도 찾아볼 수 있기에 알아두는 것이 좋다.

대단할 건 없고, '아 저렇게 쓰는구나' 정도로 이해해보자.

이정표

• 위험한 고속도로

당신은 화물기사이다. 생계를 위해 화물차를 타고 고속도로에 나간다.

당신의 목적은 정해진 시간 내에 A에서 화물을 받아 B에 배송하는 것이다.

문제는 A에서 B로 가는 고속도로는 당신이 잘 모르는 길이다.

아예 모르는 것이 아니라 몇 년 전에 한 번 내비게이션에 의존해 가봤지만, 잘 기억나지 않는 정도이다.

설상가상으로 휴대폰도 고장나서 내비게이션도 사용할 수 없다.

더하여 새벽 고속도로엔 별 미친놈들이 많다. 음주운전을 하고 오는 놈들, 거꾸로 달리는 놈들, 졸음운전을 하는 놈들.

그런 놈들이랑 잘못 엮이면 인생을 씨게 조진다.

결국 당신은 (1)제한 시간 내에 (2)도로 위의 미친놈들을 피해 (3)목적지에 도달해야 한다.

이럴 때 당신이 믿고 가는 것은 이정표이다.

그동안의 경험이 만들어 낸 화물기사로서의 직관과 이정표를 활용해 목적지에 도달해야 한다는 것이다.

• 시험장

위에 제시한 상황을 시험장에서의 우리들과 관련지어보자.

운전기사가 고속도로를 타는 것은 우리가 지문을 읽는 것이고, 운전기사가 무사히 목적지에 도달하는 것은 우리가 무사히 문제를 풀어내는 것이다.

미친놈들도 당연히 피해야 한다.

수능 시험장에 1교시에 술을 먹고 오는 사람도 있고, 필자가 제시한 방향과 반대로 읽는 사람도 있고,

지문을 읽다가 나자빠져 자는 사람도 있다.

거짓말 같지만 실제로 그렇다. 내 얘기다.

아무튼 우리 역시 운전기사처럼 제한 시간 내에 글을 온전히 읽어내야 한다는 것이다.

이때 운전기사가 활용하는 이정표도 우리가 보는 글에 존재한다.

• 이정표

이정표의 사전적 정의는 '주로 도로상에서 어느 곳까지의 거리 및 방향을 알려 주는 표지.'이다.

우리가 여기서 다루는 이정표 역시 **글을 읽으면서 방향을 설정하게 도와주는 표지**이다. 이는 다음과 같다.

그러나, 하지만, 반면, 한편, 예를 들어, 가령, 다시 말해, 즉, ~인 것이다,...

이렇게 글의 방향을 직접적으로 알려주는 것들을 '이정표'라고 부른다.

• 양해

사실 본 서에서는 접속 표현이 등장하는 상황을 <이정표>라는 용어로 압축해 버렸다.

실제로 국어에서 접속 표현을 나타내는 유형은 (1)접속 조사, (2)연결어미, (3)접속 부사, (4)어휘적 연결이 있고 이러한 각 요소들 간의 미묘한 차이는 엄연히 존재한다.

접속 부사와 연결어미만 봐도, 접속 부사는 연결어미가 가지고 있지 않은 기능으로 선행 문장뿐만 아니라 선행 문맥의 내용을 전부 포괄 정리하는 기능을 하니까 말이다. [8]

뭔 말인지 자세히 몰라도 된다.

아무튼 이정표라고 묶은 것들이 조금씩 다르다는 소리이다.

그러나 괜찮다. 우리는 네이티브이기 때문이다.

추후 다룰 내용이지만, 우린 이미 각 이정표들의 미묘한 차이를 알고 있다.

따라서 퉁쳐서 이해해도 별 지장 없다. 이건 믿고 가보자.

마치며

글을 읽다가 이정표를 보면 독해 방향을 설정할 수 있다. 이는 꽤나 유용하다.

---

8. 김미선. "접속 부사의 텍스트언어학적 연구." 국내박사학위논문 중앙대학교, 2001. 서울

2편

Ⅰ. 예시

시작하며

본격적으로 이정표에 대해 알아보는 장이다.

성질머리가 급해 뒤져버리겠는 독자들을 위해 먼저 최종 결론을 제시한 뒤, 이에 대한 추가적인 설명을 제시하겠다.

최종결론과 **실제사용**은 진하게 읽어보고 나머지는 가볍게 읽어보자.

첨언하자면, 독자들은 예시뿐만 아니라 대비, 일치, 논증에서도 같은 방식으로 읽으면 좋다.

어차피 모든 내용은 그 둘을 뒷받침하기 위한 것들이다.

최종결론

"예시 상황임을 느꼈다면, 이정표를 기준으로 범주관계[9]를 생각하며 읽자."

실제사용

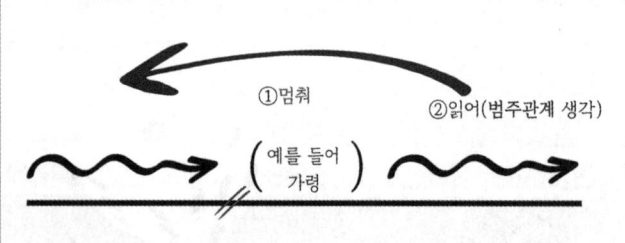

글을 읽다가 예시의 이정표를 본 순간
① 일단 멈춘다
② 뒷부분이 앞부분에 꼬라박힌다는 생각을 가지고 나머지 부분을 읽는다.

---

9. 이 책에 등장하는 '범주관계'는 '포함관계'로 이해해도 무방하다.

예시의 역할

• 이상한 창섭이

예시를 이해하기 위해 다음 문장을 읽어보자.

> 창섭이는 닭을 좋아한다.

이때 창섭이는 무슨 의미의 닭을 좋아한다는 것일까?

일반적으로 닭으로 만든 요리를 의미하겠지만 아닐 수도 있다.

만약 창섭이가 음향학 전공자로 최근 사람과 유사한 성대 구조를 가진 닭들을 연구하고 있다면 이때의 닭은 음향학적 의미에서 사람과 유사한 성대를 가진 닭일 가능성이 높다.

또 그가 닭에게 에로스적인 끌림을 느끼는 기묘한 성벽을 가지고 닭과 계란을 만들어 보겠다는 원대한 포부를 가지고 있다면 이때의 닭은 교미 상대를 의미할 수 있다.

이렇게 문장 하나만 놓고 봤을 때, 닭의 의미가 하나로 확정되지 않는다.

아래의 그림처럼 해석 가능한 여러 의미가 부유하는 것이다.[10]

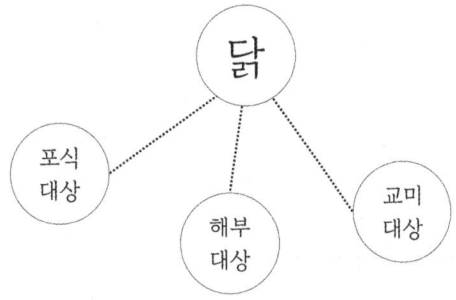

그러면 이렇게 **가능한 의미가 여러 가지 존재할 때 어떤 방식으로 받아들여야 할까?**

즉, 딱 저 문장만 보고서 창섭이가 닭을 먹고 싶은지, 닭과 교미하고 싶은지, 성대를 해부하고 싶은지 어떻게 아냐는 말이다.

이때 다음과 같이 **추가적인 정보**가 제시됐다고 해보자.

> 창섭이는 닭을 좋아한다. 예를 들어, KFC 오리지널

그러면 이제 부유하던 '닭'의 의미가 확정됐다.

창섭이는 음향학을 공부하지도 않고, 닭과 교미하고 싶어하지도 않는, **그저 치킨을 좋아하는 사람**이었다.

---

10. 물론 현실 세계의 발화나 텍스트에서는 맥락이 존재하여 이런 문제가 생기지 않지만, 이는 설명을 위해 창조한 가상의 세계라 문맥이 존재하지 않는다고 본다.

여기서 '예를 들어'의 역할을 엿볼 수 있다.

'예를 들어' 뒤에 제시된 정보(KFC 오리지널)은 '닭'의 하위 범주이다.

즉, '닭'은 상위 범주가 되고, 'KFC 오리지널'은 하위 범주가 된다는 것이다.

그렇다면, '예를 들어'는 **각 내용 간의 포함(상위 범주/하위 범주)관계를 나타낸다**고 이해할 수 있다.

더 쉽게 말하면, **뒤에 있는 내용이 앞의 내용의 하위 범주**인 것이다.

이를 통해 확정되지 않은 '닭'의 의미가 확정된다.

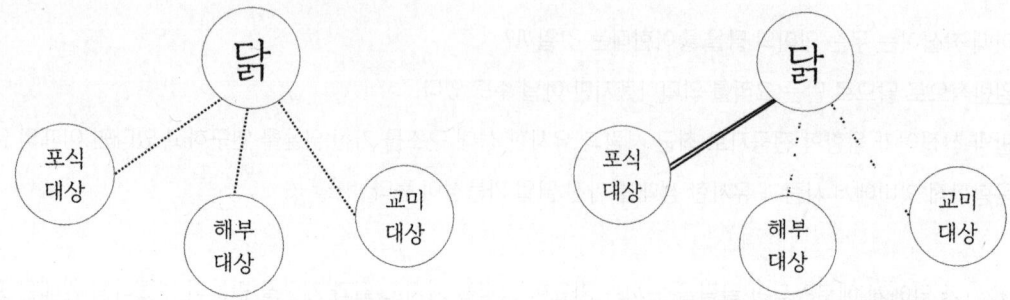

자 이제 알았다.

예시의 역할은 **각 내용 간의 포함(상 하위 범주)관계**를 나타내는 것이다.

이러한 예시의 구체적인 활용에 대해서 알아보기 전에 <범주>에 대한 설명을 하겠다.

이 용어들을 잘 알고 있는 독자는 읽지 않아도 좋다.

범주

• 사전적 정의

범주의 사전적 정의는 **동일한 성질을 가진 부류나 범위**이다.

이 의미가 직관적으로 와닿지 않을 학생들을 위해 범주에 대해 설명할 것이다.

• 편돌이 김창섭

닭을 좋아하는 창섭이는 이제 편의점에 취업을 했다.

창섭이의 역할은 새로 들어오는 물건들을 분류표를 보고 적절한 위치에 꽂는 것이다.

분류표는 다음과 같이 구성되어 있다.

품목	세부 사항	위치
담배	말보로, 에쎄, 쿠바나, 등	카운터 뒤
과자	포카칩, 프링글스, 허니버터칩, 새우깡, 등	첫 번째 매대
튀김	후라이드 치킨, 소시지, 등	카운터 앞 튀김기

삼각김밥	참치마요, 전주비빔, 등	개방형 냉장고
음료수	코카콜라, 펩시콜라, 핫식스, 등	폐쇄형 냉장고

저 표에서 품목(담배, 과자, 삼각김밥, 음료수)이 바로 **범주**에 해당하고, **세부 사항**이 그 범주에 속하는 **하위 범주**에 해당한다.

분류표 상의 '새우깡'을 보자.

불친절한 분류표라 자세히 명시되어 있지는 않지만, '새우깡' 역시 여러 가지 존재한다.

일반 새우깡, 매운 새우깡, 와사비 맛 새우깡, 등..

이런 관계에서는 '새우깡'이 상위 범주가 되고, '일반 새우깡', '매운 새우깡', '와사비 맛 새우깡'이 하위 범주가 된다.

흥미로운 점은 이런 상위 범주/하위 범주 관계가 상대적이라는 것이다.

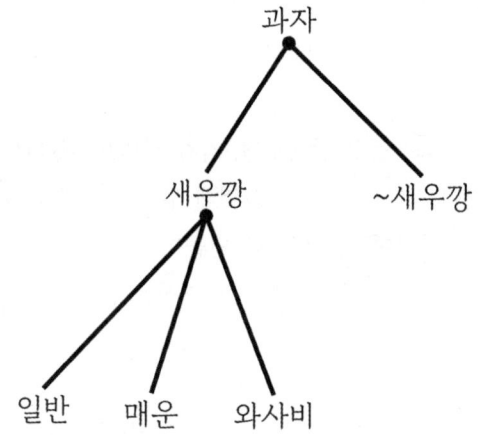

바로 위 그림에서 알 수 있듯,

<과자>와 <새우깡>의 관계에서 상위 범주는 <과자>이고 하위 범주는 <새우깡>이다.

<새우깡>과 <일반, 매운, 와사비 맛 새우깡>의 관계에서, 상위 범주는 <새우깡>이고 하위 범주는 <일반, 매운, 와사비 맛 새우깡>이다.

따라서 <새우깡>은 <과자>라는 덩어리에 포함될 수 있고, 다른 덩어리인 <일반 새우깡>을 포함할 수 있는 덩어리이다.

다시 말해 하나의 범주라는 것이다. (과자, 매운 새우깡, 와사비 맛 새우깡도 마찬가지로 범주이다.)

아 이제 알았다. **범주는 다른 것을 포함할 수 있고 다른 것에 포함될 수 있는 덩어리**이다.

• 범주화

어느 날 열심히 분류하던 창섭이에게 문제가 생긴다.

후라이드 치킨 맛 과자가 배송된 것이다.

성실한 창섭이는 어디에 배치할지 고민한다.

창섭이는 잠깐 고민해보더니 첫 번째 매대에 배치했다.

이때 창섭이가 한 잠깐의 고민이 바로 **범주화**에 해당한다.

다시 말해, 어떤 새로운 대상(후라이드 치킨 맛 과자)을 보고 그것의 상위 범주가 무엇인지 파악하는 행위가 범주화라는 것이다.

내가 아끼는 책 중에서 이러한 범주화에 대해 엄청나게 좋은 설명이 있어서 긁어왔다.

> 우리가 '고양이'라고 부르는 대상들을 살펴보면, 각각 성별/나이/피부색깔/털 길이/털색/얼굴 모양/키/체형/목소리/성격이 각기 다릅니다. 그런데 우리는 세세한 차이를 탈색(추상화)시켜서 공통점을 뽑아내고, 이를 종합하여 일반명사를 만들어 냅니다. 그리고 우리는 이 일반명사에 해당되는 대상들을 하나의 범주로 인식합니다. <u>어떤 대상을 범주화하는 것은 특정 범주의 사례로 인식한다는 것이고요.</u>
>
> [이해황, 논리개념메뉴얼(7판)]

이때의 '어떤 대상'은 <후라이드 치킨 맛 과자>이고, '특정 범주'는 <과자>라고 이해하면 좋다.

자 이제 정리해 보자.

범주는 다른 것들을 넣을 수 있는 덩어리이고, 범주화는 어떤 대상을 덩어리에 넣을지를 생각해 내는 행위이다.

천박한 재해석

범주에 대해 알았다면, 아까 언급했던 최종결론을 다시 보자.

> 예시 상황임을 느꼈다면, 이정표를 기준으로 범주 관계를 생각하며 읽자.

여기서의 범주관계는 <앞부분>이 상위 범주이고, <뒷부분>이 하위 범주임을 의미한다.

즉, 글이 얼마나 지랄맞든 간에, **예시를 나타내는 이정표가 나온 이상** <뒷부분>이 <앞부분>안에 꼬라박히는 것을 생각하라는 것이다.

조금만. 아주 조금만 더 천박하게 표현하면, 임신과 출산 과정을 거꾸로 생각해보면 된다.

다음의 짧은 이야기를 읽어보자.

이 정도면 스산한가 싶을 날씨엔 어김없이 슬픈 생각이 든다.

그런 생각들은 대개 어딘가 무엇을 두고 온 듯한 그러나 그게 무엇인지 모르는 아릿함의 형태로 나타나곤 한다.

서른을 막 넘어섰지만 이룬 것이 없다는 조급함인지 어딘가로 연결되고픈 접촉에 대한 갈망인지.

정확한 원인을 규명할 수는 없었지만, 그러한 생각은 그로 하여금 어떤 행위를 할 때마다 곱씹음의 대상이 되곤 하였다.

창섭이 그런 생각들에 붙잡혀 어김없이 길을 걸어가던 중, 한 아이가 그 앞에 나타났다.

양털 카펫의 찌꺼기들을 모아 뭉쳐놓은 듯한 아이의 외향은 그를 잠시 멈춰서 이인감에 빠지게 했다.

그러한 이인감에 붙잡혀 있던 그는 아이를 한참 응시했다.

아이 역시 그를 응시한다.

멀뚱멀뚱 나를 쳐다보던 아이는 허공 높이 뛰더니 이윽고 그의 입 속으로 들어갔다.

갑작스러운 일에 창섭은 눈을 까뒤집고 입을 벌린 채 침만 흘리고 있었다.

이윽고 아이가 무사히 자리를 잡았는지 창섭의 배는 부풀어 올랐다.

그렇게 창섭이는 임산부가 되었다.

이청준 원작, 오극찬 각색, 『배꼽을 주제로 한 변주곡』

윗글은 이청준의 『배꼽을 주제로 한 변주곡』에 대한 각색물이다.

원작에서 다뤄지는 논의 중 존재론적 논의를 현대 사회를 살아가는 청년의 입장에 적용한 글이다.

저 각색물의 자세한 주제는 몰라도 되고, 중요한 건 창섭이가 임신을 한 과정이다.

윗글에서 '아이'가 '창섭이'에게 꼴아 박힌다.

예시에서도 마찬가지이다.

'뒷부분'이 '앞부분'에 정확히 꼬라박힌다.

이를 도식으로 나타내면 다음과 같다.

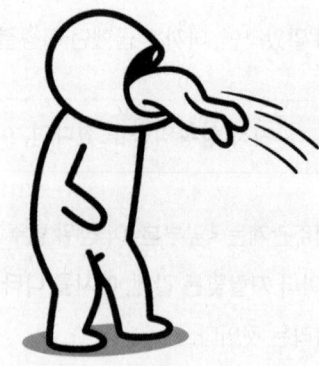

결국 최종 결론에서 제시했던 '범주 관계를 생각하라'를 천박하게 표현하면, **'꼬라박아라'**이고,
이를 구체화하면 창섭이가 아이를 임신하는 느낌을 가지라는 것이다.

그러면 이런 느낌을 구체적으로 시연해보겠다.

예시의 활용

다음 문장을 읽어보자.
최대한 이해해보려 하되 <뒷부분>이 <앞부분>에 꼬라박힌다는 생각을 가지고 읽어보자.

> 추상화 층위에서는 그 층위를 선택한 주체의 목적에 부합하는 속성만 정보로 인식되고 나머지
> 정보는 생략된다.
> 예컨대 차량 구매 시, 안전성을 목적으로 추상화 층위를 선택했을 때는 에어백 성능 등의 정보가,
> 경제성을 목적으로 했을 때는 유지 비용 등의 정보가 인식된다.
>
> [26061417]

<앞부분>을 읽었을 때는 잘 이해가 안 된다.
'추상화 층위', '주체', '목적', '속성' 등 뭐라는 건지 못 알아먹겠다.
그러나 '예컨대'를 본 순간 달라진다.
내 머릿속엔 <뒷부분>을 <앞부분>에 꼴아 박겠다는 강렬한 의지가 피어난다.
따라서 어려운 <앞부분>보다 상대적으로 쉬운 <뒷부분>을 보며, '어디 꼬라박을 것이 없나' 하고 어슬렁대다
보면, 다음과 같은 사실을 알 수 있다.

> (1) 목적 : 안전성, 경제성
> (2) 속성 : 에어백 성능, 유지 비용

> 추상화 층위에서는 그 층위를 선택한 주체의 목적에 부합하는 속성만 정보로 인식되고 나머지 정보는 생략된다. 예컨대 차량 구매 시, 안전성을 목적으로 추상화 층위를 선택했을 때는 에어백 성능 등의 정보가, 경제성을 목적으로 했을 때는 유지 비용 등의 정보가 인식된다.
>
> [26061417]

아! 이제 <앞부분>이 대충 이해가 간다. 정확히는 몰라도 어느 정도 감을 잡을 수 있다는 것이다.

이렇게 예시를 사용하면, **부족한 이해가 보강될 수 있는 것**은 자명하다.

그러나 얻을 수 있는 이점이 하나 더 있다.

여기 <앞부분>에서 '속성'을 보자.

우리의 기본적인 직관에 따르면, <뒷부분>에서 '안전성'과 '경제성'이 속성에 해당한다. ' -성'으로 끝나기 때문이다.

이게 개소리가 아닌 게, 실제로 평가원이 종종 그렇게 언급한다.

> 아도르노는 서로 다른 가치 체계를 하나의 가치 체계로 통일시키려는 속성을 동일성으로, 하나의 가치 체계로의 환원을 거부하는 속성을 비동일성으로 규정하고, 예술은 이러한 환원을 거부하는 비동일성을 지녀야 한다고 주장 한다
>
> [23090409]

> 원은 중심과 둘레로 이루어져 있어 중심을 향하는 집중성과 둘레를 향하는 확산성이라는 두 가지 속성을 동시에 갖고 있다.
>
> [14062225A]

기출 문제를 열심히 학습해도 그런 직관을 가진다는 것이다.

그러나 이 지문에서 '속성'은 '에어백 성능'과 '유지비용'을 의미하고, 그렇게 이해해야 한다.

만약 예시를 적극적으로 활용하지 않으면, 잘못된 이해를 할 가능성이 있다.

이처럼 예시는 **직관이 잘못되지 않게 보조**해주는 기능도 있다.

이제 다음 문장을 보자.

> 그래서 「주택임대차보호법」, 「상가건물 임대차보호법」에는 계약보다 우선 적용되는 제도가 마련되어 있다. 예컨대 계약으로 임대차 기간을 이 법들에 규정된 최단 존속 기간보다 짧게 정했더라도 임차인에게는 최단 존속 기간이 보장된다.
>
> [26060409]

이번 건 <앞부분>이 좀 편하다. <계약>과 <제도>의 우열 관계가 나와 있다. 쉽게 말해 <제도>가 <계약>보다 세다는 것이다.⑪

다만 <뒷부분>은 잘 이해되지 않는다.

그래도 '예컨대'를 본 순간 어떻게든 비벼볼 수 있다.

내 머릿속엔 <뒷부분>을 <앞부분>에 꼴아박겠다는 강렬한 의지가 피어난다.

당연히 어슬렁거려야 한다. 여기선 <앞부분>에서는 <제도>가 세고 <계약>이 약한 걸 알았으니 그걸 찾아서 어슬렁거리는 것이다.

그럼 다음과 같이 이해할 수 있다.

그래서 「주택임대차보호법」, 「상가건물 임대차보호법」에는 계약보다 우선 적용되는 제도가 마련되어 있다. 예컨대 계약으로 임대차 기간을 이 법들에 규정된 최단 존속 기간보다 짧게 정했더라도 임차인에게는 최단 존속 기간이 보장된다.

[26060409]

이렇게 예시를 활용해서 글을 이해할 수 있다.

위에 실어둔 색 구분을 통해 <뒷부분>이 이해되지 않는다면, 다음 보충 해설을 읽어보자.

• 보충 해설

<뒷부분>을 이해해 보자.

'이 법들에 규정된 최단 존속 기간'을 'K'라는 미지수로 가정하자.

그러면, '계약으로 정한 임대차 기간'은 'K'보다 작은 'K-1'이라고 볼 수 있다.

'K'와 'K-1' 중에서, 결국 임차인에게는 'K'가 보장된다는 것이다.

이때, 'K'는 <제도>이고 'K-1'는 <계약>이다.

결국 <뒷부분>도 <제도>와 <계약>이 충돌하는 상황에서 <제도>의 것을 따른 상황을 얘기하고 있다.

---

11. 물론 법률과 계약의 충돌 상황은 법학에서 중요한 쟁점이기 때문에 법학에 관한 배경지식이 있거나 언어적 센스가 좋다면, 딸깍 이해해버릴 수 있다.

마치며

다음 문장을 읽어보지금까지 예시에 대한 설명과 올해 나왔던 문장 두 개를 살펴보았다.

다음부터는 이런 예시에 대해 학습할 수 있는 문장들을 통해 홀로 학습해 보는 시간을 가질 것이다.

앞서 언급한 바와 같이 독자들은 <순순히 이해하겠다는 태도>와, 필자가 제시한 <예시의 느낌을 적용하겠다는 태도>를 가지고 제시된 문항들을 대해야 할 것이다. (절대 그냥 영어 구문 공부하듯 기계적으로 대하지 말자)

그렇게 제시된 문장들을 하나하나 곱씹어야 한다.

당연히 모르는 어휘가 나오는 경우 사전을 검색해야 하고, **이해하는 데 문맥이 필요한 경우는 해당 기출문제를 찾아봐**야 한다.[12]

그렇게 최대한 공부해 보고 정 납득이 안 되는 문항이 있다면, 카페로 가서 해설 강의를 수강하면 된다.

---

12. 문항 오른쪽 하단에 출처를 표시해뒀다. 가서 찾아보면 된다.

들어가며

제시된 지문을 읽고 최대한 이해하며, 책에서 언급했던 예시의 느낌을 사용해 보자.

훈련을 대할 때는 예시의 느낌만 가볍게 적용해본다는 태도가 아닌, 이 지문을 이해하겠다는 태도가 기본으로 되어 있어야 한다.

예시의 느낌을 적용해 보겠다는 태도는 이에 가볍게 더해져야 할 뿐이다.

참고로 이 태도는 이후 소개할 대비, 일치, 논증에서도 유효하다.

실제 사용

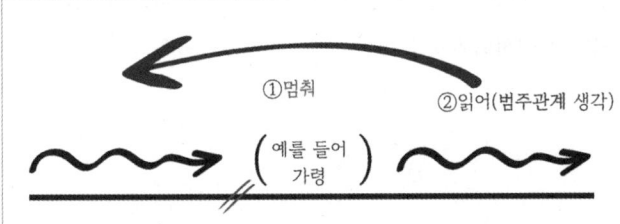

글을 읽다가 예시의 이정표를 본 순간
① 일단 멈춘다
② 뒷부분이 앞부분에 꼬라박힌다는 생각을 가지고 나머지 부분을 읽는다.

• 실제 사용의 재활용

참고로 본 서에서 제시한 실제 사용을 꼭 그대로 연습하지 않아도 좋다.

내가 여기서 고안한 실제 사용 역시 하나에 방법론에 불과하기 때문이다.

따라서 본인만의 편한 방법이 있는 독자들은 이를 활용하길 바란다.

이와 관련된 QNA 내역을 기져왔다.

> 지민: 저는 실전에서 뒷부분이 앞부분에 꼬라박힌다는 생각으로 보니 독해가 빙빙 도는 느낌이 있는데 **혹시 앞부분 내용을 기억한 뒤, 뒷부분을 읽으며 도장처럼 내리꿂는다는 느낌**을 가져도 되나요?
>
> 저자: 가능합니다. 제가 제시한 '실제 사용'은 어디까지나 가벼운 스케치입니다. 본인 편한대로 재해석해서 사용하시면 됩니다.

001 이를 바탕으로 단순 관점은 독자 유형을 다음의 네 가지로 구분한다. 해독과 언어 이해가 모두 충분한 독자, 해독과 언어 이해가 모두 부족한 독자, 언어 이해는 충분하지만 해독은 부족한 독자, 해독은 충분하지만 언어 이해는 부족한 독자이다. 단순 관점에 따르면 해독과 언어 이해 중 어느 하나라도 부족한 독자는 독해에 어려움을 겪으며, 능숙한 독해 수준에 도달하기도 힘들다. 가령, 단어 인식은 잘하지만 글의 중심 내용은 파악하지 못하는 학생은, 해독은 충분하지만 언어 이해가 부족한 독자 유형에 해당하며 능숙한 독해 수준에 도달하지 못했다고 할 수 있다.

[26110103]

002 그러나 문리 해석으로 그 내용을 제대로 파악하기 어려우면, 그것이 사용된 맥락을 고려하여 그 의미를 파악하는 '체계적 해석', 입법 과정에서 논의된 내용을 바탕으로 그 의미를 파악하는 '역사적 해석' 등의 해석 방법을 사용할 수 있다. 그 예로서 '담보'를 들 수 있다. 담보의 일상적 의미는 '맡아서 보증함'이고, 이런 의미로 사용된 예로 '구조물의 안전을 담보하기 위한 검사'를 들 수 있다. 하지만 성문법 조문에서 사용될 때는 그 맥락을 고려하여 다른 의미로 해석되기도 한다.

[26110409]

003 대부분의 물질은 선형 열팽창 계수가 양수이며 물질마다 그 값이 다르다. 합금인 인바(invar)와 순수한 금속인 알루미늄은 선형 열팽창 계수가 양수인 물질이며 인바는 알루미늄에 비해 매우 작은 선형 열팽창 계수를 갖는다.

[26111013]

004 천지간에 만물이 소리를 내게 만드는 것은 무엇인가? 초목은 움직이지 않으면 그 자체로 소리가 나지 않으나 바람이 불면 소리가 난다. 그런즉 초목이 소리를 내게 하는 것은 바람이다. 금석은 때리지 않으면 그 자체로는 소리가 나지 않으나 물건이 때리면 소리가 난다. 그런즉 금석이 소리를 내게 하는 것은 물건이다.

[26112226]

MEMO

005 이러한 사단이 벌어지게 된 것은 다름이 아니었다. 아무도 거들떠보지 않던 심심산골, 불모의 황무지였던 이곳 독가촌 일대가 하루아침에 각광을 받는 지대로 둔갑이 되었기 때문에 생긴 일이었다. 특히 독가촌은 오늘의 달라진 인문지리의 환경으로 따져 보았을 적에 고속도로와 접속이 되게 될 교통 요충지가 되었을 뿐 아니라 관광지로서의 좋은 조건을 모두 구비하고 있다는 것이었다. [26112730]

[실제 선지] '독가촌'에 대한 설명으로 가장 적절한 것은?

① 고속도로가 연결될 것이 알려진 후 외부 사람들의 관심을 받게 된 곳이다.

006 대중 예술인 영화는 대중의 취향에 민감하게 반응해 왔다. 장르 영화가 대표적인 사례다. 특정 장르가 유행했다가 침체되는 현상이나, 장르의 전형적인 관습이 형성되고 변형되는 과정에는 대중의 취향이 반영되어 있다. [26090409]

007 크라카우어는 영화의 표면에 가시적으로 드러난, 전형적인 모티브나 이미지가 암시하고 비유하는 것을 해석함으로써 그 이면에 감추어진 이념을 읽어 내고, 이를 바탕으로 사회를 이해할 수 있다고 보았다. 예를 들어, 1920년대 독일 영화에 반복해서 등장하는 밀실, 광인, 독재자 등을 담은 이미지의 이면에서 패전 이후 독일 사회 전반에 만연했던 현실 도피의 퇴행적인 심리와, 왕정복고를 바라는 정치적 이념을 읽어 낼 수 있다는 것이다. [26090409]

008 수빈은 SF가 등장하기 이전에도 인간은 허구적 이야기를 통해, 낯선 미지의 세계에 대한 동경심을 충족해 왔다고 말한다. 특히 수빈은 이상적인 세계인 유토피아에 대한 동경을 다룬 이야기와 SF 사이의 유사성을 인정하고 유토피아를 SF의 중요한 소재로 받아들인다. [26090409]

MEMO

009 최소가청강도는 주파수 별로 그 크기가 정해져 있다. 예를 들어, 1,000 Hz부터 10,000 Hz 사이에서는 아주 작은 소리도 들을 수 있지만, 100 Hz 이하의 저음에서는 훨씬 큰 소리여야 들을 수 있다.

[26091417]

010 범주화는 우리가 대상을 이해하는 방식 중 하나로, 개별 대상을 동일한 속성끼리 묶어 파악하는 사고방식이다. 예를 들면, 음악을 연주하는 데 쓰는 기구를 소리를 내는 방법이 동일한 것끼리 묶어 현악기·관악기·타악기로 이해하는 것이다.

[26094345]

011 개인의 권리 보장뿐 아니라 주거, 노동, 환경 등의 영역에서 평등과 연대의 가치를 구현하기 위한 제도의 구축 및 관리도 법의 역할이 되어, 그 역할 수행에 필요한 의무 규정들이 늘어난다. 가령 「대기환경보전법」 은 오염 물질의 배출을 규제하는 대기 환경 관리 체계의 기능을 강화함으로써, 깨끗한 환경에서 살 시민의 권리를 실현하기 위한 공적 토대를 만들고자 한다.

[26060103]

012 주택이나 상가 임대차에서도 법이 아니라 계약으로 재산 관계가 정해지는 경우가 있다. 임차인이 임차물을 사용할 권리가 소멸했거나 임차인의 경제력이 충분하면 임차인을 보호할 필요가 없기 때문이다. 예컨대 임대차 종료 후 임차물을 반환할 때 임차인이 이를 원상회복할 의무를 지는지를 결정할 때는 계약이 법률보다 우선 적용된다. 또한 보증금이 「상가건물 임대차 보호법」에 정해진 상한액을 초과하면 최단 존속 기간이 적용되지 않으므로, 이때 존속 기간을 정하지 않기로 계약했다면 당사자들은 자유롭게 임대차를 종료시킬 수 있다.

[26060409]

MEMO

013 이 공간은 기존의 공간 개념과는 다른 이해를 요구한다. 예를 들어 뉴턴이 생각한 공간은 주체나 대상과 관계없는 절대적인 것이었으나, 인포스피어는 대상과 주체가 서로 의존함으로써 존재하는 공간이자 대상이 추상화 층위를 통해서 인식되는 공간이다.

[26061417]

014 그런데 용언이 활용할 때에는 음운 변동이 일어날 수 있으며 그 결과가 표기에 반영되기도 하고 반영되지 않기도 한다. 예컨대 '쌓다'는 '쌓+고[싸코]'에서 거센소리되기, '쌓+아[싸아]'에서 'ㅎ' 탈락, '쌓+는[싼는]'에서 음절의 끝소리 규칙과 비음화가 적용되더라도 이들 음운 변동 결과는 표기에 반영되지 않는다.

[26063536]

015 「정을선전」은 영웅소설과 가정소설의 상투적인 면모가 혼재되어 나타난다. 이를테면, 가정 안팎의 서사는 남주인공을 매개로 연결되고, 사건이 선악 구도로 전개되며, 인물의 고난과 감정은 극대화된다.

[25110025]

016 영화의 형식을 중시한 '이미지를 믿는 감독'은 다양한 영화적 기법으로 현실을 변형하여 새로운 의미를 창조하는 데 주력한다. 몽타주의 대가인 예이젠시테인이 대표적이다. 몽타주는 추상적이거나 상징적인 이미지를 통해 관객이 익숙한 대상을 낯설게 받아들이게 한다. 또한 짧은 숏들을 불규칙적으로 편집해서 영화가 재현한 공간이 불연속적으로 연결된 듯한 느낌을 만들어 낸다.

[25091217]

MEMO

017 이러한 문제점을 완화하기 위해 기업이 경영자와 계약을 체결하여 급여 이외의 경제적 이익을 동기로 부여하는 방안이 있다. 예를 들면, 일정 수량의 주식을 계약 시에 정한 가격으로 미래에 매수할 수 있도록 하는 스톡옵션의 권리를 경영자에게 부여하는 방식이 있다. 이 권리를 행사할지 말지는 자유이고, 경영자는 매수 시점을 유리하게 선택할 수 있다. [25060407]

018 그렇다면 'P이면 Q이다.'에 포함된 'P이다.'가 단독으로 진술된 경우와 다른 점은 무엇인가? 가령 '귤은 맛있다.'는, '귤은 맛있다면 귤은 비싸다.'라는 조건문에 포함되는 경우 화자가 대상에 속성을 부여하는 행위를 하는 것은 아니기에 그것의 판단적 본질을 발현하지 못한다. [25060409]

019 그러나 정상적인 데이터라도 데이터의 특징을 왜곡하는 데이터 값이 있을 수 있다. 예를 들어, 데이터가 어떤 프로 선수들의 연봉이고 그중 한 명의 연봉이 유달리 많다면, 이상치가 포함된 데이터에 해당한다. [24110811]

020 불량 식품에 해당하는 것이 다양하다 보니 무엇이 불량 식품인지 잘 모르는 경우가 있다. 예를 들어, 저렴한 군것질거리는 불량 식품으로 생각되기 쉽지만 법규에 맞게 위생적으로 만들어져 유통, 판매되는 것이라면 불량 식품이 아니다. 그렇다면 의약품인 것처럼 광고하는 식품은 불량 식품일까? 허위 광고나 과대광고를 통해 판매되는 식품은 소비자에게 유해한 불량 식품이다. [24094345]

MEMO

021   금속은 다양한 물질들이 표면에 흡착될 수 있어 여러 반응에서 활성 성분으로 사용된다. 예를 들면, 암모니아를 합성할 때 철을 활성 성분으로 사용하는데, 이때 반응물인 수소와 질소가 철의 표면에 흡착되어 각각 원자 상태로 분리된다.

[24060811]

022   하지만 지각은 주체와 대상이 각자로서 존재하기 이전에 나타나는 얽힘의 체험이다. 예를 들어 다른 사람과 손이 맞닿을 때 내가 누군가의 손을 만지는 동시에 나의 손 역시 누군가에 의해 만져진다.

[24061217]

023   그의 미학은 기존의 예술에 대한 비판적 관점을 제공한다. 가령 사과를 표현한 세잔의 작품을 아도르노의 미학으로 읽어 낸다면, 이 그림은 사회의 본질과 유리된 '아름다운 가상'을 표현한 것에 불과할 것이다.

[23090409]

024   댐핑 인자는 모든 링크에 동일하게 적용된다. 가령 그 비율이 20%이면 댐핑 인자는 0.8이고 두 웹 페이지는 A로부터 각각 1.6을 받는다.

[23091417]

MEMO

025 따라서 이 작업의 관건은 그 사건 외에는 결과에 차이가 날 이유가 없는 두 집단을 구성하는 일이다. 가령 어떤 사건이 임금에 미친 효과를 평가할 때, 그 사건이 없었다면 시행집단과 비교집단의 평균 임금이 같을 수밖에 없도록 두 집단을 구성하는 것이다. [23061317]

026 문제는 흄이 지적했듯이 인과 관계 그 자체는 직접 관찰할 수 없다는 것이다. 원인과 결과에 해당하는 사건만을 관찰할 수 있을 뿐이다. 가령 "추위 때문에 강물이 얼었다."는 직접 관찰한 물리적 사실을 진술한 것이 아니다. [22060409]

027 첫 번째로 임의의 선택이 그 이전 사건들에 의해 선결정된다고 가정해 보자. 반자유의지 논증에서는 이 경우 우리에게 자유의지가 없다고 결론 내린다. 가령 갑의 딸기 우유 선택이 심지어 갑이 태어나기도 전에 선결정된 것이라면 갑이 자유의지로 그것을 선택한 것이라고 보기 어려울 것이다. 두 번째로 임의의 선택이 무작위로 일어난 것이라 가정해 보자. 반자유의지 논증에서는 이 경우에도 우리에게 자유의지가 없다고 결론 내린다. 가령 갑의 딸기 우유 선택이 단지 갑의 뇌에서 무작위로 일어난 신경 사건이라고 한다면, 그것은 자유의지의 산물이라고 보기 어려울 것이다. [22091013]

028 국어에는 하나의 단어가 둘 이상의 쓰임을 보이는 경우가 있다. 하나의 단어가 둘 이상의 품사로 사용되는 현상인 품사통용도 이러한 경우 중 하나이다. 가령 '그는 세계적 선수이다.'의 '세계적'은 관형사이고 '그는 세계적으로 유명하다.'의 '세계적'은 명사이므로 '세계적'은 품사 통용을 보이는 단어이다. [25093536]

MEMO

Ⅱ. 대비

시작하며

이번엔 대비를 알아보자.

예시와 비슷하면서 조금 다르다.

최종결론

"글을 읽었을 때, 찜찜한 느낌이 들고 대비 상황임을 느꼈다면, 이정표를 기준으로 <u>상반 관계</u>를 생각해보고, 그것이 안 된다면 <u>그 존재 이유</u>를 해명해 보자."

> **❗ 주의**
>
> 예시의 경우와는 조금 다르다.
>
> 예시의 경우는 그저 '범주 관계를 생각하자(꼬라 박자)'라는 하나의 목적의식만 가져도 무방하지만,
>
> 대비에서는 '상반 관계를 생각하자'가 만능으로 통하지 않는 경우가 있기 때문이다.
>
> 그 이유에 대해 아래 '대비의 이정표'에서 논증하고 있다.
>
> 그러나 이러한 내용은 다소 분석적이고 따라서 수험 적합적이지 않기에, 2회독 때 보는 것을 권장한다.

실제사용

글을 읽다가 대비의 이정표를 본 순간

① 끝까지 읽는다.

② -1. (만약 끝까지 읽었을 때, 아무 이상 없는 경우) 그냥 지나간다.

② -2. (만약 끝까지 읽었을 때, 뭔가 찜찜한 경우) 다시 돌아온 뒤, 앞부분과 뒷부분의 내용 단위를 일대일로 대응해본다. 그것이 안된다면, '필자가 왜 여기다 이정표를 썼는지' 생각해본다.

대비의 이정표 (2회독[13])

• 소결론

"모든 대비의 이정표는 <상반>의 느낌을 가진다. 비록 조금씩 다를지라도"

• 들어가며

앞서 [이정표] 편에서 언급한 바 있지만, 이 책의 논의는 굉장히 폭력적이다.

어미, 조사, 부사, 명사 등 실제 존재하는 문법적 단위들에 대한 정확한 논의를 묵살한 뒤, 모두 <이정표>라는 용어로 퉁쳐버리기 때문이다.

물론 본 서가 수험서인 점, 그 제작 목적이 오로지 수능 국어 성적 상승이라는 슬픈 사실을 고려하면, 언어학적인 깊은 분석은 지양하는 것이 타당하다.

그러나 예시와 다르게 대비에서는 각 이정표들의 질감 차이가 명백히 존재하기 때문에, 각 이정표들을 하나하나 들여다보는 것이 필요하다.

이 때 『표준국어대사전』에 실린 **이정표의 의미**를 바탕으로 **최근 출제된 수능 지문**을 분석해볼 것이다.

당연히 깊게 진행하지 않는다. 애초에 할 수도 없다.

연결어미 '-ㄴ데'를 생각해 보자.

---

13. 꽤 깊게 들어간다. 만약 이 책을 처음보는 학생이라면, [소결론]만 기억하고 나머지는 유기한 뒤 2회독때 보는 것을 권장한다.

『표준국어대사전』에서는 이에 대해 '뒤 절에서 어떤 일을 설명하거나 묻거나 시키거나 제안하기 위하여 그 대상과 상관되는 상황을 미리 말할 때에 쓰는 연결 어미'라는 한 가지 의미를 제시하고 있다.[14]

이는 모든 용법을 포괄하여 기술하기 위해 단어를 폭넓게 정의한 것이다.[14]

반면 어떤 학자들은 이를 [원인·이유], [대립], [양보], [질문에 앞선 배경 제시], [시간적 배경 제시] 등으로 구분하고 있고[15] 또 다른 학자는 수사구조이론을 바탕으로 17가지 용법을 제시하고 있다.[16]

이게 무슨 소린가?

깊게 못한단 소리다.

애초에 『표준국어대사전』에 실린 의미로도 씹고 뜯고 맛보는 학자들이 많다. 이는 『표준국어대사전』 자체가 절대적인 도그마가 될 수 없다는 사실을 함축한다.

고로 『표준국어대사전』 하나를 가지고 엄밀한 논의를 진행할 수 없다. 그럼에도 분석의 출발점으로 삼을 무언가는 있어야 한다.

그러니 얕게 가자 얕게. 딱 괜찮을 정도만.

· **그러나**

'그러나'의 사전적 정의는 다음과 같다.

> 그러나: 앞의 내용과 뒤의 내용이 **상반**될 때 쓰는 접속 부사.

그렇다면 다음과 같이 이해해볼 수 있다.

A 그러나 B	A와 B 사이에 '그러나'가 들어간다고 하자. 이때, A와 B는 서로 상반되는 관계이다.

실제로 이번 수능에서 저렇게 사용됐는지 알아보자.

아래의 문장에서 A와 B가 상반됐는지 생각해보자.

> A[이때 경매 대금을 배당받을 금전 채권자가 여럿이면 각 채권자는 각자의 채권액에 비례하여 배당받아야 하는 것이 원칙이다.] 그러나 B[그 채권자 중 담보 물권을 가진 자는 경매 대금에서 자신의 채권액부터 먼저 배당받는다.]
>
> [26110409]

충분히 생각해보자. 상반되는지 깊게 고민하고 다음으로 넘어가야 한다.

---

14. 오재연 and 이선웅. (2022). 연결어미 '-ㄴ데'와 접속부사 '그런데'의 사용 양상에 대한 대조적 연구. 우리말글, 93, 85-109.

15. 서상규·백봉자·강현화·김홍범·남길임·유현경·정희정·한송화(2006), 외국인을 위한 한국어학습사전, 신원프라임.

16. 이소현 (So Hyun Lee). "수사구조 이론에 기반한 "-지만"의 의미 연구." 언어와 언어학 0.66 (2015): 301-323.

A는 금전 채권자가 여럿인 경우, 각 채권자가 받을 수 있는 **채권액의 산출 방식**을 조건/효과의 틀을 사용하여 제시한 문장이다.

B는 A와 기본적인 조건(경매대금을 배당받을 금전 채권자가 복수로 존재)을 공유하면서, 그 예외(담보 물권을 가진 자가 존재할 경우) 상황에서 **채권액의 산출순서가 다름**을 제시한다.

A와 B의 내용을 조건/효과, 원칙/예외의 틀을 사용해서 다음과 같이 정리할 수 있다.

A(원칙)	B(예외)
조건1: 경매 대금을 배당받을 금전 채권자가 복수로 존재 효 과: 각자의 채권액에 비례하여 경매금액 **동시에** 배당	조건1: 경매 대금을 배당받을 금전 채권자가 복수로 존재 조건2: 채권자 중 담보 물권을 가진 자가 존재 효 과: 담보 물권을 가진 자에게 경매 금액 먼저 배당

이렇게 A는 어떠한 원칙, B는 그 원칙에 대한 예외를 나타내고 있기에, A와 B는 상반되는 내용이라고 볼 수 있다.

조건/효과 틀은 몰라도 괜찮다. 여기선 가볍게 **'아~ 상반되는 게 맞긴 하네~'** 정도의 느낌만 느낄 수 있으면 된다.

• 반면

'반면'의 사전적 정의는 다음과 같다.

> 반면: ((흔히 '반면에' 꼴로, '-은, -는' 활용형 다음에 쓰여)) 뒤에 오는 말이 앞의 내용과 상반됨을 나타내는 말.

띠용?
방금 했던 '그러나'와 똑같다. 둘 다 내용이 <상반>되는 것을 지시하기 때문이다.
따라서 '반면'은 '그러나'와 똑같은 친구로 볼 것이다.[17]

---

17. 실제로 '반면' 또는 '반면에'에 관한 연구는 그리 많지 않다.

• 하지만

'하지만'의 사전적 정의는 다음과 같다.

> 하지만: 서로 **일치하지 아니**하거나 **상반**되는 사실을 나타내는 두 문장을 이어 줄 때 쓰는 접속 부사.

그렇다면 다음과 같이 이해해볼 수 있다.

A 하지만 B	A와 B 사이에 '하지만'이 들어간다고 하자. 이때, A와 B는 서로 **일치하지 않**거나 **상반**되는 관계이다.

그러면, 이번 수능에서 '하지만'을 보고 '일치하지 않을 때' 사용됐는지, '상반될 때' 사용됐는지 알아보자.

천천히 고민해 보자. 둘 중 어떤 의미로 사용된 것일까?

> ^A[담보의 일상적 의미는 '맡아서 보증함'이고, 이런 의미로 사용된 예로 '구조물의 안전을 담보하기 위한 검사'를 들 수 있다.] 하지만 ^B[성문법 조문에서 사용될 때는 그 맥락을 고려하여 다른 의미로 해석되기도 한다.]
>
> [26110409]

A는 '담보의 일상적 의미'와 '그 예시'를 나타내고, B는 '담보가 다른 의미로 해석될 수 있음'을 나타내고 있다.

여기서 '일상적 의미'와 '다른 의미' 는 상반된다.

'다른 의미'는 <일상적 의미를 제외한> 또는 <일상적 의미가 아닌> 의미로 이해할 수 있다. (모순 관계라는 것이다)

따라서 A에서는 '일상적 의미' B에서는 '~일상적 의미'로 볼 수 있으니, 그 둘은 상반되는 관계임을 알 수 있다.

하나 더 해보자.

이때도 '하지만'이 사용된 상황이 상반된 경우인지 그저 일치하지 않는 경우인지 구별해 보자.®

> ^A[롱게네스는 통시적으로 동일한 자아가 없이는 경험적 인식이 성립할 수조차 없으므로, 자아에 대한 인식은 경험으로부터 추상화 된 것이 아니라고 본다.] 하지만 ^B[그는 자아와 인격이 시공간적 세계를 경험하는 인간에만 적용되는 개념이라고 주장한다.]
>
> [26111417]

---

18. 이 문장을 온전히 이해하려면, '추상화', '인식', '자아' 등에 대한 해명이 필요할 뿐 아니라 앞선 문맥이 필요하다. 그러나 이는 나중에 '훈련'에서 다루도록 하고, 여기서는 그저 어떤 상황에 '하지만'이 사용됐는지만 알아보자.

천천히 고민해 보자. 둘 중 어떤 의미로 사용된 것일까?

이때는 **일치하지 않는 사실을 나타내는 두 문장을 이어주는 것**이다.

각 문장은 공통적으로 롱게네스의 사상에 대해 다룬다. 이때 A는 '롱게네스의 자아와 경험의 관계에 대한 논증'를 나타내고, B는 '그러한 자아와 인격 개념의 적용 범위'를 나타내고 있다.

여기서 무언가 반대된다고 볼 수 없다. 직접적인 내용항이 충돌하는 것도 어떤 기대를 부정하는 것도 찾아볼 수 없다.

단지 여기서는 그저 같은 대상(자아)를 말하지만, 논의의 초점이 달라서 서로 자연스럽게 이어지게 할 뿐이다.

지금까지 '하지만'에 대해 알아봤다.

그럼 앞에서 진행했던 '그러나'와 비교해보자.

'그러나'는 <상반>의 느낌을 가지고, '하지만'은 <상반>과 <불일치>의 느낌을 가진다.[19]

어찌됐든 둘 다 <상반>의 느낌을 공유하고 있다는 것은 알 수 있다.

• 다만

'다만'의 사전적 정의는 다음과 같다.

> (1) 다른 것이 아니라 오로지. ≒단지.
> (2) ((조사 '라도'가 붙은 명사 앞에 쓰여)) 그 이상은 아니지만 그 정도는.
> **(3) 앞의 말을 받아 예외적인 사항이나 조건을 덧붙일 때 그 말머리에 쓰는 말. ≒단지.**

저 중에서 (3)에 대해 알아보자.[20]

A 다만 B	A와 B 사이에 '다만'이 들어간다고 하자. 이때, B는 A에 **예외**적인 사항이나 **조건**이 된다.

그러면, B기 A와의 관계에서 <예외> OR <조건>이 된다.

우리가 앞에서 본 것처럼, B가 A의 <예외>가 된다면, A는 B의 <원칙>이 된다.

원칙/예외의 틀을 고려하면, 이러한 관계에서는 **<상반>의 느낌**이 포함되어 있음을 알 수 있다.

'다만'이 <조건>으로 쓰인 경우에도, <상반>의 느낌을 가지는가?

---

19. 마지막에도 언급하겠지만, 꼭 이렇게만 쓰이는 것은 아니다. 그저 사전에서 그렇게 언급하고 있다는 것이다.
20. (1), (2)은 일상생활에선 많이 사용되지만, 시험에서는 그렇지 않다. 오히려 (3)의 비율이 압도적으로 높다.

그렇다. 올해 출제된 '다만'의 사용례를 보자.

A[그 책임의 내용은 손해 배상이 원칙이지만, 만약 하자로 인해 매수인이 계약의 목적을 달성할 수 없으면 매수인은 계약을 파기하고 대금 환불을 청구할 수도 있다.] 다만 B[매수인이 계약 체결 당시 하자의 존재를 알았거나 알 수 있었던 경우에는 담보 책임이 인정되지 않는다.]

[26110409]

이 내용은 법률요건, 법률효과의 틀로 다음과 같이 정리할 수 있다.[21]

	법률요건	법률효과
A	-	손해배상
	(하자 ⇒ ~달성)	손해배상 or 환불
B	(하자 ⇒ ~달성) + 인지(가능성)	~~손해배상 or 환불~~

(이 표를 보고 직관적으로 이해가 안 된다면, 뭘 하려 들지 말고, 필자가 지문 내용을 왜 저렇게 정리했을까 고민해보자. 그거면 된다.)

B에서는 새로운 조건이 추가적으로 등장한다. '매수인이 계약 체결 당시 하자의 존재를 알았거나 알 수 있었던 경우'가 그것이다.

표에서는 '인지(가능성)'으로 정리해뒀다.

중요한 건, 이런 조건이 독립적으로 존재하는 것이 아닌 앞선 조건에 추가적으로 등장한 것이다.

즉, 표에서의 '(하자 ⇒ ~달성)'이라는 기존 조건에 '인지(가능성)'이 더해진 것이다.

이렇게 '다만'은 조건을 더하는 역할을 한다.

그런데 여기에 왜 상반의 느낌이 있을까?

B의 후반부인 '담보 책임이 인정되지 않는다' 부분 때문이다.

'담보 책임이 인정되지 않는다'는 A에서 언급한 '매수인이 손해배상을 받을 권리', '계약을 파기하고 대금 환불을 청구할 권리' 모두가 부정된다는 뜻이다.

이는 앞서 제시된 법률효과들을 일거에 삭제해 버린다.

따라서 이때의 <조건>의 느낌으로 쓰인 '다만'에서도 <상반>의 질감을 느낄 수 있는 것이다.

이를 추가적으로 학습하고 싶은 학생들을 위하여 <조건>의 느낌으로 쓰인 '다만'을 실어두었다. 연습해보길 바란다.

---

21. 간혹 어디선가 이를 설명하면서, 법률요건과 법률효력이라는 말을 사용하는데, 이는 적절치 못하다. 실제 법령에서 요건/효과라는 용어를 사용하기 때문이다. 민법 제506조, 제507조 등..

A[재량 준칙은 법령이 아니므로 재량 준칙대로 재량을 행사하지 않아도 근거 법령 위반은 아니다.] 다만 B[특정 요건하에 재량 준칙대로 특정한 내용의 적법한 행정 작용이 반복되어 행정 관행이 생긴 후에는, 같은 요건이 충족되면 행정청은 동일한 내용의 행정 작용을 해야 한다.]

[23111013]

A[무상 처분된 물건의 시가가 변동하면 유류분 부족액을 계산할 때는 언제의 시가를 기준으로 삼아야 할까? 유류분의 취지에 비추어 상속 개시 당시의 시가를 기준으로 해야 한다.] 다만 B[그 물건의 시가 상승이 무상 취득자의 노력에서 비롯되었으면 이때는 무상 취득 당시의 시가를 기준으로 계산해야 한다.]

[23091013]

A[이중 가닥 DNA 특이염료는 이중 가닥 DNA에 결합하여 발색하는 형광 물질로, 새로 형성된 이중 가닥 표적 DNA에 결합하여 발색하므로 표적 DNA의 증폭을 알 수 있게 한다.] 다만, B[이중 가닥 DNA 특이 염료는 모든 이중 가닥 DNA에 결합할 수 있기 때문에 2개의 프라이머끼리 결합하여 이중 가닥의 이합체(二合體)를 형성한 경우에는 이와 결합하여 의도치 않은 발색이 일어난다.]

[22061417]

A[위임된 행정 규제 사항의 대강을 위임 근거 법률의 내용으로부터 예측할 수 있어야 한다는 것이다.] 다만 B[행정 규제 사항의 첨단 기술 관련성이 클수록 위임 근거 법률이 위임할 수 있는 사항의 범위가 넓어진다.]

[21092630]

지금까지 '다만'에 대해 알아봤다.

그럼 앞에서 진행했던 논의를 떠올려보자.

이정표	느낌
그러나	<상반>
반면(에)	<상반>
하지만	<상반> <불일치>
다만	<예외>········<상반> <조건>········<상반>

어찌됐든 모두 <상반>의 느낌을 공유하고 있다는 것은 알 수 있다.

⇒기호의 활용(2회독)

이 책에서는 ⇒기호와 →기호를 구분해서 사용한다.

→은 보통 조건문 즉, 논리적 함축 관계를 나타낼 때만 사용하고, ⇒은 그러한 조건문을 포함해 인과, 선후 관계를 나타낼 때 사용한다.

앞서 우리가 공부한 표를 보자.

	법률요건	법률효과
A	-	손해배상
	(하자 ⇒ ~달성)	손해배상 or 환불
B	(하자 ⇒ ~달성) + 인지(가능성)	손해배상 or ~~환불~~

여기서 (하자 ⇒ ~달성) 은 '하자로 인해 매수인이 계약의 목적을 달성할 수 없는 경우'를 나타낸다.

'인해'를 고려하면, 이 둘은 인과 관계를 나타냄을 알 수 있다.

여튼 이러한 기호에 관해서는 다음 권인 『수능적 해석』에서 다룰 예정이니 여기선 이 정도만 알아두자.

• 그런데

'그런데'의 사전적 정의는 다음과 같다.

> (1) 화제를 앞의 내용과 관련시키면서 다른 방향으로 이끌어 나갈 때 쓰는 접속 부사.
> (2) 앞의 내용과 상반되는 내용을 이끌 때 쓰는 접속 부사.

그러면 다음과 같이 이해할 수 있다.

A 그런데 B	A와 B 사이에 '그런데'가 들어간다고 하자. 이때, B는 A와 관련성이 있지만, 다른 방향으로 나아가거나 A와 상반되는 내용이다.

역시 경우의 수는 두 가지이다.

(1)관련성+다른 방향, (2)상반

다음 문장을 읽어보고, (1)과 (2) 중에서 더 가까운 의미인 것을 골라보자.

> A[이에 갑이 을에게 예술품의 납품을 시작했고 을은 2년 동안 갑에게 그 대금을 지급했다.] 그런데
> B[이후 2년 동안 갑이 예술품을 1년에 1점씩 납품했으나 을은 그 대금을 지급하지 않았다.]
>
> [26111417]

여기서는 (2)에 가깝다.

A는 갑과 을의 예술품 거래 사실과 을이 2년 동안 대금을 지급한 사실을 나타내고, B는 갑이 정상적으로 예술품을 공급했으나 을이 이후 2년 동안 대금을 지급하지 않았다는 사실을 나타낸다.

이는 계약에 있어서, 정상적인 이행과 미이행 상황으로 서로 상반된다고 볼 수 있다.

아주 간단하다.

다음 문항도 처리해 보자.

> A[이후 온도를 T_1로 올렸을 때는 B만 물체를 잡을 수 있었다.] 그런데 B[T_0에서 T_1보다 높은
> 온도인 T_2로 온도를 올렸을 때는 A도 물체를 잡을 수 있었다.]
>
> [26110012]

이것도 쉬우니까 잘 생각해보자.

역시 (2) 쪽이 가깝다.

이 문항만 보고 판단한다면, A는 어떤 기준 온도(X)에서 T_1로 올린 경우 B만이 물체를 잡을 수 있다는 사실을 제시하고, B는 T_0에서 T_2로 온도를 올렸을 때 A와 B 모두 물체를 잡을 수 있다는 사실을 제시한다.

일반적으로 뜨거운 물체를 잡는 것이 힘들다는 독자들의 기대에 따르면, 온도가 T_1일 때 물체를 잡지 못하는 A는 온도가 그보다 더 뜨거운 T_2로 오른 경우엔 당연히 잡지 못하는 게 자연스럽다.

여기서는 그러한 독자의 기대에 상반되는 기능으로 사용된 것이다.

하나만 더 해보자.

(1)과 (2) 중 어느 쪽에 가까운지 생각해 보자.

> 안녕하세요? 지난 수업 시간에는 우리나라의 평균 기온이 점점 높아지고 있는 현상에 대해 조사하는 활동을 함께 했었는데요, 그런데 여름철에도 낮은 기온을 유지해 시원한 곳이 있다고 합니다. 바로 풍혈지라는 곳입니다. 저는 오늘 여러분께 이 풍혈지에 대해 소개하려고 합니다.

답하기 애매한 문항이다.

그도 그럴 것이 앞부분은 **'지난 수업 활동'**에 했던 내용을 언급하고, 뒷부분은 **'이번 수업 활동'**의 내용을 제시하고 있다.

문제는 뒷부분이 앞부분에서 언급한 내용과 (1)관련이 있고, 다른 방향으로 볼 수 있고. 시간을 기점으로 본다면 이 두 내용은 서로 (2)상반된다고 볼 수도 있다는 것이다.

즉, (1)과 (2)가 공존하는 상황이다.

자 잠깐 심호흡을 해 보자.

여러분은 모두 속았다.

사실 앞에서 제시한 예문 역시 (1)과 (2)의 의미가 공존해서 어느 쪽이라고 명확하게 답하기 애매하다.

> A[이에 갑이 을에게 예술품의 납품을 시작했고 을은 2년 동안 갑에게 그 대금을 지급했다.] 그런데 B[이후 2년 동안 갑이 예술품을 1년에 1점씩 납품했으나 을은 그 대금을 지급하지 않았다.]
>
> [26111417]

여기서는 시간축과 이행여부를 기준으로 상반 관계를 잡았지만, B가 A와 관련이 있고 다른 방향으로 나아갔다는 점을 부정할 수는 없다.

여기서도 A를 읽었을 때 생기는 일반적인 독자의 기대를 부정하기에 상반 관계를 잡았지만, 관련성과 다른 방향으로 나아간다는 점을 부정할 수 없다.

아래 제시된 문항들은 더 골치가 아프다.
뭔가 (1)도 되는 것 같으면서도 (2)도 된다.

이봐요. 허 선생. 더 이상 서툰 짓은 하지 마시오. 당신이 무슨 짓을 꾸미고 있는지 다들 알고 있소. 그런데 이제 당신 같은 사람들이 날뛰던 시대는 서서히 지나가고 있는 거요. 우리의 피땀으로 이룩한 독가촌을 가지고 서툰 짓을 벌이려고 하다 가는 당신이 온전치는 못할 거요."

혜정 : 나는 급식에 자주 나오는 식혜를 다루고 싶어. 은은한 단맛이 매력적이고, 예전부터 천연 소화제로 사용해 왔다는 점 때문에 식혜를 친구들에게 소개하고 싶거든.
서현 : 좋아. 그 두 가지 특징을 핵심 문구와 그림으로 보여 주면 식혜를 소재로 고른 이유가 잘 드러날 것 같아.
혜정 : 그런데, 은은한 단맛의 비밀이나 소화제로 기능하는 원리도 알려 주면 이해에 더욱 도움이 되겠어. 다겸아, 같이 보면서 이야기하게 현재 공유 화면을 약간 아래로 내려 줘.

천천히 읽어보고 어떤 의미로 사용되었는지 고민해 보자.

그렇게 해 보면, '그런데'의 의미를 사전과 같이 엄밀히 구분한다는 것에 회의감이 들 것이다.
명확히 구분도 안 되지만 그 두 의미가 공존하는 경우도 있기 때문이다.

그럼 여태 했던 논의들을 정리해보자.

이정표	느낌	
그러나	<상반>	
반면(에)	<상반>	
하지만	<상반> <불일치>	
다만	<예외>········<상반> <조건>········<상반>	
그런데	<관련성+다른 내용> <상반>	구별 불가

한눈에 알아보기 편하게 정리하니 무언가 공부된 느낌도 되고 좋다.

마치 영어 구문 강의를 들었을 때의 느낌이다.

각 이정표마다 주는 느낌을 살려 읽어보고 싶어질 것이다.

그러나 그런 태도는 좋지 못하다.

마지막 '그런데'의 논의에서 알 수 있듯 서로 다른 의미가 공존하여 서로 구별할 수 없는 경우도 있고, 이 논의에서 근거로 한 『표준국어대사전』 역시 많은 논쟁의 대상이 되기 때문이다.

만약 우리가 학자라면 이러한 이정표들을 하나하나 탐구해 보는 시간을 가지겠지만, 우리는 실용적인 기술이 필요한 수험생들이다.

이제 이에 걸맞는 결론을 제시하겠다.

"모든 대비의 이정표는 <상반>의 느낌을 가진다, 비록 조금씩은 다를지라도."

이런저런 논의가 있어도, 결국 위에 제시한 대비의 이정표들이 상반의 느낌을 가진다는 것은 부정할 수 없는 사실이다.

결국 이정표가 문장을 연결하든 어구를 연결하든, 그 이정표가 예외를 제시하든 조건을 제시하든...

'상반'된다는 느낌은 모두 존재한다는 것이다.

천박한 재해석

윤구: 그럼 시험장에서 어쩌라고?

대비의 이정표들이 모두 '상반'의 느낌을 가진다는 결론만 제시하면, 위와 같은 질문들이 나온다.

이에 실전에서 어떻게 해야 할지 명확히 제시하겠다.

> "글을 읽었을 때, 찜찜한 느낌이 들고 대비 상황임을 느꼈다면, 이정표를 기준으로 <u>상반 관계를</u>
> 생각해보고 그것이 안 된다면, <u>그 존재 이유를 해명</u>해보자."

실제 시험장에서 대비의 이정표를 본 순간, 독자는 우선 앞과 뒤가 상반된다는 사실을 염두하며 읽는다.

여기서 상반된다는 것은 **이정표를 기준으로 <앞부분>과 <뒷부분>을 찢어버리는 것**을 생각하면 된다.

만약 가능하다면, **<앞부분>과 <뒷부분>의 내용을 일대일로 대응시키는 것**도 좋다.

찢는다는 느낌이 납득이 안 간다면 다음과 같이 이해해 보자.

> 열심히 공부해서 명문대를 간 당신!
> (스스로 생각하기에) 준수한 얼굴, 180이 (겨우) 넘는 키, (힘주면 선명해지는) 복근을 가진 당신은
> 오늘도 아침에 일어나서 거울을 본다. 동시에 '아 나 정도면 잘생겼지'하는 생각을 하며 살아간다.
> 오늘은 여자친구를 만나는 날이다.
> 다만 여자친구의 반응이 요즘 탐탁잖다. 예전에는 뭐든 좋다며 밝게 웃어주던 그녀였지만, 러닝
> 크루를 들어간 뒤 연락도 뜸해지고 반응도 냉랭해졌다.
> 그러나 당신은 오늘 자신이 있다. 그녀의 마음 속에서 차가움을 앗아갈 수단을 준비했기 때문이다.
> 자고로 행인의 옷을 벗기는 건 차가운 바람이 아닌 따뜻한 햇빛이라 하지 않았는가!
> 당신은 오늘 준비한 두쫀쿠로 여자친구에게 하나의 햇빛이 되겠다 다짐했다.
>
> (중략)
>
> 당신은 지금 울고 있다. 비가 눈에 흐르는지 아니면 눈에서 비가 내리는지 헷갈릴 지경이다.
> 그 이유가 무엇인고 하니, (알파메일 호소인인) 당신이 아니라 러닝크루 리얼 알파메일인 창섭이가
> 당신의 여자친구를 앗아가 버렸기 때문이다.
> 따흐흑!
> 저 진또배기 알파메일놈에게 복수를 해야한다.
> 당신은 눈물을 멈추고 유튜브를 친 뒤, 앤드류 테이트 영상 5시간짜리를 킨다.
> '기필코 성공하리라'
> 오늘 [진짜 남자]가 탄생했다.

위 이야기는 알파메일 호소인이 진짜 알파메일 창섭이에게 여자친구를 잃은 슬픈 이야기지만, 이를 통해
대비의 이정표의 느낌을 이해할 수 있다.

앞서 대비의 이정표를 보면 우선 상반 관계를 떠올리라 했다. 이를 천박하게 말한 것이 찢어진다는 느낌을 가지는 것이다.

이렇게 찢어지는 느낌을 창섭이가 잘 만나고 있던 커플을 찢어버린 상황으로 이해할 수 있다.

다음과 같이 나타낼 수 있다.

> 윤구: 존재 이유 해명은 뭐임?

천박하게 말해 보자면, 필자가 대체 왜 이러한 이정표를 썼는가를 생각해 보라는 것이다.

'대비의 활용' 부분에서 이를 보여줄 것이다.

> 윤구: 일단 찝찝한데.. ㅇㅋ

예시와의 차이

대비의 활용으로 나아가기 전에, 예시와의 차이를 생각해 보자.

우리는 앞에서 예시에 대해 학습했다.

예시의 최종 결론은, 예시 상황임을 느꼈다면 이정표를 기준으로 범주 관계를 생각하면서 읽는 것이고, 천박하게 표현하자면 하위 범주인 <뒷부분>을 상위 범주인 <앞부분>에 꼬라박으라는 것이다.

반면, 대비는 이정표를 기준으로 상반 관계를 생각하면서 읽는 것이고, 그게 안 되면 존재 이유를 해명해 보는 것이다.

천박하게 표현하자면, <앞부분>과 <뒷부분>을 찢어 버리고, 안 먹히면 필자가 왜 이런 이정표를 썼는지 생각해 보면 된다.

• 상반의 폭력성

"대비 상황임을 느꼈다면 이정표를 기준으로 상반 관계를 생각해 보고, 그것이 안 된다면 그 존재 이유를 해명해 보자."

간혹 독자 중에서는 이러한 폭력적인 설명에 대해 의문을 제기하는 사람이 있을 수 있다.

그도 그럴 것이, 본 서에서 제시한 대비의 이정표 중 하나인 '그러나'만 하더라도 그 용법으로 '대립', '전환', '나열', '강조', '기대의 부정' 등[22]으로 활용되기 때문이다.

더하여 이러한 '기대의 부정(denial of expectation)' 조차 '직접 부정(direct denial)'와 '간접 부정(indirect denial)'으로 구분할 수 있다는 점[23]을 고려하면, 이 책은 엄밀한 언어학적 논의를 배격하고 다소 폭력적인 설명을 추구함을 알 수 있다.

그러나 이 책은 대입을 위한 수험서인 점, 실제 시험장에서 간결하게 사용할 수 있는 도구들을 설명한다는 점을 고려하면, 이러한 설명 방식이 오히려 더 적합함을 알 수 있다.

결론은, 상반을 대할 때 어려운 논의는 집어치우고 좌우로 찢어버리면 된다는 것이다. 그 느낌만 가져가도 문맥의 사소한 뉘앙스를 느낄 수 있다.

우리는 네이티브이기 때문이다.

---

22. 장기열. (2003). 국어 접속 부사의 특성과 그 기능. 복지행정연구, 19(0), 175-194.
23. Diane Blakemore (1989), "Denial and Contrast: A Relevance Theoretic Analysis of 'But'." 참조

대비의 활용

대비 상황에서 반대로 연결하겠다는 느낌을 알았다면 최근 출제된 평가원 기출문제에 적용해 보자.

최대한 이해해보려 하되, 이정표를 기준으로 <앞부분>과 <뒷부분>을 찢어 보자.

이때 가능하다면 각 내용항을 일대일로 대응시키는 것도 좋다.

> 인간은 정보와 독립적으로 존재하며 정보는 인간의 도구에 불과하다는 인간중심주의와 달리 플로리디의 정보 철학은 인간을 정보적 존재의 하나로 간주한다.
>
> [26061417]

·
·
·

> 인간은 정보와 독립적으로 존재하며 정보는 인간의 도구에 불과하다는 인간중심주의와 달리 플로리디의 정보 철학은 인간을 정보적 존재의 하나로 간주한다.
>
> [26061417]

앞부분을 읽었을 땐 이해가 잘 된다. 인간중심주의는 대충 '인간이 최고다'라는 사상을 말한다는 것을 알고 있기 때문이다.

그러나 뒷부분의 '정보적 존재'는 아예 처음 들어본 말이라 무슨 소린지 모르겠고, '플로리디'는 대충 사람 이름인 것 같은데, 정확히 뭘 하는 놈인지는 모르겠다.

아무튼 낯설다는 것이다.

그러나 '달리'[24]를 본 순간 생각은 달라진다.

이때 내 머릿속엔 <앞부분>과 <뒷부분>을 찢어버리겠다는 강렬한 의지가 피어난다.

따라서 문항 전체를 조망하면서 '어디 찢어질 거 없나' 하고 어슬렁대다 보면, **<인간을 정보적 존재의 하나로 간주>와 <인간은 정보와 독립적으로 존재하며 정보는 인간의 도구에 불과>는 상반 관계임을 알 수 있다.**

인간은 정보와 독립적으로 존재하며 정보는 인간의 도구에 불과	↔	인간을 정보적 존재의 하나로 간주

그러면, '인간은 정보적 존재'라는 골치 아픈 말이 나한테는 **'인간은 정보와 독립적이지 않고 정보는 인간의 도구 이상이다.'** 로 치환되어 이해되는 것이다.

꽤나 할 만하다. 다음 것도 해 보자.

---

24. 따로 언급한 바 없지만, 이는 대비를 나타내는 이정표중의 하나이다.

대비의 활용 (2회독)

이 문장들에 한해 활용에서는 뒷부분의 말을 앞부분의 말로 치환해서 이해하는 것을 보여줬지만,

가장 이상적인 단계는 뒷부분에서 포함 관계를 떠올리면서 전체적인 내용을 이해하는 것이다.

이 책의 모든 내용을 체화한다면 이런 생각이 가능해질 것이다.

먼저 앞부분을 보자. 앞부분은 두 가지 내용이 '-며'를 통해 연결되어 있다.

첫 번째 내용은 '인간은 정보와 독립적으로 존재한다'이다. 이는 인간과 정보의 존재론적 관계를 나타낸다.

두 번째 내용은 '정보는 인간의 도구에 불과하다'이다. 이는 정보가 인간에게서 차지하는 지위 및 기능을 나타낸다.

뒷부분은 '인간'이 '정보적 존재'의 하나라는 문장이다. 이는 다음과 같은 포함 관계를 나타낸다.

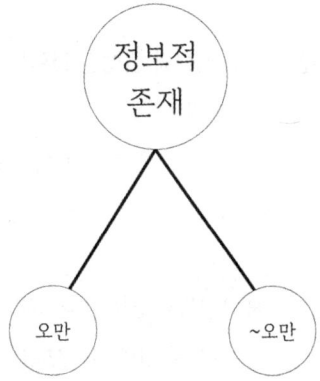

그러면 이러한 포함 관계를 생각하면서, 앞부분의 두 가지 내용과 대비해보는 것이다.

먼저 첫 번째 내용부터 해 보자.

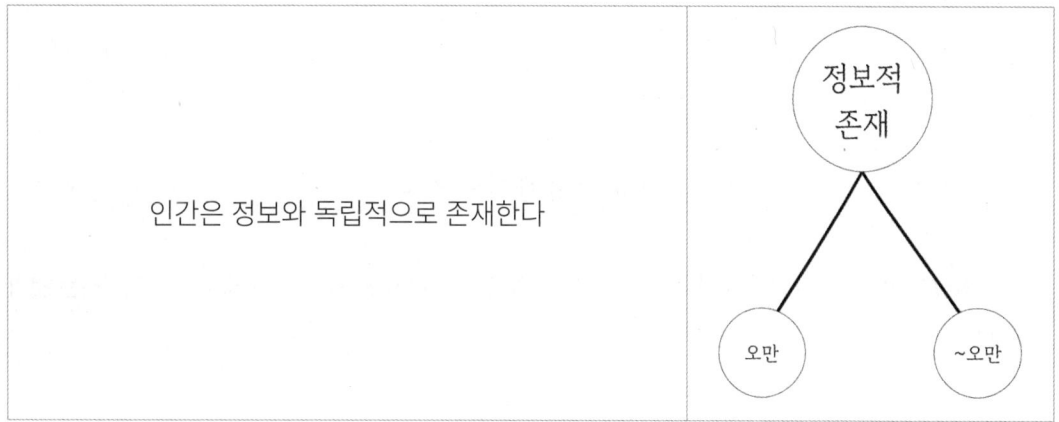

이때는 **'정보 안에 인간이 포함되니까, 인간과 정보는 존나게 밀접한 관련이 있고, 독립적으로 존재할 수 없구나! 그럼 음.. 의존하나? 정보가 상위 범주니까 인간이 정보에게 의존할 수도 있겠네'** 정도의 생각을 할 수 있다.

두 번째 내용도 해 보자.

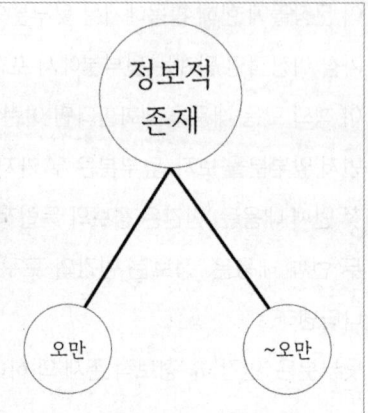

정보는 인간의 도구에 불과하다

이때는 **'인간이 정보적 존재 안에 들어갈 정도로 정보와 밀접한 관련이 있으니, 당연히 정보는 인간에게 도구 이상의 무언가가 되겠구나~'** 라는 생각을 할 수 있다.

이 문장을 읽고 최대한 이해해 보려 하되, 이정표를 기준으로 <앞부분>과 <뒷부분>을 찢어 보자.

그게 잘 안 된다면, 필자가 '이런 이정표를 왜 썼을까?'에 대해 생각해 보자.

> 전통적인 윤리학의 주요 주제는 '선', '올바름'과 같은 도덕 용어에 대한 해명을 바탕으로 무엇이 옳고 그른지를 판정하는 객관적 근거를 찾는 것이다. 그러나 윤리학은 오랫동안 그에 대한 만족스러운 답을 내놓지 못했다.
>
> [25061217]

.
.
.

윤구: 난 안되는데?

그렇다. 이렇게 상반되는 내용이 명시적으로 드러나지 않은 경우 이정표를 기준으로 앞뒤를 찢어버리는 것이 쉽지 않다.

이런 경우에 존재 이유를 해명하라는 것이다.

문항을 다시 보며 **'필자가 이걸 왜 썼는지 생각해 보자.'**

> A[전통적인 윤리학의 주요 주제는 '선', '올바름'과 같은 도덕 용어에 대한 해명을 바탕으로 무엇이 옳고 그른지를 판정하는 객관적 근거를 찾는 것이다.] 그러나 B[윤리학은 오랫동안 그에 대한 만족스러운 답을 내놓지 못했다.]
>
> [25061217]

먼저 A, B의 문장을 나눠 그 의미를 각각 분석하기 전에, B에 있는 대명사 '그'에 대해 알아보자.

문맥을 고려하면, '그'는 '무엇이 옳고 그른지를 판정하는 객관적 근거'임을 알 수 있다.

> A[전통적인 윤리학의 주요 주제는 '선', '올바름'과 같은 도덕 용어에 대한 해명을 바탕으로 무엇이 옳고 그른지를 판정하는 객관적 근거를 찾는 것이다.] **그러나** B[윤리학은 오랫동안 무엇이 옳고 그른지를 판정하는 객관적 근거를 찾는 것에 대한 만족스러운 답을 내놓지 못했다.]
>
> [25061217]

이제 좀 간단해진다.

A는 <전통적인 윤리학의 주요 주제>가 무엇인지에 대해 언급하고 있고, B는 윤리학이 오랫동안 <전통적인 윤리학의 주요 주제>를 이루는 것에 대해 만족스러운 답을 내놓지 못하고 있다는 것이다.

간단한가?

물론 대명사를 끌어 읽으면 된다고 해도 무방하다.

그러나 위의 상황에서는 대명사가 있다고 무조건 끌어 읽는다는 생각보다는 '그러나'를 보고 '왜 썼을까?'를 고민하는 과정에서 대명사를 붙여 읽는 것이 더 효율적이라 생각한다.[25]

즉 다음과 같은 사고 과정이 이뤄져야 한다.

1단계	2단계	3단계
'그러나'를 보고 찢어보려는데 잘 안되네? (일대일 대응이 실패한 경우)	'그러나'를 왜 썼지? (존재를 해명하는 단계)	대명사를 연결해 볼까?

마치며

이리저리 말이 많았지만, 중요한 것은 대비가 나오면, **이정표 앞 뒤의 상반 관계를 생각해보고 그것이 안 되면 그 존재 이유를 생각해 보는 것이다.**

이때, 상반 관계를 생각한다는 것은 그 둘을 찢어버리라는 것이고, 존재 이유를 생각해 보라는 것은 필자가 왜 그것을 썼는지를 생각해 보라는 것이다.

---

25. 나오는 모든 대명사를 의식적으로 끌어 읽는다는 원칙을 학생들에게 강조한 경우, 글의 내용에 집중하지 못하는 학생들이 종종 보였기 때문이다. 만약 본인이 그렇지 않다면 이러한 원칙을 체득해도 좋다.

시작하며

예시의 경우와 마찬가지로 문장을 최대한 이해하겠다는 태도를 가지고 앞서 언급한 목적의식을 활용하면서 읽어보자.

실제 사용

글을 읽다가 대비의 이정표를 본 순간

① 그냥 끝까지 읽는다.

② -1. (만약 끝까지 읽었을 때, 아무 이상 없는 경우) 그냥 지나간다.

② -2. (만약 끝까지 읽었을 때, 뭔가 찝찝한 경우) 다시 돌아온 뒤, 앞부분과 뒷부분의 내용 단위를 일대일로 대응해본다. 그것이 안된다면, '필자가 왜 여기다 이정표를 썼는지' 생각해본다.

029 글을 읽고 그 의미를 이해하는 독해에는 글의 유형이나 독서 흥미 등의 다양한 요소가 영향을 미칠 수 있다. 이를 고려하여 독해 능력을 복잡한 과정으로 설명한 연구가 많다. 하지만 고프와 동료 연구자들이 제시한 단순 관점은 독해 능력을 '해독'과 '언어 이해'로 단순화하여 설명한다.

[26110103]

030 안녕하세요? 지난 수업 시간에는 우리나라의 평균 기온이 점점 높아지고 있는 현상에 대해 조사하는 활동을 함께 했었는데요, 그런데 여름철에도 낮은 기온을 유지해 시원한 곳이 있다고 합니다. 바로 풍혈지라는 곳입니다.

[26113537]

031 영화를 사회적 생산물로 간주한 지크프리트 크라카우어는 영화에는 대중의 취향뿐만 아니라 대중이 공유하고 있는 이념도 반영되어 있다고 생각했다. 그런데 이런 이념은 영화에 투명하게 드러나지 않는다.

[26090409]

032 크라카우어가 모티브나 이미지에 대한 해석을 통해 사회를 심층적으로 이해하고자 한다면, 프레드릭 제임슨은 영화의 서사를 통해 영화에 반영된 사회를 총체적으로 이해하고자 한다.

[26090409]

033 임대차의 경우 그 내용은 계약으로 정해지는 것이 원칙이지만, 임대차의 목적물인 임차물이 생활의 근거인 주택이나 생업의 근거인 상가이면 임차인 보호라는 과제는 계약만으로는 실현되기 어렵다.

[26060409]

MEMO

034 모든 주주가 경영진을 이루어 상호 협력 관계를 기반으로 기업을 운영하며 의사 결정권도 균등하게 행사하는 경우에 이를 '공동체적 경영'이라 부르기도 한다. 이런 기업에서 경영진은 모두 업무와 관련하여 전문성을 가지며, 경영 수익에 관련된 중요한 사항은 주주들이 공동으로 결정한다. 그러나 기업의 규모가 성장하고 사업이 다양해지면, 소수의 의사 결정에 따른 수직적 경영으로 효율성을 지향하는 '과두제적 경영'으로 나아가는 일도 있다.

[25090407]

035 경마식 보도는 선거와 정치에 무관심한 유권자들의 선거 참여, 정치 참여를 독려하는 장점이 있다. 하지만 흥미를 돋우는 데 치중하는 경마식 보도는 선거의 주요 의제를 도외시하고 경쟁 결과에 초점을 맞춰 선거의 공정성을 저해할 수 있다.

[24110407]

036 지지율 차이가 오차 범위 내에 있을 때 "경합"이라는 표현은 무방하지만 서열화 하거나 "오차 범위 내에서 앞섰다."라는 표현처럼 우열을 나타내어 보도할 수 없다는 것이다.

[24110407]

037 이상치는 데이터의 다른 값에 비해 유달리 크거나 작은 값으로, 데이터를 수집할 때 측정 오류 등에 의해 주로 생긴다. 그러나 정상적인 데이터라도 데이터의 특징을 왜곡하는 데이터 값이 있을 수 있다. 예를 들어, 데이터가 어떤 프로 선수들의 연봉이고 그중 한 명의 연봉이 유달리 많다면, 이상치가 포함된 데이터에 해당한다.

[24110811]

MEMO

038 그리고 후자가 작동하면 수용자들은 공포 소구의 권고를 따르게 되지만, 전자가 작동하면 공포 소구로 인한 두려움의 감정을 통제하기 위해 오히려 공포 소구에 담긴 위험을 무시하려는 반응을 보이게 된다고 하였다.

[24060407]

039 위협과 효능감의 수준이 모두 높을 때에는 위험 통제 반응이 작동하고, 위협의 수준은 높지만 효능감의 수준이 낮을 때에는 공포 통제 반응이 작동한다. 그러나 위협의 수준이 낮으면, 수용자는 그 위협이 자신에게 아무 영향을 주지 않는다고 느껴 효능감의 수준에 관계없이 공포 소구에 대한 반응이 없게 된다

[24060407]

040 이처럼 기능주의는 의식을 구현하는 물질이 무엇인지는 중요하지 않다고 본다. 설(Searle)은 기능주의를 반박하는 사고 실험을 제시한다. '중국어 방' 안에 중국어를 모르는 한 사람만 있다고 하자. 그는 중국어로 된 입력이 들어오면 정해진 규칙에 따라 중국어로 된 출력을 내놓는다. 설에 의하면 방 안의 사람은 중국어 사용자와 함수적 역할이 같지만 중국어를 아는 것은 아니다. 기능이 같으면서 의식은 다른 사례가 있다는 것이다.

[24061217]

041 동일론, 기능주의, 설은 모두 의식에 대한 논의를 의식을 구현하는 몸의 내부로만 한정하고 있다. 하지만 의식의 하나인 '인지' 즉 '무언가를 알게 됨'은 몸 바깥에서 일어나는 일과 맞물려 벌어진다. 기억나지 않는 정보를 노트북에 저장된 파일을 열람하여 확인하는 것이 한 예이다.

[24061217]

MEMO

042 행정 당국은 지목(地目) 변경은 해 두었지만 서류상으로는 그 모든 가옥들이 무허가 주택이나 다름없었으며, 따라서 집들의 매매는 권리금에 다름이 아니었다.

[26112730]

043 한 파일 내의 오디오 신호에는 모든 소리 크기에 균일한 개수의 비트가 할당된다. 일반적으로 각 소리 크기에 16비트를 할당하며, 소리 크기에 따라 16자리의 이진수 값을 달리한다. 각 소리 크기에 할당되는 비트의 개수가 늘면 소리는 아날로그 원음에 가까워진다. 그런데 오디오 파일은 저장하거나 네트워크를 통해 전송하기에는 데이터 양이 많다.

[26091417]

044 근대 국가는 시민의 생명과 재산을 보호하는 것을 일차적인 존립 이유로 삼았다. 최소한의 금지 행위만을 법으로 정하고 이를 위반하는 경우에만 개입함으로써 시민의 자유를 최대한 보장하고자 했다. 이러한 목적이 반영된 자유주의적 법 모델은 근대법의 근간을 이루었다. 그러나 이 모델은 자유를 실질적으로 누릴 사회 · 경제적 조건이 모두에게 동등하게 주어지지 않은 상황에서 갈등이나 분쟁에 대처하는 데 한계가 있었다.

[26060409]

045 그래서 「주택임대차보호법」, 「상가건물 임대차보호법」 에는 계약보다 우선 적용되는 제도가 마련되어 있다. 예컨대 계약으로 임대차 기간을 이 법들에 규정된 최단 존속 기간보다 짧게 정했더라도 임차인에게는 최단 존속 기간이 보장된다. 한편 임대차 계약이 종료되기 전의 일정 기간 내에 임대인이나 임차인이 계약 갱신 여부에 대한 의사를 표시할 수 있다.

[26060409]

MEMO

Ⅲ. 일치

시작하며

이번엔 일치를 알아보는 장이다.

더하여 정의에 대한 얘기도 가볍게 해보겠다.

최종결론

> **"일치 상황임을 느꼈다면, 이정표를 기준으로 = 관계임을 생각하자."**

실제사용

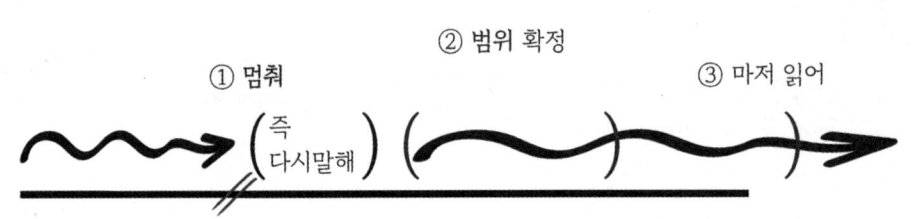

글을 읽다가 일치의 이정표를 본 순간

①일단 멈춘다

②앞뒤를 스캔하며 일치의 범위를 확정짓는다

③뒷부분이 앞부분이랑 똑같다는 생각을 가지고 나머지 부분을 읽는다.

(만약 정의해주는 상황이라면, 꼼꼼히, 끊어서, 재사용될 것을 생각하며 읽자.)

일치의 이정표

• 즉

'즉'의 사전적 정의는 다음과 같다.

> 1. 다시 말하여.
> 2. 다른 것이 아니라 바로.

이때 각 사전적 의미를 검토해 보자.

아래는 『표준국어대사전』에 실린 예문이다.

우선 첫 번째 의미부터 알아보자.

> 1. 다시 말하여.
> 2. 다른 것이 아니라 바로.

> (1) 좀 더 자라면 어둠의 공포를 느끼게 된다. 즉, 빛과 공간을 인식하게 된 데서 오는 두려움이다.
>
> ≪이동하, 우울한 귀향≫
>
> (2) 그는 사 년 전, 즉 1946년 봄 평남 진남포에서 범선을 타고 월남한 사나이였다.
>
> ≪홍성원, 육이오≫

두 가지 예문을 통해 '즉'과 ',(쉼표)' 사이의 위치 관계가 그닥 중요하지 않음을 알 수 있다.

또 이 '다시 말하여'라는 의미에서 알 수 있듯, 이걸 '='정도의 의미로 이해할 수 있는데, 이때 흥미로운 것은 <'즉'의 작동 범위> 이다.

> (1) 좀 더 자라면 [어둠의 공포]를 느끼게 된다. =, [빛과 공간을 인식하게 된 데서 오는 두려움]이다.
>
> ≪이동하, 우울한 귀향≫
>
> (2) 그는 [사 년 전], = [1946년] 봄 평남 진남포에서 범선을 타고 월남한 사나이였다.
>
> ≪홍성원, 육이오≫

먼저 (1)에서 '즉'은 [어둠의 공포]와 [빛과 공간을 인식하게 된 데서 오는 두려움]이 문맥상 동일함을 나타내는 반면, (2)에서는 [사년 전]과 [1964년]이 문맥상 동일함을 나타낸다.

이러한 양상은 **'즉'의 작동 범위**가 **사용 양상**에 따라 상이함을 드러낸다.

천박하게 말해서, '즉'이 붙으면 사실상 같은 건 알아먹겠는데, **뭐랑 뭐가 같은지의 문제가 그때그때 다르다는** 것이다. 이렇게 작동 범위를 그때그때 정해야 하는 것을 생각하면 번거롭다고 생각할 수 있지만, 우리에겐 그것이 문제되지 않는다.

우린 네이티브니까.

중요한 것은 '즉'이 첫 번째 의미(다시 말하여)로 사용됐을 때는 '='로 생각할 수 있다는 것이다.

이제 두 번째 의미를 알아보자. 역시 예문을 검토해보겠다.

---

1. 다시 말하여.
2. 다른 것이 아니라 바로.

---

(3) 힘은 즉 옳음이었다. 약함은 즉 죄였다. ≪김동인, 젊은 그들≫
(4) 나의 임무는 즉 이 집에다 편지를 바치고 그 답장을 맡아 오는 것이다. ≪김유정, 생의 반려≫

여기 등장하는 '즉'은 생략되어도 무방하다.

이때 생략되어도 무방함은 의미적으로 생략되어도 무방하다는 뜻을 넘어, 그 대상이 제거되어도 문장의 형식성이 훼손되지 않음을 뜻한다.

---

(3) 힘은 (즉) 옳음이었다. 약함은 (즉) 죄였다. ≪김동인, 젊은 그들≫
(4) 나의 임무는 (즉) 이 집에다 편지를 바치고 그 답장을 맡아 오는 것이다. ≪김유정, 생의 반려≫

쉽게 말해서 이 친구는 없어져도 무방하다.

또 이를 '='로 볼 수 있다.

---

(3) [힘]은 (=) [옳음]이었다. [약함]은 (=) [죄]였다. ≪김동인, 젊은 그들≫
(4) [나의 임무]는 (=) [이 집에다 편지를 바치고 그 답장을 맡아 오는 것]이다. ≪김유정, 생의 반려≫

생략되어도 무방하지만, 굳이 의미를 달아주자면, '='이 됨을 알 수 있다.

이제 우리는 '즉'의 의미에 닿았다.

'즉'은 첫 번째로 '='의 뜻을 지니며, 두 번째는 없어져도 무방하며 '='의 의미를 가지는 것이다.

따라서 우리는 '즉'을 '='로 이해할 것이다. 뿐만 아니라 **'다시 말해', '말하자면', '곧' 등의 표지도 동일한 방법으로 이해할 것이다.**

• =에 관하여

앞서 '즉'을 사실상 '='이라고 이해하라는 폭력적인 주장을 전개했다.

문제는 이때의 '='가 정확히 어떤 것을 의미하는지 제시하지 않았다는 점이다.

역시 수험서의 목적을 고려하면, 이러한 동일성 개념을 해명하긴 쉽지 않다. 분량 문제도 있고 애초에 필자가 저능해서 이를 제대로 공부해서 정립하기엔 10년도 부족할 듯하기 때문이다.

왜인지 모르겠지만 인강 강사들이 내내 물고 빠는 비트겐슈타인도 이러한 동일성 개념에 대해 심각하게 고민했다.

> 동일성은 정말로 악마(the very Devil)이고 엄청나게 중요하며, 내 가 생각했던 것보다 정말로 훨씬 더 그러합니다. 그것은—다른 모든 것과 마찬가지로—가장 근본적인 물음들과 직접 관련이 있으며, 특히 한 함수의 상이한 자리들에서 동일한 논항이 등장하는 것과 관련된 물음들과 관련이 있습니다. 저는 그 문제를 해결하기 위해 온갖 종류의 생각들을 하고 있지만 아직 어떤 확정적인 것 에도 도달할 수 없었습니다. 하지만 저는 용기를 잃지 않고 계속 생각하고 있습니다.[26]

실제로 이건 비트겐슈타인이 러셀에게 보낸 편지이다. 이를 통해 비트겐슈타인도 얼마나 동일성 문제에 대해 골치 아파했는지 알 수 있다.

더하여 유명한 철학자들도 이러한 동일성 문제를 다룬다.

그중 라이프니츠도 있다. 여러분들도 안면은 있는 친구다.

> 원자나 엑스선은 눈으로 볼 수 없지만 그것을 가정함으로써 다양한 현상들을 가장 잘 설명할 수 있다. 이원론자는 정신도 눈에 보이지 않지만 그것을 가정해야만 설명할 수 있는 특성들이 있다고 **주장한다. 라이프니츠는 만일 X와 Y가 동일하다면 이들이 똑같은 특성을 갖는다는 '동일자 식별 불가능성 원리'를 제시**했는데, 어떠한 물리적 대상도 갖지 못할 특성을 정신이 갖는다면, 이 원리에 따라 정신은 물리적 대상과는 다를 것이다.
>
> [2211예시0510]

느끼는 점이 없는가.

비트겐슈타인, 러셀, 프레게, 라이프니츠 등등 수많은 철학자들이 이러한 동일성 문제를 나름대로 해명하려고 했다.

그 높으신 양반들도 명쾌하게 딱 규정해버리지 못한 걸 나 같은 백정, 천민, 노비, 오랑우탄이 한다는 것은 불가능하다.

그러나 수험서의 목적을 고려하면, 어느 정도는 가능하다.

눈 딱 감고 들어보자.

---

26. Wittgenstein (1961), p. 122

사실 그렇다. 깊은 논의를 하기 불리할 때 자주 쓰는 방식이다.

그도 그럴 것이, 내가 뭐 석사, 박사 학위가 있는 사람도 아니고 그냥 언어능력시험 좀 잘 보는 사람인 점, 독자들도 시험장에서 유용한 방법론만 배워가면 된다는 점을 고려하면, 수험서의 목적은 깊은 논의를 하지 않아도 될 꽤 좋은 당위성을 부여해 준다.

논의를 구체적으로 진행하기 전에 '즉'에 대해서 복기해 보자.

앞선 논의에서 '즉'은 '='로 이해하기로 했다.

이때 '='에 대해 정확히 무엇이고 어떤 느낌을 가져야 할지에 대해 설명하겠다.

내가 생각하는 '='은 '대체 가능성'이다.

물론 '가능성'이라는 말에 대해서도 논리적 가능성, 물리적 가능성, 기술적 가능성 등 골치 아픈 논의가 있지만, 여기서는 생략하겠다.

그냥 우리 일상어의 느낌으로 이해하면 된다.

이러한 대체 가능성을 이해하기 위해서는 가능세계에 대한 짤막한 논의를 해야 한다.

크게 어렵지 않으니 걱정 하지 않아도 된다.

최대한 저렴하고 간결하게 쓸 것이다.

• 가능세계

가능세계는 말 그대로 가능한 세계이다.

우리가 살고 있는 현실은 여러 가능세계 중 하나이다.

쉽게 말해, 세계가 여럿 있고, 그중 하나가 우리가 지금 살고 있는 세계라는 것이다.

물론 이러한 논의는 크립키라는 언어철학자가 양상논리를 설명하기 위해 도입했다.

즉, 문장의 필연성과 가능성을 설명하기 위해 도입한 하나의 분석틀이라 보면 된다.

어려웠다고 욕 뒤지게 먹은 19학년도 수능에도 등장한다.

> '가능세계'의 개념은 일상언어에서 흔히 쓰이는 필연성과 가능성에 관한 진술을 분석하는 데 중요한 역할을 한다. 'P는 가능하다'는 P가 적어도 하나의 가능세계에서 성립한다는 뜻이며, 'P는 필연적이다'는 P가 모든 가능세계에서 성립한다는 뜻이다. "만약Q이면 Q이다."를 비롯한 필연적인 명제들은 모든 가능세계에서 성립한다. "다보탑은 경주에 있다."와같이 가능하지만 필연적이지는 않은 명제는 우리의 현실세계를 비롯한 어떤 가능 세계에서는 성립하고 또 어떤 가능세계에서는 성립하지 않는다.
>
> [19113942]

이런 가능세계가 필연성과 가능성에 관한 진술이랑 무슨 상관이냐는 물음이 있을 것이다.

이에 굉장히 좋은 설명이 있어 긁어왔다. (이해가 되면 좋고 아님 말아라)

> 근데 양상^{모양+상태}이 가능성이나 필연성과 무슨 상관이 있냐 싶을 겁니다. 이게 다 한국어 화자로 태어난 슬픔입니다. 영어권 사람들은 modal^{양상}이라는 표현에서 그 개념을 짐작할 수 있습니다. can/could/may/might/shall/should/ must/will/would 같은 (법)조동사를 영어로 modal verb라고 하거든요. 알다시피 modal verb는 가능성/필연성/능력/의무/당위를 나타내고요.
>
> [이해황, 논리개념메뉴얼7]

가능세계는 원래 양상 표현을 다루기 위해 고안되었지만, 여기서는 입맛대로 평행우주처럼 사용할 것이다.㉗

• 독서 지문

그러면 가능세계에 대한 논의는 잠깐 접어두고 **독서 지문**에 대해 얘기해 보자.

독서 지문은 필자가 독자를 평가하기 위해 세심하게 작성한 글이다.

그럼 무엇을 평가하는가?

> 독서 능력은 다량의 정보를 신속하고 정확하게 처리해야 하는 정보화 시대의 국어 생활 맥락과 비판적·창의적인 문헌 해석 및 활용 능력을 요구하는 학문 활동 환경을 고려할 때 매우 중요하게 요구되는 국어 능력 중 하나이다. 독서 영역에서는 인문·예술, 사회·문화, 과학·기술 분야의 다양한 글을 제재로 하여, 독서의 원리와 방법에 대한 지식과 아울러 어휘력, 사실적·추론적·비판적·창의적 사고력 등을 측정할 수 있는 문항을 출제한다. 이를 위해 설명문·논설문·서사문·보고서·생활문 등 다양한 유형의 글을 활용하여 출제하되, 지문에 포함된 내용을 이해하는 데 필요한 배경 지식의 수준과 범위가 고등학교 교육과정을 벗어나지 않도록 한다.
>
> [한국교육과정평가원, 2026학년도대학수학능력시험학습방법안내]

자세히는 몰라도 '독서의 원리와 방법에 대한 지식/어휘력/사실적·추론적·비판적·창의적·사고력 등'을 평가한다.

이러한 평가 항목에 대한 논의는 기회가 있을 때 따로 하도록 하고, 여기서 중요한 사실은 우리가 시험장에서 접하는 지문이 무언가를 측정하기 위해 제작된 지문이라는 것이다.

---

27. 가능세계를 평행우주처럼 보는 것에 대해 크립키는 동의하지 않는다.

앞선 논의와 연결해 보면, 독서 지문은 **필자가 독자를 평가하기 위해 제작한 하나의 가능세계**란 것이다.

지문이 하나의 독립적인 가능세계라는 점을 고려하면, 발문과 선지의 진리치 문제, 즉 참 거짓 문제 역시 해결된다.

다시 말해 **어떤 선지가 우리의 현실 세계의 지식과 충돌되지만, 지문의 가능세계 속에서 참이 되는 경우가 설명**된다는 것이다.

• 법학 지문에서 현실과 지문의 차이 (2회독용)

현실과 독서 지문의 차이는 올해 출제된 평가원 문항에서도 여실히 드러난다.

> 법조문으로 구성된 법 규범인 성문법의 의미를 파악하는 것을 법 해석이라고 한다. 법은 사회 구성원들에게 보편적으로 적용되는 규범이므로, **성문법을 구성하는 단어나 문장은 그 일상적 의미에 충실하게 해석되어야 한다.** 이러한 '문리해석'이 법 해석의 출발점이다.
>
> [26110409]

이 지문에서 필자는 "성문법을 구성하는 단어나 문장은 그 일상적 의미에 충실하게 해석되어야 한다"며, 그 당위성을 제시하고 있다.

이러한 법 해석 방법론은 '문언주의적 해석론'이라고 하는데, 당연히 이에 반대되는 의견을 가진 사람들이 존재할 수 있다.

실제로 문언주의적 법해석론은 언어 관례가 사회 구성원들에 의해 공유된다는 전제를 가지고 있는데, 이것이 우리의 경험과 반할 수 있다.

머릿속에 '자수'라는 개념을 떠올려 본 후 다음 예시를 읽어 보자.

> 혁준이는 도박중독자이다. 도박 자금이 부족해진 혁준이는 어느 날 수서역에 있는 일월 언어연구소의 사무실에 들어가 자고 있는 창섭이 몰래 금고를 털어 바카라에 탕진했다. 시간이 지날수록 수사망은 좁혀오고, 마침내 CCTV가 확보되었다는 소식을 들은 혁준이는 두려움에 이기지 못해 수사기관을 찾아가 범행을 자수한다.

이때 혁준이는 자수한 것인가? 직관상 자수한 것 같지는 않다.

우리가 아는 느낌으로는 본인이 잡힐 게 쫄려서 자수했기에, 무언가 제대로 된 자수가 아닌 듯하다.

그러나 법학에선 이를 자수라고 본다.

대법원 96도1167 판결의 다수의견은 '자수라는 단어가 통상적으로 사용되는 용례'는 범행 발각 전이든 후든 시기를 불문하고 자진출두하는 경우라 하였다.

이는 법학의 일부 영역에서 우리가 공유하는 언어 관례와 충돌이 일어나는 것을 보여주며, 이러한 사실을 근거로 문언주의적 법해석론이 가진 전제가 우리의 경험에 반할 수 있음을 알 수 있다.[28]

이렇게 문언주의적 법해석론에 비판적인 생각을 가진 사람이 이 글을 보면, '어 이건 아닌데?' 하고 생각할 수 있다.

그러나 우리는 그러면 안 된다.

시험장 안에 들어온 이상 우리한테 주어진 문장은 무조건 참이다.

왜냐? 지문을 읽고 있는 우리는 지문의 가능세계에 살고 있기 때문이다.

지문에 필자가 똥을 싸 놓든 가래침과 담뱃재가 섞인 물을 타 놓든 거기 적힌 내용은 우리에게 무조건 참이다.

그리고 이러한 마음가짐을 가진 채 지문을 다시 보자.

법조문으로 구성된 법 규범인 성문법의 의미를 파악하는 것을 법 해석이라고 한다. 법은 사회 구성원들에게 보편적으로 적용되는 규범이므로, **성문법을 구성하는 단어나 문장은 그 일상적 의미에 충실하게 해석되어야 한다.** 이러한 '문리해석'이 법 해석의 출발점이다.

[26110409]

당연히 우리가 가져야 하는 생각은

'아 이거 아닌데..' 가 아닌 '아이고 주인님 맞죠 맞죠 헤헤...' 정도의 생각이다.

왜냐? 독서 지문과 현실 세계는 다른 가능세계이기 때문이다.

---

28. 최봉철(Choi Bong Chul). "문언중심적 법해석론 비판." 법철학연구 2.- (1999): 271-296. 참조

• 논리학 지문에서 현실과 지문의 차이 (2회독용)[29]

이렇게 실제 현실에서 논의가 되는 내용이 독서 지문에서는 확정지어서 나오는 경우가 있다.

법학뿐 아니라 논리학에서도 찾을 수 있는데, 다음 문장을 읽어 보자.

> 귀납은 현대 논리학에서 연역이 아닌 모든 추론, 즉 전제가 결론을 개연적으로 뒷받침하는 모든 추론을 가리킨다.
>
> [16112226]

이 지문에 따르면, 귀납 추론은 '전제가 결론을 개연적으로 뒷받침하는 모든 추론'으로 정의된다.

이러한 입장이 일견 보편타당해 보이지만, 실제로 이견이 존재한다.

현대 논리학에서 연역과 귀납을 구분하는 관점은 둘로 나뉘기 때문이다.

우선 네 갈래 견해에서는 '의도'를 기준으로 연역과 귀납을 구분한다. 다시 말해, 전제를 통해 결론이 참이라는 사실을 100% 보장하려는 것이 연역, 100%까지는 보장하지 않으려는 것을 귀납으로 보는 것이다.

이때 이러한 의도를 가진 연역 논증 중에서 그 의도를 실현한 논증을 타당한 논증으로, 그렇지 못한 것을 부당한 논증으로 본다.

반면 세 갈래 견해에서는 의도를 제치고 실현 여부로만 연역과 귀납을 구별한다. 즉, 연역 논증은 타당한 논증이 되고, 귀납 논증은 부당한 논증이 된다.

이렇게 두 가지 견해가 대립하는데, 이 지문에서는 세 갈래 견해를 채택했다.

의도에 대한 논의 없이 그저 실현 여부로만 구분했기 때문이다.

여기 제시한 세 갈래 견해, 네 갈래 견해를 자세히 이해하려면, '타당'. '부당', '논증', '추론' 등에 대한 해명이 필요하다. 그러나 여기서는 이러한 사실을 실제 현실과 지문의 내용이 충돌할 수 있기 때문에 지문을 하나의 독립된 가능세계로 보자는 주장에 대한 논거로 활용함에 그치기에 자세한 설명은 하지 않았다.

만약 여기서 자세히 이해해보고 싶다면, 이해황 선생님이 집필한 논리퀴즈메뉴얼 시리즈를 보도록 하자.

그것도 부족하다면,

> 홍경남 (2012). 연역과 귀납의 분류 – 논증론에서 연역/귀납 분류법의 지위. 철학탐구 , 31, 181 – 231.

을 보도록 하자. 여기 연역과 귀납을 구분하는 논의들이 잘 정리되어 있다.

---

29. 이해황, 『논리개념메뉴얼7』 참조

• 다시 대체 가능성

이렇게 지문이 하나의 독립된 가능세계란 점을 고려하면, 대체가능성에 대해 규명할 수 있다.

대체가능성이란 서로 다른 대상을 같다고 여겨도 필자가 창조한 가능세계의 질서를 훼손하지 않을 정도를 나타낸다.

위 정의는 가오 잡는다고 좀 있어 보이게 쓴 것이고 사실 **서로 다른 대상을 필자가 창조한 가능세계 내에서 똑같이 봐도 무방하다는 것**이다.

다음 예시를 보자.

> 19세기의 초기 연구는 ^A[체외로 발산되는 열량이 체표 면적에 **비례한다**]고 보았다. 즉 ^B[그 둘이 항상 일정한 비(比)를 갖는다]는 것이다.
>
> [23111417]

'즉'을 고려하면, A와 B는 문맥상 같은 말로 이해할 수 있다.

따라서 **'비례한다'와 '항상 일정한 비를 가진다'가 문맥상 같은 말임을 알 수 있다.**

얼핏 보면 당연하다고 여길 수 있지만 그렇지 않다.

실제로 '비례한다'의 뜻이 많기 때문이다.

다음은 『표준국어대사전』의 '비례하다'의 뜻이다.

> 1. 한쪽의 양이나 수가 증가하는 만큼 그와 관련 있는 다른 쪽의 양이나 수도 증가하다.
> 2. 예를 들어 견주어 보다.
> 3. 『미술』 표현된 물상의 각 부분 상호 간 또는 전체와 부분 간이 양적으로 일정한 관계가 되다.
> 4. 『수학』 두 수 또는 두 양에 있어서, 한쪽이 2배, 3배 ……로 되면 다른 한쪽도 2배, 3배 ……로 되거나 또는 한쪽이 2배, 3배 ……로 되면 다른 한쪽은 1/2배, 1/3배 ……로 되다. 전자를 '정비례하다', 후자를 '반비례하다'라고 한다.

구별이 문제되는 경우는 1과 4의 의미다.

1의 경우, X가 많(적)아지면, Y도 많(적)아진다는 다소 포괄적인 의미를 나타내지만, 2는 정확히 일정한 비를 가지는 상황을 나타내며 다소 협소한 의미를 지닌다.

따라서 여기서의 '즉'의 역할은 '비례하다'의 의미가 여러 의미 중 4라고 확정지어 주는 것이다.

• 소결론

'즉'이 나왔을 경우, 그것으로 연결된 서로 다른 대상들은 지문이란 독립된 가능세계 속에서 동일한 대상이다.

천박한 재해석

먼저 선결론 처박겠다.

> **"일치 상황임을 느꼈다면, 이정표를 기준으로 = 관계임을 생각하자."**

실제 시험장에서 일치의 이정표를 본 순간, 독자는 그 앞뒤가 똑같은 말임을 염두하며 읽는다.

여기서 똑같은 말이라는 것은 **이정표를 기준으로 <앞부분>과 <뒷부분>을 겹치는 것**을 생각하면 된다.

다음 그림으로 이해해 보자.

그림처럼 서로 다른 대상이 하나로 겹쳐진다는 것이다.

Tip

• 정의

정의(definition)은 독서지문에서 일반적으로 'A는 B이다.', 'B인 A'라는 어구로 표현된다.

이 개념 역시 '일치'의 논의 안에서 다룰 수 있다. 'A는 B이다.' 와 'B인 A'와 같은 어구들을 보고 지문이라는 가능세계 안에서, A와 B가 같다는 것은 납득 가능하기 때문이다.

이렇게 지문에 정의가 등장하는 경우, 독자는 끊어서 꼼꼼히 읽으면 된다. 여차하면 두 번 이상 읽을 각오를 하고 읽어야 한다.

그러한 당위성에 대해는 따로 지문을 할애해 논증하지 않겠다. 간단히 말하자면, 나중에 재사용되기 때문이다.

자세한 내용이 궁금하다면, 훈련 단원에서 '정의'가 등장하는 문장의 해설강의를 수강하자. 그러면 필자가 어떤 방식으로 이를 처리하는지 잘 알 수 있을 것이다.

• 정의 보충설명 (2회독)

사실 '정의'는 필요충분조건으로 이해함이 바람직하다. 즉, 'A는 B이다.'라는 문장에서, A와 B가 필요충분 관계인 경우 정의라고 볼 수 있는 것이다.

그러나 'A는 B이다.'라는 상황은 일반적으로 'A→B'로 기호화됨이 타당하다. B가 A의 속성을 나타내는데 불과하기 때문이다.

따라서 'A는 B이다.'라는 문장은 기본적으로 'A→B'로 이해되어야 하고, 특수한 경우에 정의로 보는 것이 타당하다.

만약 윗 내용이 이해되지 않는다면, 넘어가도 좋다. 이 내용은 기본적인 논리학 배경지식이 있어야 이해할 수 있기 때문이다.

만약 본인이 이에 대해 더 알아보고 싶다면, 아래 QR링크로 들어가보자. 잘 설명되어 있다.

개화 국어 수능적 접근 | 문장편

실제 사용

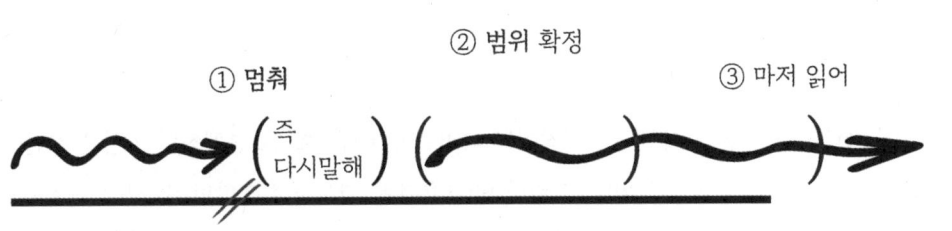

글을 읽다가 일치의 이정표를 본 순간
①일단 멈춘다
②앞뒤를 스캔하며 일치의 범위를 확정짓는다
③뒷부분이 앞부분이랑 똑같다는 생각을 가지고 나머지 부분을 읽는다.

(만약 정의해주는 상황이라면, 꼼꼼히, 끊어서, 재사용될 것을 생각하며 읽자.)

046   심적 상태는 어떤 것에도 의존함이 없이 주체에게 의미를 나타낸다. 예를 들어, 무언가를 기억하는 사람은 자기의 기억이 무엇인지 알아보기 위해 아무것에도 의존할 필요가 없다. 이와 달리 '파생적 상태'는 주체의 해석에 의존해서만 또는 사회적 합의에 의존해서만 의미를 나타내는 상태로 정의된다. 앞의 예에서 노트북에 저장된 정보는 전자적 신호가 나열된 상태로서 파생적 상태이다.   [24111217]

047   그에 따르면, 오늘날의 사회는 분산적이고 파편적이기 때문에 그 총체적인 양상은 시간이 흐른 뒤에야, 즉 역사가 된 이후에야 파악된다. 그런데 만약 현재를 역사처럼 조망할 수 있다면, 우리가 속한 사회의 총체적인 양상을 파악할 수 있을 것이다.   [26090409]

048   작가는 시간의 흐름에 따라 나타나는 모든 상황을 서술하지는 않는다. 일련의 상황이나 사건들 중 작가의 시선에 의해 특정한 부분이 부각되어 서술되는 것이다. 즉, 서사는 시간과 공간을 배경으로 하는 사건의 선택과 결합을 통해 구성된다.   [19110026]

049   먼저 차량 주위 바닥에 바둑판 모양의 격자판을 펴 놓고 카메라로 촬영한다. 이 장치에서 사용하는 광각 카메라는 큰 시야각을 갖고 있어 사각지대가 줄지만 빛이 렌즈를 지날 때 렌즈 고유의 곡률로 인해 영상이 중심부는 볼록하고 중심부에서 멀수록 더 휘어지는 현상, 즉 렌즈에 의한 상의 왜곡이 발생한다.   [22111417]

MEMO

050 밑줄긋기 표시 체계는 밑줄 긋기가 필요한 부분에 특정 기호를 사용하여 표시하기로 독자가 미리 정해 놓는 것이다. 예를 들면 하나의 기준으로 묶을 수 있는 정보들에 동일한 기호를 붙이거나 순차적인 번호를 붙이기로 하는 것 등이다.

[25110103]

051 채널 부호화는 오류를 검출하고 정정하기 위하여 부호에 잉여 정보를 추가하는 과정이다. 송신기에서 부호를 전송하면 채널의 잡음으로 인해 오류가 발생하는데 이 문제를 해결하기 위해 잉여 정보를 덧붙여 전송한다. 채널 부호화 중 하나인 '삼중 반복 부호화'는 0과 1을 각각 000과 111로 부호화한다. 이때 수신기에서는 수신한 부호에 0이 과반수인 경우에는 0으로 판단하고, 1이 과반수인 경우에는 1로 판단한다. 즉 수신기에서 수신된 부호가 000, 001, 010, 100 중 하나라면 0으로 판단하고, 그 이외에는 1로 판단한다.

[18113842]

052 두 작품 모두 사대부들에 의해 창작되었다. 사대부들은 수신(修身)을 임무로 하는 사(士)와 관직 수행을 임무로 하는 대부(大夫), 즉 선비와 신하라는 두 가지 정체성을 지니고 있었다.

[16110042]

053 전통적 의미에서 영화적 재현과 만화적 재현의 큰 차이점 중 하나는 움직임의 유무일 것이다. 영화는 사진에 결여되었던 사물의 운동, 즉 시간을 재현한 예술 장르이다. 반면 만화는 공간이라는 차원만을 알고 있다.

[13112528]

MEMO

054 그러나 전통적인 경제학은 모든 시장 거래와 정부 개입에 시간과 노력, 즉 비용이 든다는 점을 간과하고 있다.

[12112930]

055 바다 속에 서식했던 척추동물의 조상형 동물들은 체와 같은 구조를 이용하여 물 속의 미생물을 걸러 먹었다. 이들은 몸집이 아주 작아서 물 속에 녹아 있는 산소가 몸 깊숙한 곳까지 자유로이 넘나들 수 있었기 때문에 별도의 호흡계가 필요하지 않았다. 그런데 몸집이 커지면서 먹이를 거르던 체와 같은 구조가 호흡 기능까지 갖게 되어 마침내 아가미 형태로 변형되었다. 즉, 소화계의 일부가 호흡 기능을 담당하게 된 것이다.

[05112427]

056 우리가 냄새를 맡으려면 공기 중에 취기재의 분자가 충분히 많아야 한다. 다시 말해, 취기재의 농도가 어느 정도에 이르러야 냄새를 탐지할 수 있다. 이처럼 냄새를 탐지할 수 있는 최저 농도를 '탐지 역치'라 한다. 탐지 역치는 취기재에 따라 차이가 있다. 우리가 메탄올보다 박하 냄새를 더 쉽게 알아챌 수 있는 까닭은 메탄올의 탐지 역치가 박하향에 비해 약 3,500배가량 높기 때문이다. 취기재의 농도가 탐지 역치 정도의 수준에서는 냄새가 나는지 안 나는지 정도를 탐지할 수는 있지만 그 냄새가 무슨 냄새인지 인식하지 못한다. 즉 냄새의 존재 유무를 탐지할 수는 있어도 냄새를 풍기는 취기재의 정체를 인식하지는 못하는 상태가 된다.

취기재의 정체를 인식하려면 취기재의 농도가 탐지 역치보다 3배가량은 높아야 한다. 즉 취기재의 농도가 탐지 역치 수준으로 낮은 상태에서는 그 냄새가 꽃향기인지 비린내인지 알 수 없는 것이다.

[15091618]

MEMO

057 상식적으로는 자신에게 보이고 들리고 느껴지는 그대로 세계가 존재할 것이라고 생각하지만, 회의론에서는 그 보고 듣고 느끼는 세계가 모두 환상일지도 모른다는 가정을 옹호한다. 가장 널리 알려진 회의론은 근세 철학의 창시자인 데카르트에 의해 제시되었는데, 그는 의심이 전혀 불가능한 확실한 지식을 찾기 위해 체계적으로 의심하는 방법을 만들었다. 즉 의심할 수 있는 이유를 더 이상 찾을 수 없을 때까지 의심할 수 있는 것은 모두 의심해 보는 것이다. 그가 의심한 첫 번째 범주의 지식은 감각에 의해 생긴 지식이다. 휴대 전화가 없는데도 벨소리가 들릴 때가 있는 것처럼, 감각은 우리를 종종 속이므로 감각적인 증거를 토대로 생긴 지식은 믿을 수 없다.

[14예비1921]

058 아도르노의 미학은 예술과 사회의 관계를 통해 예술의 자율성을 추구했다는 점에서 긍정적으로 평가된다. 예술은 사회적인 것인 동시에 사회에서 떨어져 사회의 본질을 직시하는 것이어야 한다고 보기 때문이다. 그의 미학은 기존의 예술에 대한 비판적 관점을 제공한다. 가령 사과를 표현한 세잔의 작품을 아도르노의 미학으로 읽어 낸다면, 이 그림은 사회의 본질과 유리된 '아름다운 가상'을 표현한 것에 불과할 것이다.

하지만 세잔의 작품은 예술가의 주관적 인상을 붉은색과 회색 등의 색채와 기하학적 형태로 표현한 미메시스일 수 있다. 미메시스란 세계를 바라보는 주체의 관념을 재현하는 것, 즉 감각될 수 없는 것을 감각 가능한 것으로 구현하는 것을 의미한다. 다시 말해 세잔의 작품은 눈에 보이는 특정의 사과가 아닌 예술가의 시선에 포착된 세계의 참모습, 곧 자연의 생명과 그에 얽힌 농부의 삶 그리고 이를 응시하는 예술가의 사유를 재현한 것이 된다.

[23090409]

059 중요도는 웹 페이지의 중요성을 값으로 나타낸 것으로 링크 분석 기법으로 측정할 수 있다. 기본적인 링크 분석 기법에서 웹 페이지 A의 값은 A를 링크한 각 웹 페이지들로부터 받는 값의 합이다. 이렇게 받은 A의 값은 A가 링크한 다른 웹 페이지들에 균등하게 나눠진다. 즉 A의 값이 4이고 A가 두 개의 링크를 통해 다른 웹 페이지로 연결된다면, A의 값은 유지되면서 두 웹 페이지에는 각각 2가 보내진다.

[23091417]

MEMO

060 이처럼 헴펠의 설명 이론은 피설명항이 보편법칙의 개별 사례로서 마땅히 일어날 만한 일이었음을 보여주기 위한 설명의 요건을 제시했다는 점에서 의의가 있다. 하지만 헴펠의 설명 이론은 설명에 대한 우리의 일상적 직관, 즉 경험적으로 파악할 수 없는 추상적 문제에 대해 대부분의 사람들이 공유하는 상식적 판단과 충돌하기도 하는 문제가 있다.

[16091720]

061 읽기 요소들 중 어휘력 발달에 관한 연구들에서는, 학년이 올라감에 따라 어휘력이 높은 학생들과 어휘력이 낮은 학생들 간의 어휘력 격차가 점점 더 커짐이 보고되었다. 여기서 어휘력 격차는 읽기의 양과 관련된다. 즉 어휘력이 높으면 이를 바탕으로 점점 더 많이 읽게 되고, 많이 읽을수록 글 속의 어휘를 습득할 기회가 많아지며, 이것이 다시 어휘력을 높인다는 것이다. 반대로, 어휘력이 부족하면 읽는 양도 적어지고 어휘 습득의 기회도 줄어 다시 어휘력이 상대적으로 부족하게 됨으로써, 나중에는 커져 버린 격차를 극복하는 데에 많은 노력이 필요하게 된다.

[23060103]

062 인간은 정보와 독립적으로 존재하며 정보는 인간의 도구에 불과하다는 인간중심주의와 달리, 플로리디의 정보 철학은 인간을 정보적 존재의 하나로 간주한다. 인간을 포함한 세계 내 모든 존재는 속성과 행위가 정보로 환원된다는 것이다. 가령 내가 빵을 사는 행위를 하는 것은, '내가 빵을 산다'는 정보이다. 이렇듯 속성과 행위가 정보로 환원되는 정보적 존재를 플로리디는 '인포그'라고 부른다. 인포그는 정보적으로 상호 연결되어 영향을 주고받는 존재이다. 상호 연결되었다는 것의 의미는, 다른 정보를 변화시키는 행위자 즉 주체인 동시에 다른 정보에 의해 변화되는 대상이라는 것이다.

[26061417]

063 "훌륭한 비평가는 대작들과 자기 자신의 영혼의 모험들을 관련시킨다."라는 비평가 프랑스의 말처럼, 인상주의비평은 비평가가 다른 저명한 비평가의 관점과 상관없이 자신의 생각과 느낌에 대하여 자율성과 창의성을 가지고 비평하는 것이다. 즉, 인상주의 비평가는 작가의 의도나 그 밖의 외적인 요인들을 고려할 필요 없이 비평가의 자유 의지로 무한대의 상상력을 가지고 작품을 해석하고 판단한다.

[21092025]

MEMO

064 인간의 본성에 관한 서로 다른 두 관점이 있다. 종교적 인간관에 따르면, 인간에게는 물리적 실체인 몸 이외에 비물리적 실체인 영혼이 있다. 영혼은 물리적 몸과 완전히 구별되며 인간의 결정의 원천이다. 반면 유물론적 인간관에 따르면, 인간은 물리적 몸에 지나지 않는다. 물리적 몸 이외에 영혼은 존재하지 않는다. 따라서 인간의 결정은 단지 뇌에서 일어나는 신경 사건이다. 이러한 두 관점 중 유물론적 인간관을 가정할 때, 인간은 자유롭게 선택할 수 있을까? 즉 인간에게 자유의지가 있을까? 가령 갑이 냉장고 문을 여니 딸기 우유와 초코 우유만 있다고 해 보자. 갑은 이것들 중 하나를 자유의지로 선택할 수 있을까?   [22091013]

065 재판매 가격 유지 행위는 사업자의 가격 결정의 자유, 즉 영업의 자유를 제한하고 사업자 간 가격 경쟁을 제한한다. 유통 조직의 효율성도 저하시킨다. 재판매 가격 유지 행위를 하는 사업자는 형사 처벌은 받지 않지만 시정명령이나 과징금부과 대상이 될 수 있다. 다만, '공정거래법'에 따라 공정거래위원회가 고시하는 출판된 저작물은 금지 대상이 아니다. 또 경쟁 제한의 폐해보다 소비자 후생 증대 효과가 큰 경우 등 정당한 이유가 있으면 재판매 가격 유지 행위가 허용되는데, 그 이유는 사업자가 입증해야 한다.

[25090407]

066 데이터가 무단으로 변경되기 어렵다는 성질을 무결성이라 하는데 무결성은 블록체인 기술의 대표적인 장점이다. 특정 노드에 저장되어 있는 일부 데이터가 변경되면 변경된 블록과 그 이후의 블록들은 블록체인과의 연결이 끊어진다. 끊어진 모든 블록을 다시 연결하는 것은 승인 과정을 필요로 하기 때문에 연결을 복구하는 것은 어렵다. 즉 블록과 블록체인의 연결을 유지하면서 블록체인에 포함된 데이터를 변경하는 것이 어려우므로 블록체인 데이터는 무결성이 높다. 무단 변경과 달리, 일부 데이터가 지워져도 승인된 원래의 데이터로 복원할 때는 승인 과정이 필요하지 않다. 따라서 블록체인에 포함된 데이터는 일부가 지워지더라도 복원이 용이하다.   [25090811]

MEMO

119

067   바쟁은 '현실을 믿는 감독'을 지지했다. 이들은 '이미지를 믿는 감독'과 달리 영화의 내용, 즉 현실을 더 중요하게 생각하기에 변형되지 않은 현실을 객관적으로 보여주고자 한다. 디프 포커스와 롱 테이크는 이를 가능하게 해 주는 영화적 기법이다. 디프 포커스는 근경에서 원경까지 숏 전체를 선명하게 초점을 맞춰 촬영하는 기법으로, 원근감이 느껴지도록 공간감을 표현할 수 있다. 롱 테이크는 하나의 숏이 1~2분 이상 끊김 없이 길게 진행되도록 촬영하는 기법이다. 영화 속 사건이 지속되는 시간과 관객의 영화 체험 시간이 일치하여 현실을 마주하는 듯한 효과를 낳는다. 바쟁에 따르면, 디프 포커스와 롱 테이크를 혼용하여 연출한 장면은 관객이 그 장면에 담긴 인물이나 사물을 자율적으로 선택하여 응시하면서 화면 속 공간 전체와 사건의 전개를 지켜볼 수 있게 해 준다.

[25091217]

068   크라카우어에 따르면, 영화는 드러내면서 동시에 숨기는 매체이다. 사회에서 불순하거나 위험하다고 간주되는 이념은 영화의 이면에 감추어진다. 크라카우어는 영화의 표면에 가시적으로 드러난, 전형적인 모티브나 이미지가 암시하고 비유하는 것을 해석함으로써 그 이면에 감추어진 이념을 읽어 내고, 이를 바탕으로 사회를 이해할 수 있다고 보았다.

  예를 들어, 1920년대 독일 영화에 반복해서 등장하는 밀실, 광인, 독재자 등을 담은 이미지의 이면에서 패전 이후 독일 사회 전반에 만연했던 현실 도피의 퇴행적인 심리와, 왕정복고를 바라는 정치적 이념을 읽어 낼 수 있다는 것이다. 크라카우어가 모티브나 이미지에 대한 해석을 통해 사회를 심층적으로 이해하고자 한다면, 프레드릭 제임슨은 영화의 서사를 통해 영화에 반영된 사회를 총체적으로 이해하고자 한다. 그에 따르면, 오늘날의 사회는 분산적이고 파편적이기 때문에 그 총체적인 양상은 시간이 흐른 뒤에야, 즉 역사가 된 이후에야 파악된다. 그런데 만약 현재를 역사처럼 조망할 수 있다면, 우리가 속한 사회의 총체적인 양상을 파악할 수 있을 것이다.

[26090409]

069   로랜즈에게 인지 과정은 파생적 상태가 심적 상태로 변환되는 과정이 아니라, 파생적 상태를 조작함으로써 심적 상태를 생겨나게 하는 과정이다. 심적 상태가 주체의 몸 외부로 확장되는 것이 아니라, 심적 상태를 생겨나게 하는 인지 과정이 확장되는 것이다. 이러한 확장된 인지 과정은 인지 주체의 것일 때에만, 다시 말해 환경의 변화를 탐지하고 그에 맞춰 행위를 조절하는 주체와 통합되어 있을 때에만 성립할 수 있다. 즉 로랜즈에게 주체 없는 인지란 있을 수 없다.

[24061217]

MEMO

070 반면 듀이는 공중을 합리적인 존재로 보았다. 그는 파편화된 공중의 유기적인 결합을 위해 언론이 공적 담론의 장을 이끌어 내야 한다고 주장했다. 공중이 자신에게 필요한 사항을 요구하는 이성적인 공적 담론의 장을 통해 민주주의가 발전할 수 있다는 것이다.

[26091013]

071 정립-반정립-종합. 변증법의 논리적 구조를 일컫는 말이다. 변증법에 따라 철학적 논증을 수행한 인물로는 단연 헤겔이 거명된다. 변증법은 대등한 위상을 지니는 세 범주의 병렬이 아니라, 대립적인 두 범주가 조화로운 통일을 이루어 가는 수렴적 상향성을 구조적 특징으로 한다. 헤겔에게서 변증법은 논증의 방식임을 넘어, 논증 대상 자체의 존재 방식이기도 하다. 즉 세계의 근원적 질서인 '이념'의 내적 구조도, 이념이 시·공간적 현실로서 드러나는 방식도 변증법적이기에, 이념과 현실은 하나의 체계를 이루며, 이 두 차원의 원리를 밝히는 철학적 논증도 변증법적 체계성을 지녀야 한다.

[22110409]

072 칸트 이전까지 인격의 동일성을 설명하는 유력한 견해는, '생각하는 나'인 영혼이 단일한 주관으로서 시간의 흐름 속에 지속한다는 것이었다. '주관'은 인식의 주체를 가리키며, '인식'은 '앎'을 말한다. 그러나 칸트는 '나는 생각한다.', 즉 '자기의식'은 인식이 이루어지는 것을 가능하게 하는 조건 중 하나에 불과하다고 본다. 그러한 조건 자체는 무언가가 실재함을 보장하지 않는다. 그렇기에 자기의식은 '생각하는 나'가 단일한 주관으로서 실제로 존재한다는 것, 즉 '영혼의 실재함'을 보장하지 않고, '영혼이 실재할 가능성'을 열어둘 뿐이다.

[26091013]

073 담보는 유상 계약의 맥락에서 거래 대상의 값어치를 보장한다는 의미로 해석된다. 유상 계약이란 그 당사자가 서로 대가를 주고받을 것을 약속하는 계약을 뜻한다. 유상 계약의 일종인 매매 계약에서 목적물이 계약 체결 당시부터 있던 하자 때문에 대금만큼의 값어치를 하지 못하는 상태였다면, 매도인은 그 하자 발생의 원인이 무엇이든 담보 책임을 져야 한다.

[26110409]

MEMO

074 보증이란 채무자가 채무를 이행하지 않으면 그 채무를 다른 사람이 대신 이행하기로 하는 것이다. 이때 원래의 채무자를 주채무자, 주채무자 대신 채무를 이행하는 사람을 보증인이라 하고, 주채무자가 부담하는 채무를 주채무, 보증인이 부담하는 채무를 보증 채무라 한다.

[26110409]

075 열팽창이란 물체의 온도 변화에 따라 그 길이, 부피가 변화하는 현상을 말한다. 그중 길이의 변화를 수치화한 것이 선형 열팽창 계수인데, 이는 온도 변화에 따른 길이 변화율을 온도 변화량으로 나눈 값이다. 여기에서 길이 변화율은 길이의 변화량을 처음 길이로 나누어 얻는 값이며, 변화량이란 나중 값에서 처음 값을 뺀 것이다.

[26111013]

076 SF(Science Fiction)는 기존의 검증된 과학적 지식을 기반으로 한 허구적인 상황 설정을 통해 미래에 대한 상상력을 자극하는 서사 예술이다. 과학적 지식에 기반을 둔다고 해서 SF가 다루는 소재나 서사가 모두 과학적으로 사실이어야 하는 것은 아니다. SF에서는 과학적 진위가 아니라 개연성, 즉 작품의 주요 설정이나 사건의 인과 관계가 합리적으로 납득될 수 있느냐가 중요하다.

[26090409]

077 저널리즘이란 공적 관심이 큰 시사 현안을 일련의 규칙에 따라 취재 및 편집하여 미디어를 통해 알리는 지적 활동이다. 20세기 중·후반에 언론은 주로 권력 집단과 관련된 사안을 피상적으로 보도하는 경향이 있었다. 보도 내용이 대다수의 일반 사람들인 공중의 일상과 괴리되고, 일회적 문제 제기 수준을 벗어나지 못함에 따라 공중은 뉴스를 기피하였다. 이에 대한 대안으로 공중의 관심사를 보도의 중심 의제로 삼는 '공공 저널리즘'이 등장했다.

[26091013]

MEMO

078 최소가청강도는 조용할 때 청각이 감지할 수 있는 소리 크기의 최솟값이다. 최소가청강도보다 큰 소리는 들을 수 있지만, 작은 소리는 들을 수 없다. 최소가청강도는 주파수별로 그 크기가 정해져 있다. 예를 들어, 1,000 Hz부터 10,000 Hz 사이에서는 아주 작은 소리도 들을 수 있지만, 100 Hz 이하의 저음에서는 훨씬 큰 소리여야 들을 수 있다.

[26091417]

079 독자가 글에서 읽은 단어의 의미를 확정하지 못하면 글을 제대로 이해하기 어렵다. 별개의 단어들이 서로 발음이 같고 의미가 다르면 동음이의어라고 하듯, 별개의 단어들이 서로 표기가 같고 의미가 다르면 동형이의어라고 한다. 동형이의어는 여러 의미로 이해될 수 있으므로 독자가 글을 읽는 데 어려움을 줄 수 있다. 따라서 독자가 동형이의어를 읽고 떠올린 여러 의미 중에서 문장이나 문맥에 어울리는 것으로 의미를 확정하는 것이 중요하다.

[26060103]

080 리프킨은 사회적 상호작용에서의 자기표현은 본질적으로 연극적이며, 표면 연기와 심층 연기로 이루어진다고 언급했다. 표면 연기는 내면의 자연스러운 감정보다 의례적인 표현과 같은 형식에 집중하여 연기하는 것이고, 심층 연기는 내면의 솔직한 정서를 불러내어 자신의 진정성을 보여주는 것이다. 인터넷에서의 커뮤니케이션에 주목한 리프킨은 가상 공간에서 자기표현이 더욱 활발히 이루어진다고 보았다.

[25111417]

081 두 명제가 모두 참인 것도 모두 거짓인 것도 가능하지 않은 관계를 모순 관계라고 한다. 예를 들어, 임의의 명제를 P라고 하면 P와 ~P는 모순 관계이다.(기호 '~'은 부정을 나타낸다.) P와 ~P가 모두 참인 것은 가능하지 않다는 법칙을 무모순율이라고 한다. 그런데 "다보탑은 경주에 있다."와 "다보탑은 개성에 있을 수도 있었다."는 모순 관계가 아니다. 현실과 다르게 다보탑을 경주가 아닌 곳에 세웠다면 다보탑의 소재지는 지금과 달라졌을 것이다. 철학자들은 이를 두고, P와 ~P가 모두 참인 혹은 모두 거짓인 가능세계는 없지만 다보탑이 개성에 있는 가능세계는 있다고 표현한다.

[19113942]

MEMO

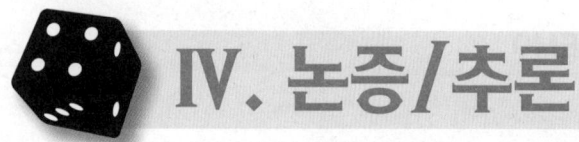

IV. 논증/추론

들어가며

처음 공부하는 학생들은 이 단원의 최종결론, 실제사용, 천박한 재해석을 제외한 부분을 읽지 않아도 좋다.

2회독을 하는 학생이라도 나머지 내용들이 개소리라고 느껴지면 역시 넘어가도 좋다.

최대한 정합적으로 써 보려 했지만, 중간중간에 증명할 수 없는 추상적인 표현, 비유 등이 등장하기 때문이다.

최종결론

"논증/추론의 이정표가 나오면 지지 관계를 생각하자."

실제사용

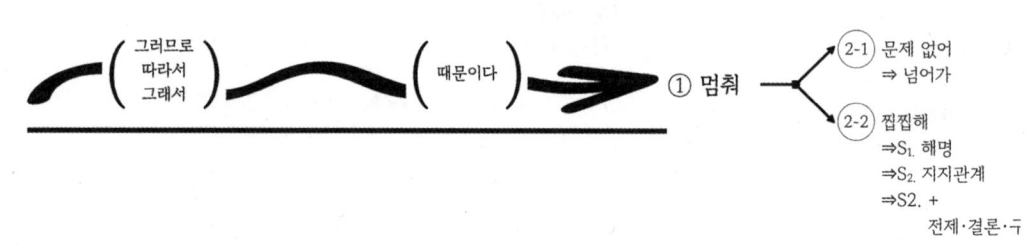

글을 읽다가 **중간**에서 논증의 이정표를 본 순간

①그냥 끝까지 읽는다.

②-1. (만약 끝까지 읽었을 때, 아무 이상 없는 경우) 그냥 지나간다.

②-2. (만약 끝까지 읽었을 때, 뭔가 찝찝한 경우) 다시 돌아온 뒤, '필자가 왜 여기다 이정표를 썼는지' 생각해본다. 그것이 안된다면, 전제와 결론을 찾으면서 지지관계를 느껴본다.

이정표

논증/추론의 이정표는 '그러므로', '그래서', '따라서', ' 때문이다' 등이 있다.

분량상의 문제로 이러한 접속 부사 및 서술어들이 어떤 방식으로 논증/추론 관계를 암시하는지는 지면을 할애해 논의하지 않겠다.

간추려 말하자면, 이러한 표현들은 문법적으로 접속 부사/담화 표지로서 선행 내용과 후행 내용 사이의 원인·결과, 이유·결론, 추론적 연결을 표지하기 때문이고, 그런 기능들은 주로 논증/추론의 틀 안에서 사용되기 때문이다.

논증과 추론

• 추론

추론은 **전제**로부터 **결론**을 이끌어내는 사고의 과정이다.[30] 이를 주어진 사실(정보)로부터 새로운 사실(정보)를 이끌어내는 사고의 과정으로도 이해할 수 있다.[31]

반면 논증에 대해서는 여러 가지 견해가 있다.

논증을 설득을 위한 규범적 행위로 보아야 한다는 입장(Ralph H. Johnson), 그렇지 않고 그저 추론 구조로만 봐야 한다는 입장(Salmon, Fisher) 등 이에 대한 명확한 규명이 이뤄지지 않았다.

당연히 실제 시험에는 논증의 정의가 크게 문제되지 않는다.

수험서계의 교과서격인 논리개념메뉴얼7에도 다음과 같이 논증과 추론에 대해 간단히 정의하고 있다.

> LEET 과목인 추리논증은 추리(추론)와 논증의 합성어입니다. **추리는 전제로부터 결론을 이끌어내는 것이고, 논증은 결론을 정당화하기 위해 전제를 내세우는 것**입니다. 결국 추리논증은 전제와 결론의 지지관계에 대한 시험이며 이는 PSAT 언어논리도 동일합니다.
>
> [이해황, 논리개념메뉴얼7]

결론은 **논증과 추론 개념의 구별이 그닥 중요하지 않다**는 것이다.

평가원에서도 이러한 논증 개념에 대해 간접적으로 언급해준 바 있다.

어떤 부분에서는 논증이 설득의 의도를 가진다고 보는 반면, 어떤 부분에서는 그저 추론 구조로만 본다.

> 학생2: 그래도 토론에서 더 중요한 건 **적절한 근거를 들어 논제에 대한 자신의 입장이 타당함을 밝히는** 논증 능력이니까 그걸 평가하는 건 가능하다고 생각해
>
> [22113842]

---

30. 송하석(2010), 『리더를 위한 논리훈련』. 사피엔스 p16~17
31. 김진형. "비판적 사고 교과를 위한 '논리' 개념의 이해." 철학탐구 54.- (2019): 163-201. p173

유비 논증은 두 대상이 몇 가지 점에서 유사하다는 사실이 확인된 상태에서 어떤 대상이 추가적 특성을 갖고 있음이 알려졌을 때 다른 대상도 그 추가적 특성을 가지고 있다고 추론하는 논증이다. 유비 논증은 이미 알고 있는 전제에서 새로운 정보를 결론으로 도출하게 된다는 점에서 유익하기 때문에 일상생활과 과학에서 흔하게 쓰인다. 특히 의학적인 목적에서 포유류를 대상으로 행해지는 동물 실험이 유효하다는 주장과 그에 대한 비판은 유비 논증을 잘 이해할 수 있게 해 준다.

[17062024]

1764년에 발간된 체사레 베카리아의 『범죄와 형벌』은 커다란 반향을 일으켰다. 형벌에 관한 논리 정연하고 새로운 주장들에 유럽의 지식 사회가 매료된 것이다. 자유와 행복을 추구하는 이성적인 인간을 상정하는 당시 계몽주의 사조에 베카리아는 충실히 호응하여, 이익을 저울질할 줄 알고 그에 따라 행동하는 존재로서 인간을 전제하였다. 사람은 대가 없이 공익만을 위하여 자유를 내어놓지는 않는다. 끊임없는 전쟁과 같은 상태에서 벗어나기 위하여 자유의 일부를 떼어 주고 나머지 자유의 몫을 평온하게 누리기로 합의한 것이다. 저마다 할애한 자유의 총합이 주권을 구성하고, 주권자가 이를 위탁받아 관리한다. 따라서 사회의 형성과 지속을 위한 조건이라 할 법은 저마다의 행복을 증진시킬 때 가장 잘 준수되며, 전체 복리를 위해 법 위반자에게 설정된 것이 형벌이다. 이런 논증으로 베카리아는 형벌권의 행사는 양도의 범위를 벗어날 수 없다는 출발점을 세웠다.

[22061013]

자 이제 단순하게 보자. **우린 추론과 논증에 대해 엄밀히 구분하지 않을 것**이다.

만약 그 구분과 관련된 지문이 나온다면, 지문의 정의를 따르도록 하자.

· **전제와 결론**

추론을 주어진 사실(정보)로부터 새로운 사실(정보)를 이끌어내는 사고의 과정으로 이해한다면, 전제를 주어진 사실로, 결론을 새로운 사실로 이해할 수 있다.

즉 다음과 같은 도식이 성립한다.

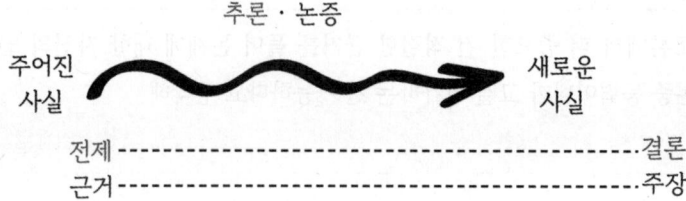

이 도식을 이해하기 위한 짤막한 이야기를 읽어 보자.

• 한 몫 챙기는 창섭이

창섭이는 일월 언어연구소의 재무 담당자이다. 최근 회사 법인카드 사용 내역을 살펴보던 해성이는 몇 가지 사실을 확인했다.

(1) 창섭이가 결재한 출장비 중 일부가 실제 출장 일정과 맞지 않았다.

(2) 그와 같은 날짜에 백예린 콘서트가 서울에서 열렸다.

(3) 창섭이는 그 주에 연차를 사용하지 않았고, 출장 보고서도 제출하지 않았다.

(4) 하지만 콘서트가 끝난 다음 날, 창섭이는 백예린 콘서트 굿즈를 들고 있는 사진을 SNS에 올렸다.

(5) 해당 굿즈는 콘서트 현장에서만 구매할 수 있는 것이었다.

이 사실들을 확인한 해성이는 잠깐 생각하더니 주머니에서 총을 꺼내서 창섭이를 찾아갔다.

이 이야기에서 해성이는 추론을 했다.

이때 (1)~(5)가 전제가 되고, '창섭이가 횡령을 했다'라는 사실이 결론이 된다.

흥미로운 점은 (1)~(5) 어디에도 '창섭이가 횡령을 했다'라는 직접적인 정보가 제시되어 있지 않지만, 해성이는 창섭이가 횡령을 했다는 사실을 추론해낸 것이다.

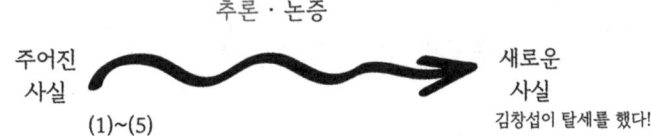

추론 · 논증

주어진 사실 (1)~(5)   →   새로운 사실 김창섭이 탈세를 했다!

앞서 추론과 논증의 구별이 무의미함을 보여 주기 위해 제시한 지문❸¹에서도 다음과 같은 관계를 찾을 수 있다.

1764년에 발간된 체사레 베카리아의 『범죄와 형벌』은 커다란 반향을 일으켰다. 형벌에 관한 논리 정연하고 새로운 주장들에 유럽의 지식 사회가 매료된 것이다. 전제**[자유와 행복을 추구하는 이성적인 인간을 상정하는 당시 계몽주의 사조에 베카리아는 충실히 호응하여, 이익을 저울질할 줄 알고 그에 따라 행동하는 존재로서 인간을 전제하였다. 사람은 대가 없이 공익만을 위하여 자유를 내어놓지는 않는다. 끊임없는 전쟁과 같은 상태에서 벗어나기 위하여 자유의 일부를 떼어 주고 나머지 자유의 몫을 평온하게 누리기로 합의한 것이다. 저마다 할애한 자유의 총합이 주권을 구성하고, 주권자가 이를 위탁받아 관리한다. 따라서 사회의 형성과 지속을 위한 조건이라 할 법은 저마다의 행복을 증진시킬 때 가장 잘 준수되며, 전체 복리를 위해 법 위반자에게 설정된 것이 형벌이다.]** 이런 논증으로 베카리아는 결론**[형벌권의 행사는 양도의 범위를 벗어날 수 없다]**는 출발점을 세웠다.

[22061013]

---

32. 예문에서는 전제와 결론의 관계가 겹쳐 나타나서 정확한 구조를 해명하기엔 설명이 더 필요하다. 여기서는 그럴 필요가 없고, 전제와 결론을 단순히 구분하는 정도만 학습하면 된다.

지지 관계

우린 앞에서 추론을 주어진 사실(정보)로부터 새로운 사실(정보)를 **이끌어내는** 사고의 과정으로 이해한 바 있다.

이때, '전제로부터 결론을 이끌어 낸다는 것'은 '전제가 결론을 뒷받침한다는 것'이라 보아도 무방하다.[33]

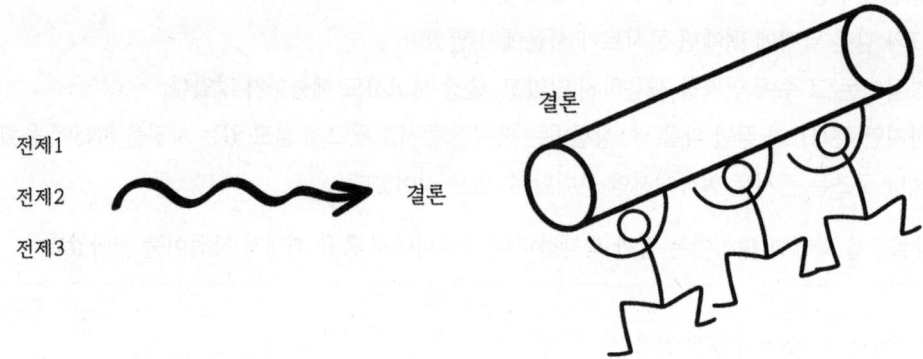

전제1
전제2 　〜〜〜〜〜➔　결론
전제3

그렇다면, '이끌어 내는 것'과 '뒷받침하는 것'이 역관계임을 알았다. 그러면 그것들이 무슨 소린가?[34]

이에 관해 여러 가지 논의들이 있지만, 가장 수험서에 적합한 것은 '보존' 및 '확장'되는 것이라는 설명이다.[35]

즉, 추론에서 전제의 내용이 결론에 **보존**되거나 전제의 내용이 결론에서 **확장**된다는 것이다.

그러나 '보존'의 경우엔 전제의 내용이 결론의 내용 안에 포함되어 있다는 의미론적 포함 관계로 볼 수 있으나, 확장되는 것은 대체 어디까지 확장된다는 것인지 경계선이 모호하다.

창섭이는 일월 언어연구소의 재무 담당자이다. 최근 회사 법인카드 사용 내역을 살펴보던 해성이는 몇 가지 사실을 확인했다.

(1) 창섭이가 결재한 출장비 중 일부가 실제 출장 일정과 맞지 않았다.
(2) 그와 같은 날짜에 백예린 콘서트가 서울에서 열렸다.
(3) 창섭이는 그 주에 연차를 사용하지 않았고, 출장 보고서도 제출하지 않았다.
(4) 하지만 콘서트가 끝난 다음 날, 창섭이는 백예린 콘서트 굿즈를 들고 있는 사진을 SNS에 올렸다.
(5) 해당 굿즈는 콘서트 현장에서만 구매할 수 있는 것이었다.

이 사실들을 확인한 해성이는 잠깐 생각하더니 주머니에서 총을 꺼내서 창섭이를 찾아갔다.

만약 확장에 **무한한 가능성**을 부여한다면, 위 예시에서 '창섭이는 회사 자금으로 백예린 콘서트를 결제한 후, 그 티켓을 되팔이 한 후에 그 자금으로 바카라를 했다.' 라는 결론이 등장할 수 있다.

---

33. 김진형. "비판적 사고 교과를 위한 '논리' 개념의 이해." 철학탐구 54.- (2019): 163-201. p172
34. 이를 설명하기 위해 연역과 귀납에 대해 근본적인 해명이 필요하다. 그러나 본 서에서는 가장 수험서에 적합한 이론을 선택해 그 위주로 설명할 것이다.
35. 김진형. "비판적 사고 교과를 위한 '논리' 개념의 이해." 철학탐구 54.- (2019): 163-201. p172

그러나 이는 우리의 일반적인 언어 직관에 '부당한 추론' 및 '적어도 타당하지 않은 추론'이 된다.

과연 확장의 경계선은 어디에 그어져야 할까?

이에 답하기 위해선 앞서 언급했던 가능세계에 대한 논변을 떠올려야 한다.

• 가능세계

이전에 '독서 지문은 하나의 가능세계이다.'라는 언급을 한 바 있다.

여기서의 '보존'과 '확장' 역시 그러한 가능세계의 틀 안에서 논의되어야 한다고 생각한다.

즉, 결론에서 전제의 확장이 일어나는 것은 맞지만, 그것이 필자가 독자에게 쓴 글이라는 가능 세계 안의 질서를 크게 훼손해서는 안된다는 것이다.

다음 기출 문장을 보자.

전제1[이처럼 의사 표시를 필수적 요소로 하여 법률효과를 발생시키는 행위들을 법률행위라 한다.] 전제2[계약은 법률행위의 일종으로서], 전제3[당사자에게 일정한 청구권과 이행 의무를 발생시킨다.] 전제4[청구권을 내용으로 하는 권리가 채권이고], 전제5[그에 따라 이행을 해야 할 의무가 채무이다.] **따라서** 결론[채권과 채무는 발생한 법률효과가 동전의 양면처럼 서로 다른 방향에서 파악되는 것이라 할 수 있다.] 채무자가 채무의 내용대로 이행하여 채권을 소멸시키는 것을 변제라 한다.

[19111620]

이 지문의 구조는 다음과 같다.

전제
(1) 의사 표시를 필수적 요소로 하여 법률효과를 발생시키는 행위들을 법률행위라 한다.
(2) 계약은 법률행위의 일종이다.
(3) 계약은 당사자에게 일정한 청구권과 이행 의무를 발생시킨다.
(4) 청구권을 내용으로 하는 권리가 채권이다.
(5) 채권에 따라 이행을 해야 할 의무가 채무이다.

결론
채권과 채무는 발생한 법률효과가 동전의 양면처럼 서로 다른 방향에서 파악되는 것이다.

결론에서 제시된 내용이 전제에서 안정적으로 도출될 수 있다. 세계의 질서를 크게 훼손하지 않는 것이다.

• 보충해설

위에 제시된 전제로부터 결론이 원활하게 도출되지 않는 경우, 다음 해설을 읽어 보자. 이 해설은 앞서 언급한 '이정표'를 활용한 해설이다.

전제1[이처럼 의사 표시를 필수적 요소로 하여 법률효과를 발생시키는 행위들을 법률행위라 한다.]
전제2[계약은 법률행위의 일종으로서], 전제3[당사자에게 일정한 청구권과 이행 의무를 발생시킨다.]
전제4[청구권을 내용으로 하는 권리가 채권이고], 전제5[그에 따라 이행을 해야 할 의무가 채무이다.]
따라서 결론[채권과 채무는 발생한 법률효과가 동전의 양면처럼 서로 다른 방향에서 파악되는 것이라 할 수 있다.] 채무자가 채무의 내용대로 이행하여 채권을 소멸시키는 것을 변제라 한다.

[19111620]

전제 1을 읽었을 때 ⇒ '정의'가 등장한다. 정의가 등장할 때는 그 설명을 분할한 후 뒤에서 재활용될 가능성을 생각하라고 했다. 그렇게 '법률효과'에 대한 정의를 이해하면, '의사표시를 필수적 요소', '법률효과 발생' 정도가 의미 있는 단위로 분할될 것이다.

전제 2를 읽었을 때 ⇒ <계약>이라는 용어가 <법률행위> 안에 포함됨을 언급해 준다. 앞서 전제 1에서 '정의'를 분할했고 재활용 가능성을 염두했다면, 독자는 '아! 계약도 의사 표시를 필요로 하고, 법률효과를 발생시키는구만!' 정도의 생각을 할 수 있을 것이다.

전제 3을 읽었을 때 ⇒ 전제 2에서 한 생각(계약도 의사 표시를 필요로 하고, 법률효과를 발생시키는구만!)을 고려하면, 독자의 머릿속에서 <일정한 청구권>과 <이행 의무>는 <법률효과>로 이해되어야 한다.

전제 4를 읽었을 때 ⇒ 채권에 대한 정의가 등장했다. 역시 분할해 보며 이해한다. 법학 지식이 없다면, '권리 중에서 청구권을 내용으로 하는 것이 채권이다.' 정도의 생각을 하며 읽는다.

전제 5를 읽었을 때 ⇒ 채무의 정의도 등장했다. 역시 채무도 분할해서 이해한다.

자 여기까지 읽었다고 해 보자. 머릿속에 권리/의무의 틀이 있어 이 둘이 대립되는 것을 알지 못해도, 지문을 읽어나가는 과정에서 채권은 A가 B에게 무언가를 청구하는 것 또는 시키는 것으로 이해할 수 있고, 채무는 그러한 채권의 내용을 B가 A에게 해 줘야 하는 것으로 이해할 수 있다.

이를 통해, 독자는 결론에서 언급된 같은 법률효과가 동전의 양면 관계로 파악된다는 것 역시 납득할 수 있다.

다음 예시도 읽어보자.

> 그런데 전제[정자, 난자와 같은 생식 세포가 레트로바이러스에 감염되고도 살아남는 경우가 있었다. 이런 세포로부터 유래된 자손의 모든 세포가 갖게 된 것이 내인성 레트로바이러스이다. 내인성 레트로바이러스는 세대가 지나면서 돌연변이로 인해 염기 서열의 변화가 일어나며 해당 세포 안에서는 바이러스로 활동하지 않는다. 그러나 내인성 레트로바이러스를 떼어 내어 다른 종의 세포 속에 주입하면 이는 레트로바이러스로 변환되어 그 세포를 감염시키기도 한다.] **따라서** 결론[미니돼지의 DNA에 포함된 내인성 레트로 바이러스를 효과적으로 제거하는 기술이 개발 중에 있다.]
>
> [20112629]

전제의 내용을 요약하면, 내인성 레트로바이러스는 현재는 활동을 하지 않지만, 다른 종의 세포 속에 주입되면 그 종을 감염시킬 수 있다는 것이다.

결론은 그래서 미니돼지에서 내인성 레트로바이러스를 제거하는 기술이 개발되고 있음을 알려준다.

이 역시도 전제에서 결론으로 넘어가는 과정에서 세계의 질서가 훼손되지 않는다.

• 소결론

> (1) 논증과 추론을 딱히 구분하지 않는다.
> (2) 추론에서 전제는 '주어진 사실'로, 추론은 '새로운 사실'로 이해한다.
> (3) 이끌어내는 것과 뒷받침하는 것은 역관계이다.
> (4) 뒷받침하는 것은 보존 및 확장으로 이해한다.
> (5) 보존은 문제가 되지 않지만, 확장의 경우 기준이 필요하다.
> (6) 확장의 마지노선은 '세계의 질서'를 훼손하지 않는 것이다.

> 지민: '세계의 질서'라는 개념 자체가 추상적인데, 결국 경험칙에 근거한 것 같습니다. 어떤 추론이 세계의 질서에 부합하는지 여부를 어떻게 알아야 하나요?
> 답변: 팁을 주자면, 기출 분석을 하면 그 세계를 알 수 있습니다.

아주 정확하다.

지민의 의문은 다음과 같다.

> (1) 논증과 추론을 딱히 구분하지 않는다.
> (2) 추론에서 전제는 '주어진 사실'로, 추론은 '새로운 사실'로 이해한다.
> (3) 이끌어내는 것과 뒷받침하는 것은 역관계이다.
> (4) 뒷받침하는 것은 보존 및 확장으로 이해한다.
> (5) 보존은 문제가 되지 않지만, 확장의 경우 기준이 필요하다.
> (6) 확장의 마지노선은 '세계의 질서'를 훼손하지 않는 것이다.
>
> **Q. 그렇다면 '세계의 질서'를 학생이 어떻게 학습할 것인가?**

• 또다시 기출 분석

얼탱이 없게도 이런 질서 논의에서 **기출 분석의 필요성**을 엿볼 수 있다.

앞서 언급한 바 있듯, 기출 분석이란 사후적 학습으로서 존재하는 모든 정보를 최대한 이해하겠다는 태도를 가지고 진행하는 공부이다.

우리가 마주하는 지문에 논증이 있다고 해 보자. 다시 말해, 지문 속에 '그러므로, 그래서, 따라서' 등 논증의 이정표를 지닌 것들이 제시된 것이다.

이때 우리는 어떻게 해야 하는가? 가능세계를 통한 논변을 진행할 때, 기출 지문에 대한 태도를 이미 언급한 바 있다.

그냥 개같이 참이라고 믿고 가는 것이다.

따라서 지문에 적힌 논증은 무조건 지문의 가능세계에 부합한다. 만약 그렇지 않은 논증이라면, 인문 지문에서 여러 철학자가 나와서 서로의 논증에 반대하는 경우인데, 이렇게 특수한 개인의 논증이 등장하는 경우를 제외하고 지문을 쓴 필자의 논증은 무조건 참이라는 것이다.

그럼 정리해 보자.

> (1) 논증과 추론을 딱히 구분하지 않는다.
> (2) 추론에서 전제는 '주어진 사실'로, 추론은 '새로운 사실'로 이해한다.
> (3) 이끌어내는 것과 뒷받침하는 것은 역관계이다.
> (4) 뒷받침하는 것은 보존 및 확장으로 이해한다.
> (5) 보존은 문제가 되지 않지만, 확장의 경우 기준이 필요하다.
> (6) 확장의 마지노선은 '세계의 질서'를 훼손하지 않는 것이다.
>
> **Q. 그렇다면 '세계의 질서'를 학생이 어떻게 학습할 것인가?**
> A. 기출 분석을 통해 올바른 논증을 많이 보다 보면, 자기도 모르게 그 질서에 익숙해진다.

아주 쉽게 말해보겠다.

그냥 기출 분석을 존나게 하란 소리다.

적힌 글자 하나하나를 모두 이해하겠다는 심정으로.

모르는 단어들은 사전을 찾아서 그 의미를 음미하고, 각 문장과 문장 간의 관계를 생각하며, '왜 이 문장이 여기 쓰였는가?' 하는 목적의식으로, 그런 태도로 학생이 할 수 있는 최대한으로 지문을 탐구하라는 소리이다.

강사는 그러한 학생에게 자신의 시각으로 정립된 것들을 시연할 뿐이다.

당연히 보존, 확장, 세계의 질서 등 앞에 싸질러놓은 있어 보이는 말들은 하등 필요가 없어진다.

애초에 언어는 불완전해서 추상적인 관념, 느낌, 질감을 명확하게 전달할 수 없기 때문이다.

특히 이런 당위성을 지닌 관념 역시 마찬가지이다.

따라서 내가 할 수 있는 것은 여러분들이 있어 보일 말들을 사용해서 내가 생각하는 관념을 최대한 수용하게끔 만드는 것이다.

그러니 저 위에 적힌 분석들은 굉장히 공허하다. 그저 마지막 문장 "기출 분석을 존나게 해라" 만 챙겨 가면 된다.

천박한 재해석

확장, 보존, 세계의 질서 머리 아픈 소리는 집어 치우자.

그냥 다음 이야기를 읽어보자.

올해 서른 살이 된 창섭이의 평화로운 집에 우편물이 날아온다.

[출석요구서]

편지를 받아든 부모님의 표정이 굳어진다.

그곳엔 창섭이가 입에 담을 수 없는 말을 하여 모욕죄로 고소를 당했고, 이에 조사를 위해 경찰서로 출석하라는 내용이 있었기 때문이다.

이를 본 아버지는 말 없이 골프채를 찾으러 자리를 옮겼고 어머니는 그 자리에 앉아 멍하니 하늘만 바라보고 있었다.

'아이고 이 녀석아'

눈에 넣어도 아프지 않을 아들이었지만, 어느 날부터 이상해지기 시작하더니 최근엔 집에도 들어오지 않았다.

마지막으로 만났을 때, '친구를 도와 개쪄는 느낌을 전달할 국어 교재를 만든다'라며 사무실로 가겠다며 집을 나서던 아들의 얼굴이 아른거렸다.

그런 아들이 게임에서 욕을 해서 고소를 당하다니.

그녀의 눈에 눈물이 흐른다.

이젠 눈에 넣기 너무 힘들었다.

자 여기서 무슨 느낌이 나는가

부모님이 창섭이를 지지하는 느낌이 난다.

이때 전제가 부모님이고 결론이 창섭이다.

논증/추론의 이정표에서도 다음과 같은 느낌을 가져보자.

앞에 있던 전제들이 뒤에 제시된 결론을 떠받들고 있는 것이다.

그러면 독자는 이러한 이정표를 마주했을 때, '지지(지탱)하는 느낌이 나나?' 혹은 '전제에서 결론이 나올 수 있나?' 정도를 확인하면 된다.

다음 문장을 읽어보고, '따라서'를 보고, 앞부분이 뒷부분을 지탱하는 느낌이 나는지 느껴보자.

리프만은 공중이 저마다의 경험과 지식에 기반한 고정관념의 틀로 세상을 바라보는 경향이 있으며, 이러한 고정관념을 분별할 수 있는 이는 드물다고 판단했다. 또한 공중은 공공의 문제에 대한 전문적 지식이 부족하다고 보았다. **따라서** 그는 정확하고 객관적인 뉴스를 공중에게 전달하는 언론의 역할이 중요하며, 이것은 언론인의 전문화를 통해 구현될 수 있다고 보았다.

[26091013]

.

.

리프만은 ^{전제1}[공중이 저마다의 경험과 지식에 기반한 고정관념의 틀로 세상을 바라보는 경향이 있으]며, ^{전제2}[이러한 고정관념을 분별할 수 있는 이는 드물다]고 판단했다. 또한 ^{전제3}[공중은 공공의 문제에 대한 전문적 지식이 부족하다고 보았다.] **따라서** 그는 ^{결론1}[정확하고 객관적인 뉴스를 공중에게 전달하는 언론의 역할이 중요]하며, ^{결론2}[이것은 언론인의 전문화를 통해 구현될 수 있다]고 보았다.

[26091013]

윗글의 전제와 결론을 정리해보면 다음과 같다.

전제
1 공중이 저마다의 경험과 지식에 기반한 고정관념의 틀로 세상을 바라보는 경향이 있다.
2 경험과 지식에 기반한 고정관념을 분별할 수 있는 이들은 드물다.
3 공중은 공공의 문제에 대한 전문적 지식이 부족하다.

결론
1 정확하고 객관적인 뉴스를 공중에게 전달하는 **언론의 역할이 중요**하다.
2 정확하고 객관적인 뉴스를 공중에게 전달하기 위해 **언론인의 전문화가 필요**하다.

앞의 3가지 전제를 종합하면, 공중은 고정관념대로 세상을 보고, 그런 고정관념의 참 거짓을 판단하지 못하며, 전문적 지식도 부족하다는 것이다.

결국 이렇게 대중(공중)이 우매하니까 Fact(정확하고 객관적인 뉴스)를 전달하는 언론이 중요하다는 것이다. 그렇지 않으면 온갖 거짓된 정보에 대중들이 선동당해 버리기 때문이다.

위에 쓴 글들은 이런 전제와 결론들을 정리해서 풀어준 것이고, 중요한 것은 독자가 '따라서'를 본 순간 해야 할 생각이다.

독자는 글을 읽다가 '따라서'를 보고, '어? 따라서 앞부분이 결론을 지탱하는 느낌이 나나?' 또는 '여기서 결론이 나와도 스무스한가? (무리가 없나?)'를 생각한 뒤, 그 의문이 해결되면 넘어가야 한다.

마치며

전달하려는 내용이 꽤나 복잡했다.

지지(지탱)하는 느낌이 무엇인지 설명하려다 보니 길어졌다.

그러나 걱정할 것 없다. 독자는 **(1) 기출 분석을 열심히 해야 하는 것**과 **(2) 실제 사용, 천박한 재해석, 최종결론**만 이해하면 된다.

개화 국어 수능적 접근 | 문장편

실제 사용

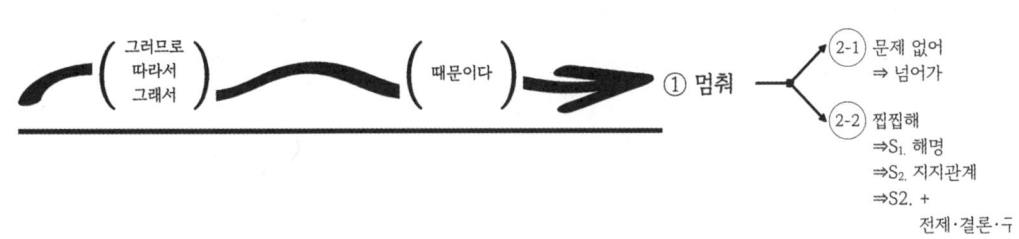

글을 읽다가 **중간**에서 논증의 이정표를 본 순간

① 그냥 끝까지 읽는다.

② -1. (만약 끝까지 읽었을 때, 아무 이상 없는 경우) 그냥 지나간다.

② -2. (만약 끝까지 읽었을 때, 뭔가 찝찝한 경우) 다시 돌아온 뒤, '필자가 왜 여기다 이정표를 썼는지' 생각해본다. 그것이 안된다면, 전제와 결론을 찾으면서 지지관계를 느껴본다.

082 주택이나 상가 임대차에서도 법이 아니라 계약으로 재산 관계가 정해지는 경우가 있다. 임차인이 임차물을 사용할 권리가 소멸했거나 임차인의 경제력이 충분하면 임차인을 보호할 필요가 없기 때문이다. 예컨대 임대차 종료 후 임차물을 반환할 때 임차인이 이를 원상회복할 의무를 지는지를 결정할 때는 계약이 법률보다 우선 적용된다. 또한 보증금이 「상가건물 임대차 보호법」에 정해진 상한액을 초과하면 최단 존속 기간이 적용되지 않으므로, 이때 존속 기간을 정하지 않기로 계약했다면 당사자들은 자유롭게 임대차를 종료시킬 수 있다.

[26060409]

083 첫 번째로 임의의 선택이 그 이전 사건들에 의해 선결정된다고 가정해 보자. 반자유의지 논증에서는 이 경우 우리에게 자유의지가 없다고 결론 내린다. 가령 갑의 딸기 우유 선택이 심지어 갑이 태어나기도 전에 선결정된 것이라면 갑이 자유의지로 그것을 선택한 것이라고 보기 어려울 것이다. 두 번째로 임의의 선택이 무작위로 일어난 것이라 가정해 보자. 반자유의지 논증에서는 이 경우에도 우리에게 자유의지가 없다고 결론 내린다. 가령 갑의 딸기 우유 선택이 단지 갑의 뇌에서 무작위로 일어난 신경 사건이라고 한다면, 그것은 자유의지의 산물이라고 보기 어려울 것이다.

[22091013]

084 인터넷 ID의 명예 주체성을 인정하는 입장에 따르면, 자기 정체성은 일원적·고정적인 것이 아니라 현실 세계와 가상 공간에 걸쳐 존재하고 상호 작용하는 복합적인 것이다. 인터넷에서의 자기 정체성은 사용자 개인의 자기 정체성의 일부이기 때문에 자기 정체성을 가진 인터넷 ID의 명예 역시 보호되어야 한다. 반면 인정하지 않는 입장에 따르면, 생성·변경·소멸이 자유롭고 복수로 개설이 가능한 인터넷 ID는 그 사용자인 개인을 가상 공간에서 구별하는 장치에 불과하다. 인터넷 ID는 현실에서의 성명과 달리 그 사용자인 개인과 동일시될 수 없고, 인터넷 ID 자체는 사람이 아니므로 명예 주체성을 인정할 수 없다는 것이다.

[25111417]

MEMO

085 이러한 규정이 선거 운동의 기회균등 원칙을 침해하는지에 대해 헌법재판소는 위헌이 아니라고 결정했다. 다수 의견은 방송 토론회의 효율적 운영을 고려할 때 초청 대상 후보자 수가 너무 많으면 제한된 시간 안에 심층적인 토론이 이루어지기 어렵고, 유권자들도 관심이 큰 후보자들의 정책 및 자질을 직접 비교하기 어렵다는 점을 지적하며, 이 규정은 합리적 제한이라고 보았다. 반면 소수 의견은 이 규정이 가장 효과적인 선거 운동의 기회를 일부 후보자에게서 박탈하며, 유권자에게도 모든 후보자를 동시에 비교하지 못하게 하고, 초청 대상 후보자 토론회에 참여한 후보자와 그렇지 못한 후보자를 차별적으로 인식하게 만든다고 지적하였다. 이 규정을 소수 정당이나 정치 신인 등에 대한 자의적이고 차별적인 침해라고 본 것이다.

[24110407]

086 데이터를 재화로 보아 소유권이 누구에게 귀속되어야 하는지에 대한 논의가 있다. 소유권의 주체를 빅 데이터 보유자로 보는 견해와 정보 주체로 보는 견해가 있다. 전자는 빅 데이터 보유자에게 소유권을 부여하면 빅 데이터의 생성 및 유통이 쉬워져 데이터 관련 산업이 활성화된다고 주장한다. 후자는 정보 생산 주체는 개인인데, 빅 데이터 보유자에게 부가 집중되는 것은 부당하므로, 정보 주체에게도 대가가 주어져야 한다고 본다.

[24090407]

087 그런데 정자, 난자와 같은 생식 세포가 레트로바이러스에 감염되고도 살아남는 경우가 있었다. 이런 세포로부터 유래된 자손의 모든 세포가 갖게 된 것이 내인성 레트로바이러스이다. 내인성 레트로바이러스는 세대가 지나면서 돌연변이로 인해 염기 서열의 변화가 일어나며 해당 세포 안에서는 바이러스로 활동하지 않는다. 그러나 내인성 레트로바이러스를 떼어 내어 다른 종의 세포 속에 주입하면 이는 레트로바이러스로 변환되어 그 세포를 감염시키기도 한다. 따라서 미니돼지의 DNA에 포함된 내인성 레트로 바이러스를 효과적으로 제거하는 기술이 개발 중에 있다.

[20112629]

MEMO

088   논리실증주의자와 포퍼는 수학적 지식이나 논리학 지식처럼 경험과 무관하게 참으로 판별되는 분석 명제와, 과학적 지식처럼 경험을 통해 참으로 판별되는 종합 명제를 서로 다른 종류라고 구분한다. 그러나 콰인은 총체주의를 정당화하기 위해 이 구분을 부정하는 논증을 다음과 같이 제시한다. 논리실증주의자와 포퍼의 구분에 따르면 "총각은 총각이다."와 같은 동어 반복 명제와, "총각은 미혼의 성인 남성이다."처럼 동어 반복 명제로 환원할 수 있는 것은 모두 분석 명제이다. 그런데 후자가 분석 명제인 까닭은 전자로 환원할 수 있기 때문이다. 이러한 환원이 가능한 것은 '총각'과 '미혼의 성인 남성'이 동의적 표현이기 때문인데 그게 왜 동의적 표현인지 물어보면, 이 둘을 서로 대체하더라도 명제의 참 또는 거짓이 바뀌지 않기 때문이라고 할 것이다. 하지만 이것만으로는 두 표현의 의미가 같다는 것을 보장하지 못해서, 동의적 표현은 언제나 반드시 대체 가능해야 한다는 필연성 개념에 다시 의존하게 된다. 이렇게 되면 동의적 표현이 동어 반복 명제로 환원 가능하게 하는 것이 되어, 필연성 개념은 다시 분석 명제 개념에 의존하게 되는 순환론에 빠진다. 따라서 콰인은 종합 명제와 구분되는 분석 명제가 존재한다는 주장은 근거가 없다는 결론에 도달한다.   [17111620]

089   위험 공동체의 구성원이 납부하는 보험료와 지급받는 보험금은 그 위험 공동체의 사고 발생 확률을 근거로 산정된다. 특정 사고가 발생할 확률은 정확히 알 수 없지만 그 동안 발생된 사고를 바탕으로 그 확률을 예측한다면 관찰 대상이 많아짐에 따라 실제 사고 발생 확률에 근접하게 된다. 본래 보험 가입의 목적은 금전적 이득을 취하는 데 있는 것이 아니라 장래의 경제적 손실을 보상받는 데 있으므로 위험 공동체의 구성원은 자신이 속한 위험 공동체의 위험에 상응하는 보험료를 납부하는 것이 공정할 것이다. 따라서 공정한 보험에서는 구성원 각자가 납부하는 보험료와 그가 지급받을 보험금에 대한 기댓값이 일치해야 하며 구성원 전체의 보험료 총액과 보험금 총액이 일치해야 한다. 이때 보험금에 대한 기댓값은 사고가 발생할 확률에 사고 발생 시 수령할 보험금을 곱한 값이다. 보험금에 대한 보험료의 비율(보험료 / 보험금)을 보험료율이라 하는데, 보험료율이 사고 발생 확률보다 높으면 구성원 전체의 보험료 총액이 보험금 총액보다 더 많고, 그 반대의 경우에는 구성원 전체의 보험료 총액이 보험금 총액보다 더 적게 된다. 따라서 공정한 보험에서는 보험료율과 사고 발생 확률이 같아야 한다.   [17113742]

MEMO

090 우리 상법에 규정되어 있는 고지 의무는 이러한 수단이 법적으로 구현된 제도이다. 보험 계약은 보험 가입자의 청약과 보험사의 승낙으로 성립된다. 보험 가입자는 반드시 계약을 체결하기 전에 '중요한 사항'을 알려야 하고, 이를 사실과 다르게 진술해서는 안 된다. 여기서 '중요한 사항'은 보험사가 보험 가입자의 청약에 대한 승낙을 결정하거나 차등적인 보험료를 책정하는 근거가 된다. 따라서 고지 의무는 결과적으로 다수의 사람들이 자신의 위험 정도에 상응하는 보험료보다 더 높은 보험료를 납부해야 하거나, 이를 이유로 아예 보험에 가입할 동기를 상실하게 되는 것을 방지한다. [17113742]

091 광통신은 빛을 이용하기 때문에 정보의 전달은 매우 빠를 수 있지만, 광통신 케이블의 길이가 증가함에 따라 빛의 세기가 감소하기 때문에 원거리 통신의 경우 수신되는 광신호는 매우 약해질 수 있다. 빛은 광자의 흐름이므로 빛의 세기가 약하다는 것은 단위 시간당 수신기에 도달하는 광자의 수가 적다는 뜻이다. 따라서 광통신에서는 적어진 수의 광자를 검출하는 장치가 필수적이며, 약한 광신호를 측정이 가능한 크기의 전기 신호로 변환해 주는 반도체 소자로서 애벌랜치 광다이오드가 널리 사용되고 있다.

[16111921]

092 경제학에서는 증거에 근거한 정책 논의를 위해 사건의 효과를 평가해야 할 경우가 많다. 어떤 사건의 효과를 평가한다는 것은 사건 후의 결과와 사건이 없었을 경우에 나타났을 결과를 비교하는 일이다. 그런데 가상의 결과는 관측할 수 없으므로 실제로는 사건을 경험한 표본들로 구성된 시행집단의 결과와, 사건을 경험하지 않은 표본들로 구성된 비교집단의 결과를 비교하여 사건의 효과를 평가한다. 따라서 이 작업의 관건은 그 사건 외에는 결과에 차이가 날 이유가 없는 두 집단을 구성하는 일이다. 가령 어떤 사건이 임금에 미친 효과를 평가할 때, 그 사건이 없었다면 시행집단과 비교집단의 평균 임금이 같을 수밖에 없도록 두 집단을 구성하는 것이다. 이를 위해서는 두 집단에 표본이 임의로 배정되도록 사건을 설계하는 실험적 방법이 이상적이다. 그러나 사람을 표본으로 하거나 사회 문제를 다룰 때에는 이 방법을 적용할 수 없는 경우가 많다. [23061417]

MEMO

093 리프만은 공중이 저마다의 경험과 지식에 기반한 고정관념의 틀로 세상을 바라보는 경향이 있으며, 이러한 고정관념을 분별할 수 있는 이는 드물다고 판단했다. 또한 공중은 공공의 문제에 대한 전문적 지식이 부족하다고 보았다. 따라서 그는 정확하고 객관적인 뉴스를 공중에게 전달하는 언론의 역할이 중요하며, 이것은 언론인의 전문화를 통해 구현될 수 있다고 보았다. 반면 듀이는 공중을 합리적인 존재로 보았다. 그는 파편화된 공중의 유기적인 결합을 위해 언론이 공적 담론의 장을 이끌어내야 한다고 주장했다. 공중이 자신에게 필요한 사항을 요구하는 이성적인 공적 담론의 장을 통해 민주주의가 발전할 수 있다는 것이다.

[26091013]

094 한 파일 내의 오디오 신호에는 모든 소리 크기에 균일한 개수의 비트가 할당된다. 일반적으로 각 소리 크기에 16비트를 할당하며, 소리 크기에 따라 16자리의 이진수 값을 달리한다. 각 소리 크기에 할당되는 비트의 개수가 늘면 소리는 아날로그 원음에 가까워진다. 그런데 오디오 파일은 저장하거나 네트워크를 통해 전송하기에는 데이터 양이 많다. 따라서 저장 공간을 아끼고 전송이 가능하도록 오디오 신호를 압축할 필요가 있다. 일반적으로 오디오 신호 압축에는 지각 부호화를 이용한다. 지각부호화는 청각 특성에 따라 감도가 낮은 소리를 제거하여 오디오 신호를 압축하는 기술이다.

[26091417]

095 논리학에서 제기된 의문이 윤리학의 특정 견해에 대한 비판이 되기도 한다. 다음 논의는 이를 보여준다. 'P이면 Q이다. P이다.따라서 Q이다.'인 논증을 전건 긍정식이라 한다. 전건 긍정식은 'P이면 Q이다.'와 'P이다.'라는 두 전제가 참이면 결론 'Q이다.'는 반드시 참이라는 뜻에서 타당하다. 그런데 어떤 문장이 단독으로 진술되는 경우에는 감정이나 태도를 표현할 수 있지만 그 문장이 조건문인 'P이면 Q이다.'의 부분으로 포함되는 경우에는 그렇지 않다. '귤은 맛있다.'는 화자의 선호라는 감정을 표현한다. 하지만 그 문장이 '귤은 맛있다면 귤은 비싸다.'처럼 조건문의 일부가 되면 귤에 관한 화자의 선호를 표현하지 않는다. 이에 전건긍정식의 P가 감정이나 태도를 표현하는 문장일 때 'P이면 Q이다.'의 P와 'P이다.'의 P 사이에 내용의 차이가 생기므로, 전건긍정식임에도 두 전제의 참이 결론 'Q이다.'의 참을 보장하지 않는다는 것이 몇몇 논리학자들이 제기한 문제였다. 전건긍정식인 '표절은 나쁘다면 표절을 돕는 것은 나쁘다. 표절은 나쁘다. 따라서 표절을 돕는 것은 나쁘다.'라는 논증은 직관적으로 타당해 보인다. 하지만 '표절은 나쁘다.'가 감정을 표현했다면, 위 논증은 타당하지 않다고 해야 한다. 그러므로 에이어의 윤리학 견해를 고수하려면, 도덕 문장을 포함하는 전건 긍정식의 타당성을 부정하거나, 전건 긍정식은 도덕 문장을 포함할 수 없다고 해야 한다. 이 쟁점에 대해 행크스는 다음과 같이 논의를 전개하였다.

[25061217]

MEMO

096   논리실증주의자와 포퍼는 지식을 수학적 지식이나 논리학 지식처럼 경험과 무관한 것과 과학적 지식처럼 경험에 의존하는 것으로 구분한다. 그중 과학적 지식은 과학적 방법에 의해 누적된다고 주장한다. 가설은 과학적 지식의 후보가 되는 것인데, 그들은 가설로부터 논리적으로 도출된 예측을 관찰이나 실험 등의 경험을 통해 맞는지 틀리는지 판단함으로써 그 가설을 시험하는 과학적 방법을 제시한다. 논리실증주의자는 예측이 맞을 경우에, 포퍼는 예측이 틀리지 않는 한, 그 예측을 도출한 가설이 하나씩 새로운 지식으로 추가된다고 주장한다.

　하지만 콰인은 가설만 가지고서 예측을 논리적으로 도출할 수 없다고 본다. 예를 들어 새로 발견된 금속 M은 열을 받으면 팽창한다는 가설만 가지고는 열을 받은 M이 팽창할 것이라는 예측을 이끌어낼 수 없다. 먼저 지금까지 관찰한 모든 금속은 열을 받으면 팽창한다는 기존의 지식과 M에 열을 가했다는 조건 등이 필요하다. 이렇게 예측은 가설, 기존의 지식들, 여러 조건 등을 모두 합쳐야만 논리적으로 도출된다는 것이다. 그러므로 예측이 거짓으로 밝혀지면 정확히 무엇 때문에 예측에 실패한 것인지 알 수 없다는 것이다. 이로부터 콰인은 개별적인 가설뿐만 아니라 기존의 지식들과 여러 조건 등을 모두 포함하는 전체 지식이 경험을 통한 시험의 대상이 된다는 총체주의를 제안한다.　　　　　　　　　　　　[17111620]

097   콰인은 분석 명제와 종합 명제로 지식을 엄격히 구분하는 대신, 경험과 직접 충돌하지 않는 중심부 지식과, 경험과 직접 충돌할 수 있는 주변부 지식을 상정한다. 경험과 직접 충돌하여 참과 거짓이 쉽게 바뀌는 주변부 지식과 달리 주변부 지식의 토대가 되는 중심부 지식은 상대적으로 견고하다. 그러나 이 둘의 경계를 명확히 나눌 수 없기 때문에, 콰인은 중심부 지식과 주변부 지식을 다른 종류라고 하지 않는다. 수학적 지식이나 논리학 지식은 중심부 지식의 한가운데에 있어 경험에서 가장 멀리 떨어져 있지만 그렇다고 경험과 무관한 것은 아니라는 것이다. 그런데 주변부 지식이 경험과 충돌하여 거짓으로 밝혀지면 전체 지식의 어느 부분을 수정해야 할지 고민하게 된다. 주변부 지식을 수정하면 전체 지식의 변화가 크지 않지만 중심부 지식을 수정하면 관련된 다른 지식이 많기 때문에 전체 지식도 크게 변화하게 된다. 그래서 대부분의 경우에는 주변부 지식을 수정하는 쪽을 선택하겠지만 실용적 필요 때문에 중심부 지식을 수정하는 경우도 있다. 그리하여 콰인은 중심부 지식과 주변부 지식이 원칙적으로 모두 수정의 대상이 될 수 있고, 지식의 변화도 더이상 개별적 지식이 단순히 누적되는 과정이 아니라고 주장한다.　　　　[17111620]

MEMO

098 「숙영낭자전」에서 승천은 인간 세상의 명분에 구속받지 않는 가족 사랑을 모색한다는 의의를 갖는다. 작품에서는 상공의 잘못이 개인의 문제이기 이전에 가문이라는 명분을 중시하는 인간 세상의 구조적 문제라고 보았다. 그래서 숙영 부부는 가문이라는 명분이 작동하지 않는 천상으로 보내고, 상공 부부는 가문의 무의미함을 깨닫게 하여 구조적 문제에 대응하는 한 방식을 보여주었다. 하지만 숙영 부부를 천상에 간 뒤에도 부모를 잘 섬기려는 모습으로 그려 낸 것은, 가족 사랑의 보편적 가치를 환기하기 위한 것이다.

[24090021]

099 아도르노에게 있어 예술은 사회적 산물이며, 그래서 미학 은작품에 침전된 사회의 고통스러운 상태를 읽기 위해 존재한다. 그는 비동일성 그 자체를 속성으로 하는 전위 예술을 예술이추구해야 할 바람직한 모습으로 제시했다.

[23090409]

100 어휘적 빈자리는 계속 존재하기도 하지만, 다양한 방식으로 채워지기도 한다. 그렇다면 어휘적 빈자리가 채워지는 방식에는 어떤 것들이 있을까? 첫 번째 방식은 단어가 아닌 구를 만들어 빈자리를 채우는 방식이다. 어떤 언어에는 '사촌, 고종사촌, 이종사촌'에 해당하는 각각의 단어는 존재하지만, 외사촌을 지시하는 단어는 없다. 그래서 그 언어에서 외사촌을 지시할 때에는 '외삼촌의 자식'이라고 말한다고 한다. 현대 국어에서 어린 돼지를 가리킬 때 '아기 돼지, 새끼 돼지' 등으로 말하는 것도 이러한 방식에 해당된다. 두 번째 방식은 한자어나 외래어를 이용하여 빈자리를 채우는 방식이다.

[20061112]

101 근대 이후 서양의 철학자들은 과학적 세계관이 대두하면서 이전과는 달리 인과를 물리적 작용 사이의 관계로 국한하려는 경향을 보였다. 문제는 흄이 지적했듯이 인과 관계 그 자체는 직접 관찰할 수 없다는 것이다. 원인과 결과에 해당하는 사건만을 관찰할 수 있을 뿐이다. 가령 "추위 때문에 강물이 얼었다."는 직접 관찰한 물리적 사실을 진술한 것이 아니다. 그래서 인과가 과학적 개념인지에 대한 의심이 철학자들 사이에 제기되었다. 이에 인과를 과학적 세계관에 입각하여 이해하려는 시도가 새면의 과정 이론이다.

[22060409]

MEMO

102 행정입법의 유형에는 위임명령, 행정규칙, 조례 등이 있다. 헌법에 따르면, 국회는 행정 규제 사항에 관한 법률을 제정할 때 특정한 내용에 관한 입법을 행정부에 위임할 수 있다. 이에 따라 제정된 행정입법을 위임명령이라고 한다. 위임명령은 제정주체에 따라 대통령령, 총리령, 부령으로 나누어진다. 이들은 모두 국민에게 적용되기 때문에 입법예고, 공포 등의 절차를 거쳐야 한다. 위임명령은 입법부인 국회가 자신의 권한의 일부를 행정부에 맡겼기 때문에 정당화될 수 있다. 그래서 특정한 행정규제의 근거 법률이 위임명령으로 제정할 사항의 범위를 정하지 않은 채 위임하는 포괄적 위임은 헌법상 삼권 분립 원칙에 저촉된다. [21092630]

103 플라스틱을 이루는 거대한 분자들은 길이가 길다. 그래서 사슬들이 일정한 방향으로 나란히 배열되어 있는 결정 영역은, 분자들 전체에서 기대할 수는 없지만 부분적으로 있을 수는 있다. 플라스틱에서 결정 영역이 차지하는 부분의 비율은 여러 조건에 따라 조절이 가능하고 물성에 영향을 미친다. 결정 영역이 많아질수록 플라스틱은 유연성이 낮아 충격에 약하고 가공성이 떨어지며 점점 불투명해지지만, 밀도가 높아져 단단해지고 화학물질에 대한 민감성이 감소하며 열에 의해 잘 변형되지 않는다. 이런 성질을 활용하여 필요에 따라 다양한 종류의 플라스틱을 만들 수 있다. [25060811]

104 블록체인 기술에서 고려해야 할 세 가지 특성이 있다. 보안성은 데이터의 무단 변경이 어려울 뿐 아니라 동일한 내용의 데이터가 블록체인의 서로 다른 블록에 또는 단일 블록에 이중으로 포함되는 것이 어렵다는 성질이다. 승인 과정에 걸리는 시간이 줄거나 노드 수가 감소하면 보안성은 낮아진다. 탈중앙성은 승인과정에 다수의 노드들이 참여하고, 특정 노드가 승인 과정을 주도하지 않는다는 성질이다. 노드 수가 감소하면 탈중앙성은 낮아진다. 확장성은 블록체인 기술이 목표로 하는 응용 분야에 적용 가능할 만큼 성능이 높고, 노드 수가 증가해도 서비스 유지가 가능하다는 성질이다. 노드 수가 증가하면 성능이 저하되므로, 확장성이 높다는 것은 노드 수가 증가하더라도 성능 저하가 크지 않다는 것을 의미한다. 그래서 기술 변화 없이 확장성을 높이고자 할 때 노드 수를 제한하는 방법이 사용되기도 한다. 노드 수를 제한하면 성능 저하를 막을 수 있기 때문이다. 아직까지 블록체인 기술은 보안성, 탈중앙성, 확장성을 함께 높일 수 있는 방법이 없어 대규모로 채택되지 못하고 있다. [25090811]

MEMO

105 　인터넷 ID의 명예 주체성을 인정하는 입장에 따르면, 자기 정체성은 일원적·고정적인 것이 아니라 현실 세계와 가상 공간에 걸쳐 존재하고 상호 작용하는 복합적인 것이다. 인터넷에서의 자기 정체성은 사용자 개인의 자기 정체성의 일부이기 때문에 자기 정체성을 가진 인터넷 ID의 명예 역시 보호되어야 한다. 반면 인정하지 않는 입장에 따르면, 생성·변경·소멸이 자유롭고 복수로 개설이 가능한 인터넷 ID는 그 사용자인 개인을 가상 공간에서 구별하는 장치에 불과하다. 인터넷 ID는 현실에서의 성명과 달리 그 사용자인 개인과 동일시될 수 없고, 인터넷 ID 자체는 사람이 아니므로 명예 주체성을 인정할 수 없다는 것이다.

[25111417]

106 　이러한 규정이 선거 운동의 기회균등 원칙을 침해하는지에 대해 헌법재판소는 위헌이 아니라고 결정했다. 다수 의견은 방송 토론회의 효율적 운영을 고려할 때 초청 대상 후보자 수가 너무 많으면 제한된 시간 안에 심층적인 토론이 이루어지기 어렵고, 유권자들도 관심이 큰 후보자들의 정책 및 자질을 직접 비교하기 어렵다는 점을 지적하며, 이 규정은 합리적 제한이라고 보았다. 반면 소수 의견은 이 규정이 가장 효과적인 선거 운동의 기회를 일부 후보자에게서 박탈하며, 유권자에게도 모든 후보자를 동시에 비교하지 못하게 하고, 초청 대상 후보자 토론회에 참여한 후보자와 그렇지 못한 후보자를 차별적으로 인식하게 만든다고 지적하였다. 이 규정을 소수 정당이나 정치 신인 등에 대한 자의적이고 차별적인 침해라고 본 것이다.

[24110407]

107 　데이터를 재화로 보아 소유권이 누구에게 귀속되어야 하는지에 대한 논의가 있다. 소유권의 주체를 빅 데이터 보유자로 보는 견해와 정보 주체로 보는 견해가 있다. 전자는 빅 데이터 보유자에게 소유권을 부여하면 빅 데이터의 생성 및 유통이 쉬워져 데이터 관련 산업이 활성화된다고 주장한다. 후자는 정보 생산 주체는 개인인데, 빅 데이터 보유자에게 부가 집중되는 것은 부당하므로, 정보 주체에게도 대가가 주어져야 한다고 본다.

[24090407]

MEMO

3편

Ⅰ. 체화

들어가며

열심히 배웠으니 이제 써먹어보자.

앞서 논의들의 정리본을 실어 둘테니 당신은 모든 훈련 문장에 다시 적용해보자.

정리

우리가 여태까지 공부했던 내용은 다음과 같다.

이정표	최종결론	느낌(글로 표현)	느낌(그림으로 표현)
예시	범주관계를 생각하자	뒷부분이 앞부분에 꼬라박히는 것	
대비	상반관계를 생각하자	앞부분과 뒷부분이 좌우로 찢어지는 것	

일치	일치관계를 생각하자	앞부분과 뒷부분이 서로 겹쳐지는 것	
논증	지지관계를 생각하자	앞부분이 뒷부분을 지탱하고 있는 것	

• 예시의 실제 사용

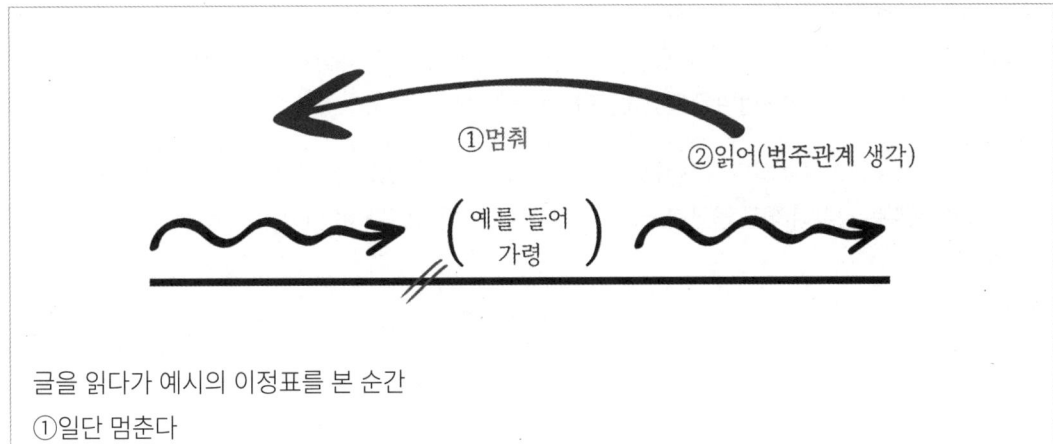

글을 읽다가 예시의 이정표를 본 순간
①일단 멈춘다
②뒷부분이 앞부분에 꼬라박힌다는 생각을 가지고 나머지 부분을 읽는다.

• 대비의 실제 사용

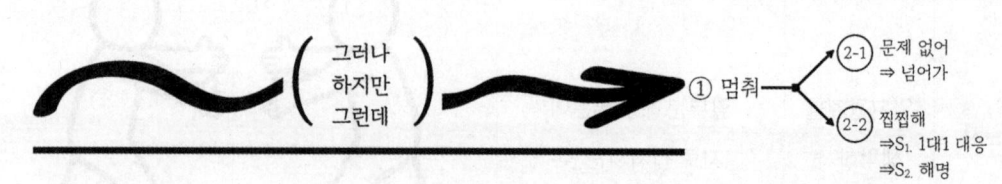

글을 읽다가 대비의 이정표를 본 순간
①그냥 끝까지 읽는다.
②-1. (만약 끝까지 읽었을 때, 아무 이상 없는 경우) 그냥 지나간다.
②-2. (만약 끝까지 읽었을 때, 뭔가 찝찝한 경우) 다시 돌아온 뒤, 앞부분과 뒷부분의 내용단위를 1대 1로 대응해본다. 그것이 안된다면, '필자가 왜 여기다 이정표를 썼는지' 생각해본다.

• 일치의 실제 사용

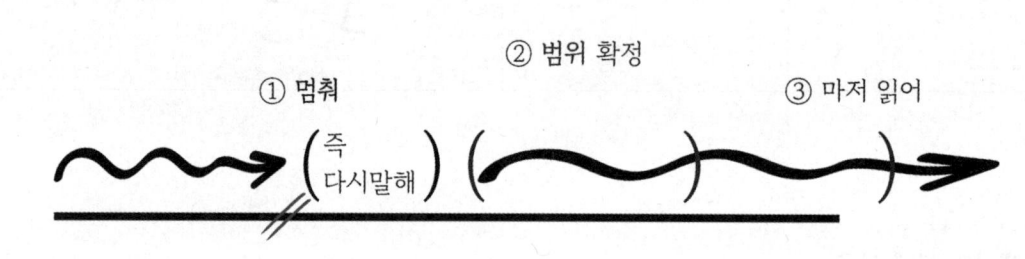

글을 읽다가 일치의 이정표를 본 순간
①일단 멈춘다
②앞 뒤를 스캔하며 일치의 범위를 확정짓는다

③뒷부분이 앞부분이랑 똑같다는 생각을 가지고 나머지 부분을 읽는다.
(만약 정의해주는 상황이라면, 꼼꼼히, 끊어서, 재사용될 것을 생각하며 읽자.)

• 논증의 실제 사용

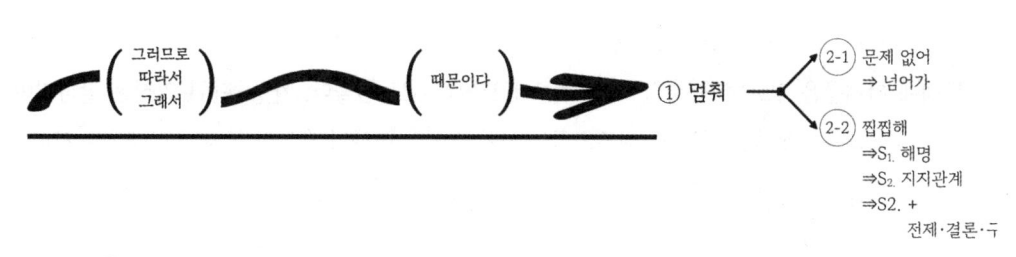

글을 읽다가 중간에서 논증의 이정표를 본 순간
① 그냥 끝까지 읽는다.
② -1. (만약 끝까지 읽었을 때, 아무 이상 없는 경우) 그냥 지나간다.
② -2. (만약 끝까지 읽었을 때, 뭔가 찝찝한 경우) 다시 돌아온 뒤, '필자가 왜 여기다 이정표를 썼는지'
생각해본다. 그것이 안된다면, 전제와 결론을 찾으면서 지지관계를 느껴본다.

001 이를 바탕으로 단순 관점은 독자 유형을 다음의 네 가지로 구분한다. 해독과 언어 이해가 모두 충분한 독자, 해독과 언어 이해가 모두 부족한 독자, 언어 이해는 충분하지만 해독은 부족한 독자, 해독은 충분하지만 언어 이해는 부족한 독자이다. 단순 관점에 따르면 해독과 언어 이해 중 어느 하나라도 부족한 독자는 독해에 어려움을 겪으며, 능숙한 독해 수준에 도달하기도 힘들다. 가령, 단어 인식은 잘하지만 글의 중심 내용은 파악하지 못하는 학생은, 해독은 충분하지만 언어 이해가 부족한 독자 유형에 해당하며 능숙한 독해 수준에 도달하지 못했다고 할 수 있다.

[26110103]

002 그러나 문리 해석으로 그 내용을 제대로 파악하기 어려우면, 그것이 사용된 맥락을 고려하여 그 의미를 파악하는 '체계적 해석', 입법 과정에서 논의된 내용을 바탕으로 그 의미를 파악하는 '역사적 해석' 등의 해석 방법을 사용할 수 있다. 그 예로서 '담보'를 들 수 있다. 담보의 일상적 의미는 '맡아서 보증함'이고, 이런 의미로 사용된 예로 '구조물의 안전을 담보하기 위한 검사'를 들 수 있다. 하지만 성문법 조문에서 사용될 때는 그 맥락을 고려하여 다른 의미로 해석되기도 한다.

[26110409]

003 대부분의 물질은 선형 열팽창 계수가 양수이며 물질마다 그 값이 다르다. 합금인 인바(invar)와 순수한 금속인 알루미늄은 선형 열팽창 계수가 양수인 물질이며 인바는 알루미늄에 비해 매우 작은 선형 열팽창 계수를 갖는다.

[26111013]

004 천지간에 만물이 소리를 내게 만드는 것은 무엇인가? 초목은 움직이지 않으면 그 자체로 소리가 나지 않으나 바람이 불면 소리가 난다. 그런즉 초목이 소리를 내게 하는 것은 바람이다. 금석은 때리지 않으면 그 자체로는 소리가 나지 않으나 물건이 때리면 소리가 난다. 그런즉 금석이 소리를 내게 하는 것은 물건이다.

[26112226]

MEMO

005   이러한 사단이 벌어지게 된 것은 다름이 아니었다. 아무도 거들떠보지 않던 심심산골, 불모의 황무지였던 이곳 독가촌 일대가 하루아침에 각광을 받는 지대로 둔갑이 되었기 때문에 생긴 일이었다. 특히 독가촌은 오늘의 달라진 인문지리의 환경으로 따져 보았을 적에 고속도로와 접속이 되게 될 교통 요충지가 되었을 뿐 아니라 관광지로서의 좋은 조건을 모두 구비하고 있다는 것이었다.

[26112730]

[실제 선지] '독가촌'에 대한 설명으로 가장 적절한 것은?

① 고속도로가 연결될 것이 알려진 후 외부 사람들의 관심을 받게 된 곳이다.

006   대중 예술인 영화는 대중의 취향에 민감하게 반응해 왔다. 장르 영화가 대표적인 사례다. 특정 장르가 유행했다가 침체되는 현상이나, 장르의 전형적인 관습이 형성되고 변형되는 과정에는 대중의 취향이 반영되어 있다.

[26090409]

007   크라카우어는 영화의 표면에 가시적으로 드러난, 전형적인 모티브나 이미지가 암시하고 비유하는 것을 해석함으로써 그 이면에 감추어진 이념을 읽어 내고, 이를 바탕으로 사회를 이해할 수 있다고 보았다. 예를 들어, 1920년대 독일 영화에 반복해서 등장하는 밀실, 광인, 독재자 등을 담은 이미지의 이면에서 패전 이후 독일 사회 전반에 만연했던 현실 도피의 퇴행적인 심리와, 왕정복고를 바라는 정치적 이념을 읽어 낼 수 있다는 것이다.

[26090409]

008   수빈은 SF가 등장하기 이전에도 인간은 허구적 이야기를 통해, 낯선 미지의 세계에 대한 동경심을 충족해 왔다고 말한다. 특히 수빈은 이상적인 세계인 유토피아에 대한 동경을 다룬 이야기와 SF 사이의 유사성을 인정하고 유토피아를 SF의 중요한 소재로 받아들인다.

[26090409]

MEMO

009 최소가청강도는 주파수 별로 그 크기가 정해져 있다. 예를 들어, 1,000 Hz부터 10,000 Hz 사이에서는 아주 작은 소리도 들을 수 있지만, 100 Hz 이하의 저음에서는 훨씬 큰 소리여야 들을 수 있다.

[26091417]

010 범주화는 우리가 대상을 이해하는 방식 중 하나로, 개별 대상을 동일한 속성끼리 묶어 파악하는 사고방식이다. 예를 들면, 음악을 연주하는 데 쓰는 기구를 소리를 내는 방법이 동일한 것끼리 묶어 현악기·관악기·타악기로 이해하는 것이다.

[26094345]

011 개인의 권리 보장뿐 아니라 주거, 노동, 환경 등의 영역에서 평등과 연대의 가치를 구현하기 위한 제도의 구축 및 관리도 법의 역할이 되어, 그 역할 수행에 필요한 의무 규정들이 늘어난다. 가령 「대기환경보전법」은 오염 물질의 배출을 규제하는 대기 환경 관리 체계의 기능을 강화함으로써, 깨끗한 환경에서 살 시민의 권리를 실현하기 위한 공적 토대를 만들고자 한다.

[26060103]

012 주택이나 상가 임대차에서도 법이 아니라 계약으로 재산 관계가 정해지는 경우가 있다. 임차인이 임차물을 사용할 권리가 소멸했거나 임차인의 경제력이 충분하면 임차인을 보호할 필요가 없기 때문이다. 예컨대 임대차 종료 후 임차물을 반환할 때 임차인이 이를 원상회복할 의무를 지는지를 결정할 때는 계약이 법률보다 우선 적용된다. 또한 보증금이 「상가건물 임대차 보호법」에 정해진 상한액을 초과하면 최단 존속 기간이 적용되지 않으므로, 이때 존속 기간을 정하지 않기로 계약했다면 당사자들은 자유롭게 임대차를 종료시킬 수 있다.

[26060409]

MEMO

013 이 공간은 기존의 공간 개념과는 다른 이해를 요구한다. 예를 들어 뉴턴이 생각한 공간은 주체나 대상과 관계없는 절대적인 것이었으나, 인포스피어는 대상과 주체가 서로 의존함으로써 존재하는 공간이자 대상이 추상화 층위를 통해서 인식되는 공간이다.

[26061417]

014 그런데 용언이 활용할 때에는 음운 변동이 일어날 수 있으며 그 결과가 표기에 반영되기도 하고 반영되지 않기도 한다. 예컨대 '쌓다'는 '쌓+고[싸코]'에서 거센소리되기, '쌓+아[싸아]'에서 'ㅎ' 탈락, '쌓+는[싼는]'에서 음절의 끝소리 규칙과 비음화가 적용되더라도 이들 음운 변동 결과는 표기에 반영되지 않는다.

[26063536]

015 「정을선전」은 영웅소설과 가정소설의 상투적인 면모가 혼재되어 나타난다. 이를테면, 가정 안팎의 서사는 남주인공을 매개로 연결되고, 사건이 선악 구도로 전개되며, 인물의 고난과 감정은 극대화된다.

[25110025]

016 영화의 형식을 중시한 '이미지를 믿는 감독'은 다양한 영화적 기법으로 현실을 변형하여 새로운 의미를 창조하는 데 주력한다. 몽타주의 대가인 예이젠시테인이 대표적이다. 몽타주는 추상적이거나 상징적인 이미지를 통해 관객이 익숙한 대상을 낯설게 받아들이게 한다. 또한 짧은 숏들을 불규칙적으로 편집해서 영화가 재현한 공간이 불연속적으로 연결된 듯한 느낌을 만들어 낸다.

[25091217]

MEMO

017 이러한 문제점을 완화하기 위해 기업이 경영자와 계약을 체결하여 급여 이외의 경제적 이익을 동기로 부여하는 방안이 있다. 예를 들면, 일정 수량의 주식을 계약 시에 정한 가격으로 미래에 매수할 수 있도록 하는 스톡옵션의 권리를 경영자에게 부여하는 방식이 있다. 이 권리를 행사할지 말지는 자유이고, 경영자는 매수 시점을 유리하게 선택할 수 있다.

[25060407]

018 그렇다면 'P이면 Q이다.'에 포함된 'P이다.'가 단독으로 진술된 경우와 다른 점은 무엇인가? 가령 '귤은 맛있다.'는, '귤은 맛있다면 귤은 비싸다.'라는 조건문에 포함되는 경우 화자가 대상에 속성을 부여하는 행위를 하는 것은 아니기에 그것의 판단적 본질을 발현하지 못한다.

[25060409]

019 그러나 정상적인 데이터라도 데이터의 특징을 왜곡하는 데이터 값이 있을 수 있다. 예를 들어, 데이터가 어떤 프로 선수들의 연봉이고 그중 한 명의 연봉이 유달리 많다면, 이상치가 포함된 데이터에 해당한다.

[24110811]

020 불량 식품에 해당하는 것이 다양하다 보니 무엇이 불량 식품인지 잘 모르는 경우가 있다. 예를 들어, 저렴한 군것질거리는 불량 식품으로 생각되기 쉽지만 법규에 맞게 위생적으로 만들어져 유통, 판매되는 것이라면 불량 식품이 아니다. 그렇다면 의약품인 것처럼 광고하는 식품은 불량 식품일까? 허위 광고나 과대광고를 통해 판매되는 식품은 소비자에게 유해한 불량 식품이다.

[24094345]

MEMO

021 금속은 다양한 물질들이 표면에 흡착될 수 있어 여러 반응에서 활성 성분으로 사용된다. 예를 들면, 암모니아를 합성할 때 철을 활성 성분으로 사용하는데, 이때 반응물인 수소와 질소가 철의 표면에 흡착되어 각각 원자 상태로 분리된다. [24060811]

022 하지만 지각은 주체와 대상이 각자로서 존재하기 이전에 나타나는 얽힘의 체험이다. 예를 들어 다른 사람과 손이 맞닿을 때 내가 누군가의 손을 만지는 동시에 나의 손 역시 누군가에 의해 만져진다. [24061217]

023 그의 미학은 기존의 예술에 대한 비판적 관점을 제공한다. 가령 사과를 표현한 세잔의 작품을 아도르노의 미학으로 읽어 낸다면, 이 그림은 사회의 본질과 유리된 '아름다운 가상'을 표현한 것에 불과할 것이다. [23090409]

024 댐핑 인자는 모든 링크에 동일하게 적용된다. 가령 그 비율이 20%이면 댐핑 인자는 0.8이고 두 웹 페이지는 A로부터 각각 1.6을 받는다. [23091417]

MEMO

025 　따라서 이 작업의 관건은 그 사건 외에는 결과에 차이가 날 이유가 없는 두 집단을 구성하는 일이다. 가령 어떤 사건이 임금에 미친 효과를 평가할 때, 그 사건이 없었다면 시행집단과 비교집단의 평균 임금이 같을 수밖에 없도록 두 집단을 구성하는 것이다.

[23061317]

026 　문제는 흄이 지적했듯이 인과 관계 그 자체는 직접 관찰할 수 없다는 것이다. 원인과 결과에 해당하는 사건만을 관찰할 수 있을 뿐이다. 가령 "추위 때문에 강물이 얼었다."는 직접 관찰한 물리적 사실을 진술한 것이 아니다.

[22060409]

027 　첫 번째로 임의의 선택이 그 이전 사건들에 의해 선결정된다고 가정해 보자. 반자유의지 논증에서는 이 경우 우리에게 자유의지가 없다고 결론 내린다. 가령 갑의 딸기 우유 선택이 심지어 갑이 태어나기도 전에 선결정된 것이라면 갑이 자유의지로 그것을 선택한 것이라고 보기 어려울 것이다. 두 번째로 임의의 선택이 무작위로 일어난 것이라 가정해 보자. 반자유의지 논증에서는 이 경우에도 우리에게 자유의지가 없다고 결론 내린다. 가령 갑의 딸기 우유 선택이 단지 갑의 뇌에서 무작위로 일어난 신경 사건이라고 한다면, 그것은 자유의지의 산물이라고 보기 어려울 것이다.

[22091013]

028 　국어에는 하나의 단어가 둘 이상의 쓰임을 보이는 경우가 있다. 하나의 단어가 둘 이상의 품사로 사용되는 현상인 품사통용도 이러한 경우 중 하나이다. 가령 '그는 세계적 선수이다.'의 '세계적'은 관형사이고 '그는 세계적으로 유명하다.'의 '세계적'은 명사이므로 '세계적'은 품사 통용을 보이는 단어이다.

[25093536]

MEMO

029 글을 읽고 그 의미를 이해하는 독해에는 글의 유형이나 독서 흥미 등의 다양한 요소가 영향을 미칠 수 있다. 이를 고려하여 독해 능력을 복잡한 과정으로 설명한 연구가 많다. 하지만 고프와 동료 연구자들이 제시한 단순 관점은 독해 능력을 '해독'과 '언어 이해'로 단순화하여 설명한다.

[26110103]

030 안녕하세요? 지난 수업 시간에는 우리나라의 평균 기온이 점점 높아지고 있는 현상에 대해 조사하는 활동을 함께 했었는데요, 그런데 여름철에도 낮은 기온을 유지해 시원한 곳이 있다고 합니다. 바로 풍혈지라는 곳입니다.

[26113537]

031 영화를 사회적 생산물로 간주한 지크프리트 크라카우어는 영화에는 대중의 취향뿐만 아니라 대중이 공유하고 있는 이념도 반영되어 있다고 생각했다. 그런데 이런 이념은 영화에 투명하게 드러나지 않는다.

[26090409]

032 크라카우어가 모티브나 이미지에 대한 해석을 통해 사회를 심층적으로 이해하고자 한다면, 프레드릭 제임슨은 영화의 서사를 통해 영화에 반영된 사회를 총체적으로 이해하고자 한다.

[26090409]

033 임대차의 경우 그 내용은 계약으로 정해지는 것이 원칙이지만, 임대차의 목적물인 임차물이 생활의 근거인 주택이나 생업의 근거인 상가이면 임차인 보호라는 과제는 계약만으로는 실현되기 어렵다.

[26060409]

MEMO

034 　모든 주주가 경영진을 이루어 상호 협력 관계를 기반으로 기업을 운영하며 의사 결정권도 균등하게 행사하는 경우에 이를 '공동체적 경영'이라 부르기도 한다. 이런 기업에서 경영진은 모두 업무와 관련하여 전문성을 가지며, 경영 수익에 관련된 중요한 사항은 주주들이 공동으로 결정한다. 그러나 기업의 규모가 성장하고 사업이 다양해지면, 소수의 의사 결정에 따른 수직적 경영으로 효율성을 지향하는 '과두제적 경영'으로 나아가는 일도 있다. 　　　　　　　　　　　　　　　　　　　　　　　　　　　　　　　　　　　　[25090407]

035 　경마식 보도는 선거와 정치에 무관심한 유권자들의 선거 참여, 정치 참여를 독려하는 장점이 있다. 하지만 흥미를 돋우는 데 치중하는 경마식 보도는 선거의 주요 의제를 도외시하고 경쟁 결과에 초점을 맞춰 선거의 공정성을 저해할 수 있다. 　　　　　　　　　　　　　　　　　　　　　　　　　　　　　　　　　　　　　　[24110407]

036 　지지율 차이가 오차 범위 내에 있을 때 "경합"이라는 표현은 무방하지만 서열화 하거나 "오차 범위 내에서 앞섰다."라는 표현처럼 우열을 나타내어 보도할 수 없다는 것이다. 　　　　　　　　　　　　　[24110407]

037 　이상치는 데이터의 다른 값에 비해 유달리 크거나 작은 값으로, 데이터를 수집할 때 측정 오류 등에 의해 주로 생긴다. 그러나 정상적인 데이터라도 데이터의 특징을 왜곡하는 데이터 값이 있을 수 있다. 예를 들어, 데이터가 어떤 프로 선수들의 연봉이고 그중 한 명의 연봉이 유달리 많다면, 이상치가 포함된 데이터에 해당한다. 　　　　　　　　　　　　　　　　　　　　　　　　　　　　　　　　　　　　　[24110811]

MEMO

038 그리고 후자가 작동하면 수용자들은 공포 소구의 권고를 따르게 되지만, 전자가 작동하면 공포 소구로 인한 두려움의 감정을 통제하기 위해 오히려 공포 소구에 담긴 위험을 무시하려는 반응을 보이게 된다고 하였다.

[24060407]

039 위협과 효능감의 수준이 모두 높을 때에는 위험 통제 반응이 작동하고, 위협의 수준은 높지만 효능감의 수준이 낮을 때에는 공포 통제 반응이 작동한다. 그러나 위협의 수준이 낮으면, 수용자는 그 위협이 자신에게 아무 영향을 주지 않는다고 느껴 효능감의 수준에 관계없이 공포 소구에 대한 반응이 없게 된다

[24060407]

040 이처럼 기능주의는 의식을 구현하는 물질이 무엇인지는 중요하지 않다고 본다. 설(Searle)은 기능주의를 반박하는 사고 실험을 제시한다. '중국어 방' 안에 중국어를 모르는 한 사람만 있다고 하자. 그는 중국어로 된 입력이 들어오면 정해진 규칙에 따라 중국어로 된 출력을 내놓는다. 설에 의하면 방 안의 사람은 중국어 사용자와 함수적 역할이 같지만 중국어를 아는 것은 아니다. 기능이 같으면서 의식은 다른 사례가 있다는 것이다.

[24061217]

041 동일론, 기능주의, 설은 모두 의식에 대한 논의를 의식을 구현하는 몸의 내부로만 한정하고 있다. 하지만 의식의 하나인 '인지' 즉 '무언가를 알게 됨'은 몸 바깥에서 일어나는 일과 맞물려 벌어진다. 기억나지 않는 정보를 노트북에 저장된 파일을 열람하여 확인하는 것이 한 예이다.

[24061217]

MEMO

042　행정 당국은 지목(地目) 변경은 해 두었지만 서류상으로는 그 모든 가옥들이 무허가 주택이나 다름없었으며, 따라서 집들의 매매는 권리금에 다름이 아니었다.

[26112730]

043　한 파일 내의 오디오 신호에는 모든 소리 크기에 균일한 개수의 비트가 할당된다. 일반적으로 각 소리 크기에 16비트를 할당하며, 소리 크기에 따라 16자리의 이진수 값을 달리한다. 각 소리 크기에 할당되는 비트의 개수가 늘면 소리는 아날로그 원음에 가까워진다. 그런데 오디오 파일은 저장하거나 네트워크를 통해 전송하기에는 데이터 양이 많다.

[26091417]

044　근대 국가는 시민의 생명과 재산을 보호하는 것을 일차적인 존립 이유로 삼았다. 최소한의 금지 행위만을 법으로 정하고 이를 위반하는 경우에만 개입함으로써 시민의 자유를 최대한 보장하고자 했다. 이러한 목적이 반영된 자유주의적 법 모델은 근대법의 근간을 이루었다. 그러나 이 모델은 자유를 실질적으로 누릴 사회·경제적 조건이 모두에게 동등하게 주어지지 않은 상황에서 갈등이나 분쟁에 대처하는 데 한계가 있었다.

[26060409]

045　그래서 「주택임대차보호법」, 「상가건물 임대차보호법」 에는 계약보다 우선 적용되는 제도가 마련되어 있다. 예컨대 계약으로 임대차 기간을 이 법들에 규정된 최단 존속 기간보다 짧게 정했더라도 임차인에게는 최단 존속 기간이 보장된다. 한편 임대차 계약이 종료되기 전의 일정 기간 내에 임대인이나 임차인이 계약 갱신 여부에 대한 의사를 표시할 수 있다.

[26060409]

MEMO

046 심적 상태는 어떤 것에도 의존함이 없이 주체에게 의미를 나타낸다. 예를 들어, 무언가를 기억하는 사람은 자기의 기억이 무엇인지 알아보기 위해 아무것에도 의존할 필요가 없다. 이와 달리 '파생적 상태'는 주체의 해석에 의존해서만 또는 사회적 합의에 의존해서만 의미를 나타내는 상태로 정의된다. 앞의 예에서 노트북에 저장된 정보는 전자적 신호가 나열된 상태로서 파생적 상태이다.

[24111217]

047 그에 따르면, 오늘날의 사회는 분산적이고 파편적이기 때문에 그 총체적인 양상은 시간이 흐른 뒤에야, 즉 역사가 된 이후에야 파악된다. 그런데 만약 현재를 역사처럼 조망할 수 있다면, 우리가 속한 사회의 총체적인 양상을 파악할 수 있을 것이다.

[26090409]

048 작가는 시간의 흐름에 따라 나타나는 모든 상황을 서술하지는 않는다. 일련의 상황이나 사건들 중 작가의 시선에 의해 특정한 부분이 부각되어 서술되는 것이다. 즉, 서사는 시간과 공간을 배경으로 하는 사건의 선택과 결합을 통해 구성된다.

[19110026]

049 먼저 차량 주위 바닥에 바둑판 모양의 격자판을 펴 놓고 카메라로 촬영한다. 이 장치에서 사용하는 광각 카메라는 큰 시야각을 갖고 있어 사각지대가 줄지만 빛이 렌즈를 지날 때 렌즈 고유의 곡률로 인해 영상이 중심부는 볼록하고 중심부에서 멀수록 더 휘어지는 현상, 즉 렌즈에 의한 상의 왜곡이 발생한다.

[22111417]

MEMO

050   밑줄긋기 표시 체계는 밑줄 긋기가 필요한 부분에 특정 기호를 사용하여 표시하기로 독자가 미리 정해 놓는 것이다. 예를 들면 하나의 기준으로 묶을 수 있는 정보들에 동일한 기호를 붙이거나 순차적인 번호를 붙이기로 하는 것 등이다.

[25110103]

051   채널 부호화는 오류를 검출하고 정정하기 위하여 부호에 잉여 정보를 추가하는 과정이다. 송신기에서 부호를 전송하면 채널의 잡음으로 인해 오류가 발생하는데 이 문제를 해결하기 위해 잉여 정보를 덧붙여 전송한다. 채널 부호화 중 하나인 '삼중 반복 부호화'는 0과 1을 각각 000과 111로 부호화한다. 이때 수신기에서는 수신한 부호에 0이 과반수인 경우에는 0으로 판단하고, 1이 과반수인 경우에는 1로 판단한다. 즉 수신기에서 수신된 부호가 000, 001, 010, 100 중 하나라면 0으로 판단하고, 그 이외에는 1로 판단한다.

[18113842]

052   두 작품 모두 사대부들에 의해 창작되었다. 사대부들은 수신(修身)을 임무로 하는 사(士)와 관직 수행을 임무로 하는 대부(大夫), 즉 선비와 신하라는 두 가지 정체성을 지니고 있었다.

[16110042]

053   전통적 의미에서 영화적 재현과 만화적 재현의 큰 차이점 중 하나는 움직임의 유무일 것이다. 영화는 사진에 결여되었던 사물의 운동, 즉 시간을 재현한 예술 장르이다. 반면 만화는 공간이라는 차원만을 알고 있다.

[13112528]

MEMO

054 그러나 전통적인 경제학은 모든 시장 거래와 정부 개입에 시간과 노력, 즉 비용이 든다는 점을 간과하고 있다.

[12112930]

055 바다 속에 서식했던 척추동물의 조상형 동물들은 체와 같은 구조를 이용하여 물 속의 미생물을 걸러 먹었다. 이들은 몸집이 아주 작아서 물 속에 녹아 있는 산소가 몸 깊숙한 곳까지 자유로이 넘나들 수 있었기 때문에 별도의 호흡계가 필요하지 않았다. 그런데 몸집이 커지면서 먹이를 거르던 체와 같은 구조가 호흡 기능까지 갖게 되어 마침내 아가미 형태로 변형되었다. 즉, 소화계의 일부가 호흡 기능을 담당하게 된 것이다.

[05112427]

056 우리가 냄새를 맡으려면 공기 중에 취기재의 분자가 충분히 많아야 한다. 다시 말해, 취기재의 농도가 어느 정도에 이르러야 냄새를 탐지할 수 있다. 이처럼 냄새를 탐지할 수 있는 최저 농도를 '탐지 역치'라 한다. 탐지 역치는 취기재에 따라 차이가 있다. 우리가 메탄올보다 박하 냄새를 더 쉽게 알아챌 수 있는 까닭은 메탄올의 탐지 역치가 박하향에 비해 약 3,500배가량 높기 때문이다. 취기재의 농도가 탐지 역치 정도의 수준에서는 냄새가 나는지 안 나는지 정도를 탐지할 수는 있지만 그 냄새가 무슨 냄새인지 인식하지 못한다. 즉 냄새의 존재 유무를 탐지할 수는 있어도 냄새를 풍기는 취기재의 정체를 인식하지는 못하는 상태가 된다.

취기재의 정체를 인식하려면 취기재의 농도가 탐지 역치보다 3배가량은 높아야 한다. 즉 취기재의 농도가 탐지 역치 수준으로 낮은 상태에서는 그 냄새가 꽃향기인지 비린내인지 알 수 없는 것이다.

[15091618]

MEMO

057　상식적으로는 자신에게 보이고 들리고 느껴지는 그대로 세계가 존재할 것이라고 생각하지만, 회의론에서는 그 보고 듣고 느끼는 세계가 모두 환상일지도 모른다는 가정을 옹호한다. 가장 널리 알려진 회의론은 근세 철학의 창시자인 데카르트에 의해 제시되었는데, 그는 의심이 전혀 불가능한 확실한 지식을 찾기 위해 체계적으로 의심하는 방법을 만들었다. 즉 의심할 수 있는 이유를 더 이상 찾을 수 없을 때까지 의심할 수 있는 것은 모두 의심해 보는 것이다. 그가 의심한 첫 번째 범주의 지식은 감각에 의해 생긴 지식이다. 휴대 전화가 없는데도 벨소리가 들릴 때가 있는 것처럼, 감각은 우리를 종종 속이므로 감각적인 증거를 토대로 생긴 지식은 믿을 수 없다.

[14예비1921]

058　아도르노의 미학은 예술과 사회의 관계를 통해 예술의 자율성을 추구했다는 점에서 긍정적으로 평가된다. 예술은 사회적인 것인 동시에 사회에서 떨어져 사회의 본질을 직시하는 것이어야 한다고 보기 때문이다. 그의 미학은 기존의 예술에 대한 비판적 관점을 제공한다. 가령 사과를 표현한 세잔의 작품을 아도르노의 미학으로 읽어 낸다면, 이 그림은 사회의 본질과 유리된 '아름다운 가상'을 표현한 것에 불과할 것이다.

　하지만 세잔의 작품은 예술가의 주관적 인상을 붉은색과 회색 등의 색채와 기하학적 형태로 표현한 미메시스일 수 있다. 미메시스란 세계를 바라보는 주체의 관념을 재현하는 것, 즉 감각될 수 없는 것을 감각 가능한 것으로 구현하는 것을 의미한다. 다시 말해 세잔의 작품은 눈에 보이는 특정의 사과가 아닌 예술가의 시선에 포착된 세계의 참모습, 곧 자연의 생명력과 그에 얽힌 농부의 삶 그리고 이를 응시하는 예술가의 사유를 재현한 것이 된다.

[23090409]

059　중요도는 웹 페이지의 중요성을 값으로 나타낸 것으로 링크 분석 기법으로 측정할 수 있다. 기본적인 링크 분석 기법에서 웹 페이지 A의 값은 A를 링크한 각 웹 페이지들로부터 받는 값의 합이다. 이렇게 받은 A의 값은 A가 링크한 다른 웹 페이지들에 균등하게 나눠진다. 즉 A의 값이 4이고 A가 두 개의 링크를 통해 다른 웹 페이지로 연결된다면, A의 값은 유지되면서 두 웹 페이지에는 각각 2가 보내진다.

[23091417]

MEMO

060 이처럼 헴펠의 설명 이론은 피설명항이 보편법칙의 개별 사례로서 마땅히 일어날 만한 일이었음을 보여주기 위한 설명의 요건을 제시했다는 점에서 의의가 있다. 하지만 헴펠의 설명 이론은 설명에 대한 우리의 일상적 직관, 즉 경험적으로 파악할 수 없는 추상적 문제에 대해 대부분의 사람들이 공유하는 상식적 판단과 충돌하기도 하는 문제가 있다. [16091720]

061 읽기 요소들 중 어휘력 발달에 관한 연구들에서는, 학년이 올라감에 따라 어휘력이 높은 학생들과 어휘력이 낮은 학생들 간의 어휘력 격차가 점점 더 커짐이 보고되었다. 여기서 어휘력 격차는 읽기의 양과 관련된다. 즉 어휘력이 높으면 이를 바탕으로 점점 더 많이 읽게 되고, 많이 읽을수록 글 속의 어휘를 습득할 기회가 많아지며, 이것이 다시 어휘력을 높인다는 것이다. 반대로, 어휘력이 부족하면 읽는 양도 적어지고 어휘 습득의 기회도 줄어 다시 어휘력이 상대적으로 부족하게 됨으로써, 나중에는 커져 버린 격차를 극복하는 데에 많은 노력이 필요하게 된다. [23060103]

062 인간은 정보와 독립적으로 존재하며 정보는 인간의 도구에 불과하다는 인간중심주의와 달리, 플로리디의 정보 철학은 인간을 정보적 존재의 하나로 간주한다. 인간을 포함한 세계 내 모든 존재는 속성과 행위가 정보로 환원된다는 것이다. 가령 내가 빵을 사는 행위를 하는 것은, '내가 빵을 산다'는 정보이다. 이렇듯 속성과 행위가 정보로 환원되는 정보적 존재를 플로리디는 '인포그'라고 부른다. 인포그는 정보적으로 상호 연결되어 영향을 주고받는 존재이다. 상호 연결되었다는 것의 의미는, 다른 정보를 변화시키는 행위자 즉 주체인 동시에 다른 정보에 의해 변화되는 대상이라는 것이다. [26061417]

063 "훌륭한 비평가는 대작들과 자기 자신의 영혼의 모험들을 관련시킨다."라는 비평가 프랑스의 말처럼, 인상주의비평은 비평가가 다른 저명한 비평가의 관점과 상관없이 자신의 생각과 느낌에 대하여 자율성과 창의성을 가지고 비평하는 것이다. 즉, 인상주의 비평가는 작가의 의도나 그 밖의 외적인 요인들을 고려할 필요 없이 비평가의 자유 의지로 무한대의 상상력을 가지고 작품을 해석하고 판단한다. [21092025]

MEMO

064 인간의 본성에 관한 서로 다른 두 관점이 있다. 종교적 인간관에 따르면, 인간에게는 물리적 실체인 몸 이외에 비물리적 실체인 영혼이 있다. 영혼은 물리적 몸과 완전히 구별되며 인간의 결정의 원천이다. 반면 유물론적 인간관에 따르면, 인간은 물리적 몸에 지나지 않는다. 물리적 몸 이외에 영혼은 존재하지 않는다. 따라서 인간의 결정은 단지 뇌에서 일어나는 신경 사건이다. 이러한 두 관점 중 유물론적 인간관을 가정할 때, 인간은 자유롭게 선택할 수 있을까? 즉 인간에게 자유의지가 있을까? 가령 갑이 냉장고 문을 여니 딸기 우유와 초코 우유만 있다고 해 보자. 갑은 이것들 중 하나를 자유의지로 선택할 수 있을까?   [22091013]

065 재판매 가격 유지 행위는 사업자의 가격 결정의 자유, 즉 영업의 자유를 제한하고 사업자 간 가격 경쟁을 제한한다. 유통 조직의 효율성도 저하시킨다. 재판매 가격 유지 행위를 하는 사업자는 형사 처벌은 받지 않지만 시정명령이나 과징금부과 대상이 될 수 있다. 다만, '공정거래법'에 따라 공정거래위원회가 고시하는 출판된 저작물은 금지 대상이 아니다. 또 경쟁 제한의 폐해보다 소비자 후생 증대 효과가 큰 경우 등 정당한 이유가 있으면 재판매 가격 유지 행위가 허용되는데, 그 이유는 사업자가 입증해야 한다.

[25090407]

066 데이터가 무단으로 변경되기 어렵다는 성질을 무결성이라 하는데 무결성은 블록체인 기술의 대표적인 장점이다. 특정 노드에 저장되어 있는 일부 데이터가 변경되면 변경된 블록과 그 이후의 블록들은 블록체인과의 연결이 끊어진다. 끊어진 모든 블록을 다시 연결하는 것은 승인 과정을 필요로 하기 때문에 연결을 복구하는 것은 어렵다. 즉 블록과 블록체인의 연결을 유지하면서 블록체인에 포함된 데이터를 변경하는 것이 어려우므로 블록체인 데이터는 무결성이 높다. 무단 변경과 달리, 일부 데이터가 지워져도 승인된 원래의 데이터로 복원할 때는 승인 과정이 필요하지 않다. 따라서 블록체인에 포함된 데이터는 일부가 지워지더라도 복원이 용이하다.   [25090811]

MEMO

067   바쟁은 '현실을 믿는 감독'을 지지했다. 이들은 '이미지를 믿는 감독'과 달리 영화의 내용, 즉 현실을 더 중요하게 생각하기에 변형되지 않은 현실을 객관적으로 보여주고자 한다. 디프 포커스와 롱 테이크는 이를 가능하게 해 주는 영화적 기법이다. 디프 포커스는 근경에서 원경까지 숏 전체를 선명하게 초점을 맞춰 촬영하는 기법으로, 원근감이 느껴지도록 공간감을 표현할 수 있다. 롱 테이크는 하나의 숏이 1~2분 이상 끊김 없이 길게 진행되도록 촬영하는 기법이다. 영화 속 사건이 지속되는 시간과 관객의 영화 체험 시간이 일치하여 현실을 마주하는 듯한 효과를 낳는다. 바쟁에 따르면, 디프 포커스와 롱 테이크를 혼용하여 연출한 장면은 관객이 그 장면에 담긴 인물이나 사물을 자율적으로 선택하여 응시하면서 화면 속 공간 전체와 사건의 전개를 지켜볼 수 있게 해 준다.   [25091217]

068   크라카우어에 따르면, 영화는 드러내면서 동시에 숨기는 매체이다. 사회에서 불순하거나 위험하다고 간주되는 이념은 영화의 이면에 감추어진다. 크라카우어는 영화의 표면에 가시적으로 드러난, 전형적인 모티브나 이미지가 암시하고 비유하는 것을 해석함으로써 그 이면에 감추어진 이념을 읽어 내고, 이를 바탕으로 사회를 이해할 수 있다고 보았다.

예를 들어, 1920년대 독일 영화에 반복해서 등장하는 밀실, 광인, 독재자 등을 담은 이미지의 이면에서 패전 이후 독일 사회 전반에 만연했던 현실 도피의 퇴행적인 심리와, 왕정복고를 바라는 정치적 이념을 읽어 낼 수 있다는 것이다. 크라카우어가 모티브나 이미지에 대한 해석을 통해 사회를 심층적으로 이해하고자 한다면, 프레드릭 제임슨은 영화의 서사를 통해 영화에 반영된 사회를 총체적으로 이해하고자 한다. 그에 따르면, 오늘날의 사회는 분산적이고 파편적이기 때문에 그 총체적인 양상은 시간이 흐른 뒤에야, 즉 역사가 된 이후에야 파악된다. 그런데 만약 현재를 역사처럼 조망할 수 있다면, 우리가 속한 사회의 총체적인 양상을 파악할 수 있을 것이다.   [26090409]

069   로랜즈에게 인지 과정은 파생적 상태가 심적 상태로 변환되는 과정이 아니라, 파생적 상태를 조작함으로써 심적 상태를 생겨나게 하는 과정이다. 심적 상태가 주체의 몸 외부로 확장되는 것이 아니라, 심적 상태를 생겨나게 하는 인지 과정이 확장되는 것이다. 이러한 확장된 인지 과정은 인지 주체의 것일 때에만, 다시 말해 환경의 변화를 탐지하고 그에 맞춰 행위를 조절하는 주체와 통합되어 있을 때에만 성립할 수 있다. 즉 로랜즈에게 주체 없는 인지란 있을 수 없다.   [24061217]

MEMO

070 반면 듀이는 공중을 합리적인 존재로 보았다. 그는 파편화된 공중의 유기적인 결합을 위해 언론이 공적 담론의 장을 이끌어 내야 한다고 주장했다. 공중이 자신에게 필요한 사항을 요구하는 이성적인 공적 담론의 장을 통해 민주주의가 발전할 수 있다는 것이다.

[26091013]

071 정립-반정립-종합. 변증법의 논리적 구조를 일컫는 말이다. 변증법에 따라 철학적 논증을 수행한 인물로는 단연 헤겔이 거명된다. 변증법은 대등한 위상을 지니는 세 범주의 병렬이 아니라, 대립적인 두 범주가 조화로운 통일을 이루어 가는 수렴적 상향성을 구조적 특징으로 한다. 헤겔에게서 변증법은 논증의 방식임을 넘어, 논증 대상 자체의 존재 방식이기도 하다. 즉 세계의 근원적 질서인 '이념'의 내적 구조도, 이념이 시ㆍ공간적 현실로서 드러나는 방식도 변증법적이기에, 이념과 현실은 하나의 체계를 이루며, 이 두 차원의 원리를 밝히는 철학적 논증도 변증법적 체계성을 지녀야 한다.

[22110409]

072 칸트 이전까지 인격의 동일성을 설명하는 유력한 견해는, '생각하는 나'인 영혼이 단일한 주관으로서 시간의 흐름 속에 지속한다는 것이었다. '주관'은 인식의 주체를 가리키며, '인식'은 '앎'을 말한다. 그러나 칸트는 '나는 생각한다.', 즉 '자기의식'은 인식이 이루어지는 것을 가능하게 하는 조건 중 하나에 불과하다고 본다. 그러한 조건 자체는 무언가가 실재함을 보장하지 않는다. 그렇기에 자기의식은 '생각하는 나'가 단일한 주관으로서 실제로 존재한다는 것, 즉 '영혼의 실재함'을 보장하지 않고, '영혼이 실재할 가능성'을 열어둘 뿐이다.

[26091013]

073 담보는 유상 계약의 맥락에서 거래 대상의 값어치를 보장한다는 의미로 해석된다. 유상 계약이란 그 당사자가 서로 대가를 주고받을 것을 약속하는 계약을 뜻한다. 유상 계약의 일종인 매매 계약에서 목적물이 계약 체결 당시부터 있던 하자 때문에 대금만큼의 값어치를 하지 못하는 상태였다면, 매도인은 그 하자 발생의 원인이 무엇이든 담보 책임을 져야 한다.

[26110409]

MEMO

074 보증이란 채무자가 채무를 이행하지 않으면 그 채무를 다른 사람이 대신 이행하기로 하는 것이다. 이때 원래의 채무자를 주채무자, 주채무자 대신 채무를 이행하는 사람을 보증인이라 하고, 주채무자가 부담하는 채무를 주채무, 보증인이 부담하는 채무를 보증 채무라 한다.

[26110409]

075 열팽창이란 물체의 온도 변화에 따라 그 길이, 부피가 변화하는 현상을 말한다. 그중 길이의 변화를 수치화한 것이 선형 열팽창 계수인데, 이는 온도 변화에 따른 길이 변화율을 온도 변화량으로 나눈 값이다. 여기에서 길이 변화율은 길이의 변화량을 처음 길이로 나누어 얻는 값이며, 변화량이란 나중 값에서 처음 값을 뺀 것이다.

[26111013]

076 SF(Science Fiction)는 기존의 검증된 과학적 지식을 기반으로 한 허구적인 상황 설정을 통해 미래에 대한 상상력을 자극하는 서사 예술이다. 과학적 지식에 기반을 둔다고 해서 SF가 다루는 소재나 서사가 모두 과학적으로 사실이어야 하는 것은 아니다. SF에서는 과학적 진위가 아니라 개연성, 즉 작품의 주요 설정이나 사건의 인과 관계가 합리적으로 납득될 수 있느냐가 중요하다.

[26090409]

077 저널리즘이란 공적 관심이 큰 시사 현안을 일련의 규칙에 따라 취재 및 편집하여 미디어를 통해 알리는 지적 활동이다. 20세기 중·후반에 언론은 주로 권력 집단과 관련된 사안을 피상적으로 보도하는 경향이 있었다. 보도 내용이 대다수의 일반 사람들인 공중의 일상과 괴리되고, 일회적 문제 제기 수준을 벗어나지 못함에 따라 공중은 뉴스를 기피하였다. 이에 대한 대안으로 공중의 관심사를 보도의 중심 의제로 삼는 '공공 저널리즘'이 등장했다.

[26091013]

MEMO

078 최소가청강도는 조용할 때 청각이 감지할 수 있는 소리 크기의 최솟값이다. 최소가청강도보다 큰 소리는 들을 수 있지만, 작은 소리는 들을 수 없다. 최소가청강도는 주파수별로 그 크기가 정해져 있다. 예를 들어, 1,000 Hz부터 10,000 Hz 사이에서는 아주 작은 소리도 들을 수 있지만, 100 Hz 이하의 저음에서는 훨씬 큰 소리여야 들을 수 있다.

[26091417]

079 독자가 글에서 읽은 단어의 의미를 확정하지 못하면 글을 제대로 이해하기 어렵다. 별개의 단어들이 서로 발음이 같고 의미가 다르면 동음이의어라고 하듯, 별개의 단어들이 서로 표기가 같고 의미가 다르면 동형이의어라고 한다. 동형이의어는 여러 의미로 이해될 수 있으므로 독자가 글을 읽는 데 어려움을 줄 수 있다. 따라서 독자가 동형이의어를 읽고 떠올린 여러 의미 중에서 문장이나 문맥에 어울리는 것으로 의미를 확정하는 것이 중요하다.

[26060103]

080 리프킨은 사회적 상호작용에서의 자기표현은 본질적으로 연극적이며, 표면 연기와 심층 연기로 이루어진다고 언급했다. 표면 연기는 내면의 자연스러운 감정보다 의례적인 표현과 같은 형식에 집중하여 연기하는 것이고, 심층 연기는 내면의 솔직한 정서를 불러내어 자신의 진정성을 보여주는 것이다. 인터넷에서의 커뮤니케이션에 주목한 리프킨은 가상 공간에서 자기표현이 더욱 활발히 이루어진다고 보았다.

[25111417]

081 두 명제가 모두 참인 것도 모두 거짓인 것도 가능하지 않은 관계를 모순 관계라고 한다. 예를 들어, 임의의 명제를 P라고 하면 P와 ~P는 모순 관계이다.(기호 '~'은 부정을 나타낸다.) P와 ~P가 모두 참인 것은 가능하지 않다는 법칙을 무모순율이라고 한다. 그런데 "다보탑은 경주에 있다."와 "다보탑은 개성에 있을 수도 있었다."는 모순 관계가 아니다. 현실과 다르게 다보탑을 경주가 아닌 곳에 세웠다면 다보탑의 소재지는 지금과 달라졌을 것이다. 철학자들은 이를 두고, P와 ~P가 모두 참인 혹은 모두 거짓인 가능세계는 없지만 다보탑이 개성에 있는 가능세계는 있다고 표현한다.

[19113942]

MEMO

082 주택이나 상가 임대차에서도 법이 아니라 계약으로 재산 관계가 정해지는 경우가 있다. 임차인이 임차물을 사용할 권리가 소멸했거나 임차인의 경제력이 충분하면 임차인을 보호할 필요가 없기 때문이다. 예컨대 임대차 종료 후 임차물을 반환할 때 임차인이 이를 원상회복할 의무를 지는지를 결정할 때는 계약이 법률보다 우선 적용된다. 또한 보증금이 「상가건물 임대차 보호법」에 정해진 상한액을 초과하면 최단 존속 기간이 적용되지 않으므로, 이때 존속 기간을 정하지 않기로 계약했다면 당사자들은 자유롭게 임대차를 종료시킬 수 있다.

[26060409]

083 첫 번째로 임의의 선택이 그 이전 사건들에 의해 선결정된다고 가정해 보자. 반자유의지 논증에서는 이 경우 우리에게 자유의지가 없다고 결론 내린다. 가령 갑의 딸기 우유 선택이 심지어 갑이 태어나기도 전에 선결정된 것이라면 갑이 자유의지로 그것을 선택한 것이라고 보기 어려울 것이다. 두 번째로 임의의 선택이 무작위로 일어난 것이라 가정해 보자. 반자유의지 논증에서는 이 경우에도 우리에게 자유의지가 없다고 결론 내린다. 가령 갑의 딸기 우유 선택이 단지 갑의 뇌에서 무작위로 일어난 신경 사건이라고 한다면, 그것은 자유의지의 산물이라고 보기 어려울 것이다.

[22091013]

084 인터넷 ID의 명예 주체성을 인정하는 입장에 따르면, 자기 정체성은 일원적·고정적인 것이 아니라 현실 세계와 가상 공간에 걸쳐 존재하고 상호 작용하는 복합적인 것이다. 인터넷에서의 자기 정체성은 사용자 개인의 자기 정체성의 일부이기 때문에 자기 정체성을 가진 인터넷 ID의 명예 역시 보호되어야 한다. 반면 인정하지 않는 입장에 따르면, 생성·변경·소멸이 자유롭고 복수로 개설이 가능한 인터넷 ID는 그 사용자인 개인을 가상 공간에서 구별하는 장치에 불과하다. 인터넷 ID는 현실에서의 성명과 달리 그 사용자인 개인과 동일시될 수 없고, 인터넷 ID 자체는 사람이 아니므로 명예 주체성을 인정할 수 없다는 것이다.

[25111417]

MEMO

085   이러한 규정이 선거 운동의 기회균등 원칙을 침해하는지에 대해 헌법재판소는 위헌이 아니라고 결정했다. 다수 의견은 방송 토론회의 효율적 운영을 고려할 때 초청 대상 후보자 수가 너무 많으면 제한된 시간 안에 심층적인 토론이 이루어지기 어렵고, 유권자들도 관심이 큰 후보자들의 정책 및 자질을 직접 비교하기 어렵다는 점을 지적하며, 이 규정은 합리적 제한이라고 보았다. 반면 소수 의견은 이 규정이 가장 효과적인 선거 운동의 기회를 일부 후보자에게서 박탈하며, 유권자에게도 모든 후보자를 동시에 비교하지 못하게 하고, 초청 대상 후보자 토론회에 참여한 후보자와 그렇지 못한 후보자를 차별적으로 인식하게 만든다고 지적하였다. 이 규정을 소수 정당이나 정치 신인 등에 대한 자의적이고 차별적인 침해라고 본 것이다.

[24110407]

086   데이터를 재화로 보아 소유권이 누구에게 귀속되어야 하는지에 대한 논의가 있다. 소유권의 주체를 빅 데이터 보유자로 보는 견해와 정보 주체로 보는 견해가 있다. 전자는 빅 데이터 보유자에게 소유권을 부여하면 빅 데이터의 생성 및 유통이 쉬워져 데이터 관련 산업이 활성화된다고 주장한다. 후자는 정보 생산 주체는 개인인데, 빅 데이터 보유자에게 부가 집중되는 것은 부당하므로, 정보 주체에게도 대가가 주어져야 한다고 본다.

[24090407]

087   그런데 정자, 난자와 같은 생식 세포가 레트로바이러스에 감염되고도 살아남는 경우가 있었다. 이런 세포로부터 유래된 자손의 모든 세포가 갖게 된 것이 내인성 레트로바이러스이다. 내인성 레트로바이러스는 세대가 지나면서 돌연변이로 인해 염기 서열의 변화가 일어나며 해당 세포 안에서는 바이러스로 활동하지 않는다. 그러나 내인성 레트로바이러스를 떼어 내어 다른 종의 세포 속에 주입하면 이는 레트로바이러스로 변환되어 그 세포를 감염시키기도 한다. 따라서 미니돼지의 DNA에 포함된 내인성 레트로 바이러스를 효과적으로 제거하는 기술이 개발 중에 있다.

[20112629]

MEMO

088 논리실증주의자와 포퍼는 수학적 지식이나 논리학 지식처럼 경험과 무관하게 참으로 판별되는 분석 명제와, 과학적 지식처럼 경험을 통해 참으로 판별되는 종합 명제를 서로 다른 종류라고 구분한다. 그러나 콰인은 총체주의를 정당화하기 위해 이 구분을 부정하는 논증을 다음과 같이 제시한다. 논리실증주의자와 포퍼의 구분에 따르면 "총각은 총각이다."와 같은 동어 반복 명제와, "총각은 미혼의 성인 남성이다."처럼 동어 반복 명제로 환원할 수 있는 것은 모두 분석 명제이다. 그런데 후자가 분석 명제인 까닭은 전자로 환원할 수 있기 때문이다. 이러한 환원이 가능한 것은 '총각'과 '미혼의 성인 남성'이 동의적 표현이기 때문인데 그게 왜 동의적 표현인지 물어보면, 이 둘을 서로 대체하더라도 명제의 참 또는 거짓이 바뀌지 않기 때문이라고 할 것이다. 하지만 이것만으로는 두 표현의 의미가 같다는 것을 보장하지 못해서, 동의적 표현은 언제나 반드시 대체 가능해야 한다는 필연성 개념에 다시 의존하게 된다. 이렇게 되면 동의적 표현이 동어 반복 명제로 환원 가능하게 하는 것이 되어, 필연성 개념은 다시 분석 명제 개념에 의존하게 되는 순환론에 빠진다. 따라서 콰인은 종합 명제와 구분되는 분석 명제가 존재한다는 주장은 근거가 없다는 결론에 도달한다.

[17111620]

089 위험 공동체의 구성원이 납부하는 보험료와 지급받는 보험금은 그 위험 공동체의 사고 발생 확률을 근거로 산정된다. 특정 사고가 발생할 확률은 정확히 알 수 없지만 그 동안 발생된 사고를 바탕으로 그 확률을 예측한다면 관찰 대상이 많아짐에 따라 실제 사고 발생 확률에 근접하게 된다. 본래 보험 가입의 목적은 금전적 이득을 취하는 데 있는 것이 아니라 장래의 경제적 손실을 보상받는 데 있으므로 위험 공동체의 구성원은 자신이 속한 위험 공동체의 위험에 상응하는 보험료를 납부하는 것이 공정할 것이다. 따라서 공정한 보험에서는 구성원 각자가 납부하는 보험료와 그가 지급받을 보험금에 대한 기댓값이 일치해야 하며 구성원 전체의 보험료 총액과 보험금 총액이 일치해야 한다. 이때 보험금에 대한 기댓값은 사고가 발생할 확률에 사고 발생 시 수령할 보험금을 곱한 값이다. 보험금에 대한 보험료의 비율(보험료 / 보험금)을 보험료율이라 하는데, 보험료율이 사고 발생 확률보다 높으면 구성원 전체의 보험료 총액이 보험금 총액보다 더 많고, 그 반대의 경우에는 구성원 전체의 보험료 총액이 보험금 총액보다 더 적게 된다. 따라서 공정한 보험에서는 보험료율과 사고 발생 확률이 같아야 한다.

[17113742]

MEMO

090 우리 상법에 규정되어 있는 고지 의무는 이러한 수단이 법적으로 구현된 제도이다. 보험 계약은 보험 가입자의 청약과 보험사의 승낙으로 성립된다. 보험 가입자는 반드시 계약을 체결하기 전에 '중요한 사항'을 알려야 하고, 이를 사실과 다르게 진술해서는 안 된다. 여기서 '중요한 사항'은 보험사가 보험 가입자의 청약에 대한 승낙을 결정하거나 차등적인 보험료를 책정하는 근거가 된다. 따라서 고지 의무는 결과적으로 다수의 사람들이 자신의 위험 정도에 상응하는 보험료보다 더 높은 보험료를 납부해야 하거나, 이를 이유로 아예 보험에 가입할 동기를 상실하게 되는 것을 방지한다.   [17113742]

091 광통신은 빛을 이용하기 때문에 정보의 전달은 매우 빠를 수 있지만, 광통신 케이블의 길이가 증가함에 따라 빛의 세기가 감소하기 때문에 원거리 통신의 경우 수신되는 광신호는 매우 약해질 수 있다. 빛은 광자의 흐름이므로 빛의 세기가 약하다는 것은 단위 시간당 수신기에 도달하는 광자의 수가 적다는 뜻이다. 따라서 광통신에서는 적어진 수의 광자를 검출하는 장치가 필수적이며, 약한 광신호를 측정이 가능한 크기의 전기 신호로 변환해 주는 반도체 소자로서 애벌랜치 광다이오드가 널리 사용되고 있다.   [16111921]

092 경제학에서는 증거에 근거한 정책 논의를 위해 사건의 효과를 평가해야 할 경우가 많다. 어떤 사건의 효과를 평가한다는 것은 사건 후의 결과와 사건이 없었을 경우에 나타났을 결과를 비교하는 일이다. 그런데 가상의 결과는 관측할 수 없으므로 실제로는 사건을 경험한 표본들로 구성된 시행집단의 결과와, 사건을 경험하지 않은 표본들로 구성된 비교집단의 결과를 비교하여 사건의 효과를 평가한다. 따라서 이 작업의 관건은 그 사건 외에는 결과에 차이가 날 이유가 없는 두 집단을 구성하는 일이다. 가령 어떤 사건이 임금에 미친 효과를 평가할 때, 그 사건이 없었다면 시행집단과 비교집단의 평균 임금이 같을 수밖에 없도록 두 집단을 구성하는 것이다. 이를 위해서는 두 집단에 표본이 임의로 배정되도록 사건을 설계하는 실험적 방법이 이상적이다. 그러나 사람을 표본으로 하거나 사회 문제를 다룰 때에는 이 방법을 적용할 수 없는 경우가 많다.   [23061417]

MEMO

093 리프만은 공중이 저마다의 경험과 지식에 기반한 고정관념의 틀로 세상을 바라보는 경향이 있으며, 이러한 고정관념을 분별할 수 있는 이는 드물다고 판단했다. 또한 공중은 공공의 문제에 대한 전문적 지식이 부족하다고 보았다. 따라서 그는 정확하고 객관적인 뉴스를 공중에게 전달하는 언론의 역할이 중요하며, 이것은 언론인의 전문화를 통해 구현될 수 있다고 보았다. 반면 듀이는 공중을 합리적인 존재로 보았다. 그는 파편화된 공중의 유기적인 결합을 위해 언론이 공적 담론의 장을 이끌어내야 한다고 주장했다. 공중이 자신에게 필요한 사항을 요구하는 이성적인 공적 담론의 장을 통해 민주주의가 발전할 수 있다는 것이다.

[26091013]

094 한 파일 내의 오디오 신호에는 모든 소리 크기에 균일한 개수의 비트가 할당된다. 일반적으로 각 소리 크기에 16비트를 할당하며, 소리 크기에 따라 16자리의 이진수 값을 달리한다. 각 소리 크기에 할당되는 비트의 개수가 늘면 소리는 아날로그 원음에 가까워진다. 그런데 오디오 파일은 저장하거나 네트워크를 통해 전송하기에는 데이터 양이 많다. 따라서 저장 공간을 아끼고 전송이 가능하도록 오디오 신호를 압축할 필요가 있다. 일반적으로 오디오 신호 압축에는 지각 부호화를 이용한다. 지각부호화는 청각 특성에 따라 감도가 낮은 소리를 제거하여 오디오 신호를 압축하는 기술이다.

[26091417]

095 논리학에서 제기된 의문이 윤리학의 특정 견해에 대한 비판이 되기도 한다. 다음 논의는 이를 보여준다. 'P이면 Q이다. P이다. 따라서 Q이다.'인 논증을 전건 긍정식이라 한다. 전건 긍정식은 'P이면 Q이다.'와 'P이다.'라는 두 전제가 참이면 결론 'Q이다.'는 반드시 참이라는 뜻에서 타당하다. 그런데 어떤 문장이 단독으로 진술되는 경우에는 감정이나 태도를 표현할 수 있지만 그 문장이 조건문인 'P이면 Q이다.'의 부분으로 포함되는 경우에는 그렇지 않다. '귤은 맛있다.'는 화자의 선호라는 감정을 표현한다. 하지만 그 문장이 '귤은 맛있다면 귤은 비싸다.'처럼 조건문의 일부가 되면 귤에 관한 화자의 선호를 표현하지 않는다. 이에 전건긍정식의 P가 감정이나 태도를 표현하는 문장일 때 'P이면 Q이다.'의 P와 'P이다.'의 P 사이에 내용의 차이가 생기므로, 전건긍정식임에도 두 전제의 참이 결론 'Q이다.'의 참을 보장하지 않는다는 것이 몇몇 논리학자들이 제기한 문제였다. 전건긍정식인 '표절은 나쁘다면 표절을 돕는 것은 나쁘다. 표절은 나쁘다. 따라서 표절을 돕는 것은 나쁘다.'라는 논증은 직관적으로 타당해 보인다. 하지만 '표절은 나쁘다.'가 감정을 표현했다면, 위 논증은 타당하지 않다고 해야 한다. 그러므로 에이어의 윤리학 견해를 고수하려면, 도덕 문장을 포함하는 전건 긍정식의 타당성을 부정하거나, 전건 긍정식은 도덕 문장을 포함할 수 없다고 해야 한다. 이 쟁점에 대해 행크스는 다음과 같이 논의를 전개하였다.

[25061217]

MEMO

096 논리실증주의자와 포퍼는 지식을 수학적 지식이나 논리학 지식처럼 경험과 무관한 것과 과학적 지식처럼 경험에 의존하는 것으로 구분한다. 그중 과학적 지식은 과학적 방법에 의해 누적된다고 주장한다. 가설은 과학적 지식의 후보가 되는 것인데, 그들은 가설로부터 논리적으로 도출된 예측을 관찰이나 실험 등의 경험을 통해 맞는지 틀리는지 판단함으로써 그 가설을 시험하는 과학적 방법을 제시한다. 논리실증주의자는 예측이 맞을 경우에, 포퍼는 예측이 틀리지 않는 한, 그 예측을 도출한 가설이 하나씩 새로운 지식으로 추가된다고 주장한다.

하지만 콰인은 가설만 가지고서 예측을 논리적으로 도출할 수 없다고 본다. 예를 들어 새로 발견된 금속 M은 열을 받으면 팽창한다는 가설만 가지고는 열을 받은 M이 팽창할 것이라는 예측을 이끌어낼 수 없다. 먼저 지금까지 관찰한 모든 금속은 열을 받으면 팽창한다는 기존의 지식과 M에 열을 가했다는 조건 등이 필요하다. 이렇게 예측은 가설, 기존의 지식들, 여러 조건 등을 모두 합쳐야만 논리적으로 도출된다는 것이다. 그러므로 예측이 거짓으로 밝혀지면 정확히 무엇 때문에 예측에 실패한 것인지 알 수 없다는 것이다. 이로부터 콰인은 개별적인 가설뿐만 아니라 기존의 지식들과 여러 조건 등을 모두 포함하는 전체 지식이 경험을 통한 시험의 대상이 된다는 총체주의를 제안한다.   [17111620]

097 콰인은 분석 명제와 종합 명제로 지식을 엄격히 구분하는 대신, 경험과 직접 충돌하지 않는 중심부 지식과, 경험과 직접 충돌할 수 있는 주변부 지식을 상정한다. 경험과 직접 충돌하여 참과 거짓이 쉽게 바뀌는 주변부 지식과 달리 주변부 지식의 토대가 되는 중심부 지식은 상대적으로 견고하다. 그러나 이 둘의 경계를 명확히 나눌 수 없기 때문에, 콰인은 중심부 지식과 주변부 지식을 다른 종류라고 하지 않는다. 수학적 지식이나 논리학 지식은 중심부 지식의 한가운데에 있어 경험에서 가장 멀리 떨어져 있지만 그렇다고 경험과 무관한 것은 아니라는 것이다. 그런데 주변부 지식이 경험과 충돌하여 거짓으로 밝혀지면 전체 지식의 어느 부분을 수정해야 할지 고민하게 된다. 주변부 지식을 수정하면 전체 지식의 변화가 크지 않지만 중심부 지식을 수정하면 관련된 다른 지식이 많기 때문에 전체 지식도 크게 변화하게 된다. 그래서 대부분의 경우에는 주변부 지식을 수정하는 쪽을 선택하겠지만 실용적 필요 때문에 중심부 지식을 수정하는 경우도 있다. 그리하여 콰인은 중심부 지식과 주변부 지식이 원칙적으로 모두 수정의 대상이 될 수 있고, 지식의 변화도 더이상 개별적 지식이 단순히 누적되는 과정이 아니라고 주장한다.   [17111620]

MEMO

098 「숙영낭자전」에서 승천은 인간 세상의 명분에 구속받지 않는 가족 사랑을 모색한다는 의의를 갖는다. 작품에서는 상공의 잘못이 개인의 문제이기 이전에 가문이라는 명분을 중시하는 인간 세상의 구조적 문제라고 보았다. 그래서 숙영 부부는 가문이라는 명분이 작동하지 않는 천상으로 보내고, 상공 부부는 가문의 무의미함을 깨닫게 하여 구조적 문제에 대응하는 한 방식을 보여주었다. 하지만 숙영 부부를 천상에 간 뒤에도 부모를 잘 섬기려는 모습으로 그려 낸 것은, 가족 사랑의 보편적 가치를 환기하기 위한 것이다.

[24090021]

099 아도르노에게 있어 예술은 사회적 산물이며, 그래서 미학 은작품에 침전된 사회의 고통스러운 상태를 읽기 위해 존재한다. 그는 비동일성 그 자체를 속성으로 하는 전위 예술을 예술이추구해야 할 바람직한 모습으로 제시했다.

[23090409]

100 어휘적 빈자리는 계속 존재하기도 하지만, 다양한 방식으로 채워지기도 한다. 그렇다면 어휘적 빈자리가 채워지는 방식에는 어떤 것들이 있을까? 첫 번째 방식은 단어가 아닌 구를 만들어 빈자리를 채우는 방식이다. 어떤 언어에는 '사촌, 고종사촌, 이종사촌'에 해당하는 각각의 단어는 존재하지만, 외사촌을 지시하는 단어는 없다. 그래서 그 언어에서 외사촌을 지시할 때에는 '외삼촌의 자식'이라고 말한다고 한다. 현대 국어에서 어린 돼지를 가리킬 때 '아기 돼지, 새끼 돼지' 등으로 말하는 것도 이러한 방식에 해당된다. 두 번째 방식은 한자어나 외래어를 이용하여 빈자리를 채우는 방식이다.

[20061112]

101 근대 이후 서양의 철학자들은 과학적 세계관이 대두하면서 이전과는 달리 인과를 물리적 작용 사이의 관계로 국한하려는 경향을 보였다. 문제는 흄이 지적했듯이 인과 관계 그 자체는 직접 관찰할 수 없다는 것이다. 원인과 결과에 해당하는 사건만을 관찰할 수 있을 뿐이다. 가령 "추위 때문에 강물이 얼었다."는 직접 관찰한 물리적 사실을 진술한 것이 아니다. 그래서 인과가 과학적 개념인지에 대한 의심이 철학자들 사이에 제기되었다. 이에 인과를 과학적 세계관에 입각하여 이해하려는 시도가 새먼의 과정 이론이다.

[22060409]

MEMO

102 행정입법의 유형에는 위임명령, 행정규칙, 조례 등이 있다. 헌법에 따르면, 국회는 행정 규제 사항에 관한 법률을 제정할 때 특정한 내용에 관한 입법을 행정부에 위임할 수 있다. 이에 따라 제정된 행정입법을 위임명령이라고 한다. 위임명령은 제정주체에 따라 대통령령, 총리령, 부령으로 나누어진다. 이들은 모두 국민에게 적용되기 때문에 입법예고, 공포 등의 절차를 거쳐야 한다. 위임명령은 입법부인 국회가 자신의 권한의 일부를 행정부에 맡겼기 때문에 정당화될 수 있다. 그래서 특정한 행정규제의 근거 법률이 위임명령으로 제정할 사항의 범위를 정하지 않은 채 위임하는 포괄적 위임은 헌법상 삼권 분립 원칙에 저촉된다.

[21092630]

103 플라스틱을 이루는 거대한 분자들은 길이가 길다. 그래서 사슬들이 일정한 방향으로 나란히 배열되어 있는 결정 영역은, 분자들 전체에서 기대할 수는 없지만 부분적으로 있을 수는 있다. 플라스틱에서 결정 영역이 차지하는 부분의 비율은 여러 조건에 따라 조절이 가능하고 물성에 영향을 미친다. 결정 영역이 많아질수록 플라스틱은 유연성이 낮아 충격에 약하고 가공성이 떨어지며 점점 불투명해지지만, 밀도가 높아져 단단해지고 화학물질에 대한 민감성이 감소하며 열에 의해 잘 변형되지 않는다. 이런 성질을 활용하여 필요에 따라 다양한 종류의 플라스틱을 만들 수 있다.

[25060811]

104 블록체인 기술에서 고려해야 할 세 가지 특성이 있다. 보안성은 데이터의 무단 변경이 어려울 뿐 아니라 동일한 내용의 데이터가 블록체인의 서로 다른 블록에 또는 단일 블록에 이중으로 포함되는 것이 어렵다는 성질이다. 승인 과정에 걸리는 시간이 줄거나 노드 수가 감소하면 보안성은 낮아진다. 탈중앙성은 승인과정에 다수의 노드들이 참여하고, 특정 노드가 승인 과정을 주도하지 않는다는 성질이다. 노드 수가 감소하면 탈중앙성은 낮아진다. 확장성은 블록체인 기술이 목표로 하는 응용 분야에 적용 가능할 만큼 성능이 높고, 노드 수 증가해도 서비스 유지가 가능하다는 성질이다. 노드 수가 증가하면 성능이 저하되므로, 확장성이 높다는 것은 노드 수가 증가하더라도 성능 저하가 크지 않다는 것을 의미한다. 그래서 기술 변화 없이 확장성을 높이고자 할 때 노드 수를 제한하는 방법이 사용되기도 한다. 노드 수를 제한하면 성능 저하를 막을 수 있기 때문이다. 아직까지 블록체인 기술은 보안성, 탈중앙성, 확장성을 함께 높일 수 있는 방법이 없어 대규모로 채택되지 못하고 있다.

[25090811]

MEMO

105 인터넷 ID의 명예 주체성을 인정하는 입장에 따르면, 자기 정체성은 일원적·고정적인 것이 아니라 현실 세계와 가상 공간에 걸쳐 존재하고 상호 작용하는 복합적인 것이다. 인터넷에서의 자기 정체성은 사용자 개인의 자기 정체성의 일부이기 때문에 자기 정체성을 가진 인터넷 ID의 명예 역시 보호되어야 한다. 반면 인정하지 않는 입장에 따르면, 생성·변경·소멸이 자유롭고 복수로 개설이 가능한 인터넷 ID는 그 사용자인 개인을 가상 공간에서 구별하는 장치에 불과하다. 인터넷 ID는 현실에서의 성명과 달리 그 사용자인 개인과 동일시될 수 없고, 인터넷 ID 자체는 사람이 아니므로 명예 주체성을 인정할 수 없다는 것이다.

[25111417]

106 이러한 규정이 선거 운동의 기회균등 원칙을 침해하는지에 대해 헌법재판소는 위헌이 아니라고 결정했다. 다수 의견은 방송 토론회의 효율적 운영을 고려할 때 초청 대상 후보자 수가 너무 많으면 제한된 시간 안에 심층적인 토론이 이루어지기 어렵고, 유권자들도 관심이 큰 후보자들의 정책 및 자질을 직접 비교하기 어렵다는 점을 지적하며, 이 규정은 합리적 제한이라고 보았다. 반면 소수 의견은 이 규정이 가장 효과적인 선거 운동의 기회를 일부 후보자에게서 박탈하며, 유권자에게도 모든 후보자를 동시에 비교하지 못하게 하고, 초청 대상 후보자 토론회에 참여한 후보자와 그렇지 못한 후보자를 차별적으로 인식하게 만든다고 지적하였다. 이 규정을 소수 정당이나 정치 신인 등에 대한 자의적이고 차별적인 침해라고 본 것이다.

[24110407]

107 데이터를 재화로 보아 소유권이 누구에게 귀속되어야 하는지에 대한 논의가 있다. 소유권의 주체를 빅 데이터 보유자로 보는 견해와 정보 주체로 보는 견해가 있다. 전자는 빅 데이터 보유자에게 소유권을 부여하면 빅 데이터의 생성 및 유통이 쉬워져 데이터 관련 산업이 활성화된다고 주장한다. 후자는 정보 생산 주체는 개인인데, 빅 데이터 보유자에게 부가 집중되는 것은 부당하므로, 정보 주체에게도 대가가 주어져야 한다고 본다.

[24090407]

MEMO

II. 종합

들어가며

이제 모든 논의를 마칠 시간이다. 앞서 진행했던 논의들을 정리한 후, 종합해보는 시간을 가질 것이다.

여기서 가장 중요한 부분은 '논의의 끝'이다. 나머지 부분은 설명이 많이 폭력적이기에 읽지 않아도 무방하다.

나머지 부분, 특히 종합 부분은 그 내용이 너무 추상적이기에 실제로 집필 과정에서 마지막까지 넣을지 말지 고민했던 내용이기 때문이다.

만약 당신이 이 내용을 읽었을 때, 와닿지 않는다면 뒤돌아보지 말고 유기해버리자.

만약 와닿는다 할지라도 잊어버리자.

정리

우리가 여태까지 공부했던 내용은 다음과 같다.

이정표	최종결론	느낌(글로 표현)	느낌(그림으로 표현)	이정표
예시	범주관계를 생각하자	뒷부분이 앞부분에 꼬라박히는 것		⊃
대비	상반관계를 생각하자	앞부분과 뒷부분이 좌우로 찢어지는 것		⇔ ≠

일치	일치관계를 생각하자	앞부분과 뒷부분이 서로 겹쳐지는 것		=
논증	지지관계를 생각하자	앞부분이 뒷부분을 지탱하고 있는 것		∴

종합

재미있는 부분이 있다. '예시', '대비', '일치', '논증' 총 4가지 상황에서, '대비'를 제외하고 나머지 세 개는 서로 가까워지는 느낌이 든다.

예시	일치	논증	대비

≒/≠

뒷부분을 앞부분에 꼬라박는 느낌이든, 앞부분과 뒷부분을 겹치는 느낌이든, 앞부분이 뒷부분을 지탱하는 느낌이든 사실상 그 이정표를 기점으로 앞부분과 뒷부분이 가까워진다고 봐도 무방하다.

그러면 우리는 이것을 **비슷한 것** 또는 **유사한 것**으로 봐도 되지 않을까? 다시 말해 ≒ **라는 느낌**을 가져도 되지 않냐는 것이다.

이러한 폭력적인 생각이 가능한 이유는 다름 아닌 국어는 우리에게 모국어이기 때문이다.

As의 예시를 보자.

일반적으로 영미권 사람에게 As는 '='의 느낌을 가진다. 물론 그들이 쓰는 영영사전에는 As가 다양한 뜻으로 규정되어 있겠지만 말이다.

그러나 외국어 학습자인 우리에게 As는 다채로운 뜻으로 번역된다. '로써', ' 때문에', '만큼', 등..

그러한 차이는 모국어와 외국어의 차이에서 비롯된다.[36]

어떤 언어에 대해 모국어인 독자/화자는 그러한 언어를 일상적으로 사용해 왔기에 수많은 용례와 상황에 익숙해져 있다.

따라서 하나의 단어에 대해 분석적인 해명을 진행하지 않아도 그 맥락에 자연스레 익숙해져 유연하게 사용할 수 있다.

즉, 단순한 느낌 하나로 이리저리 사용할 수 있다.

반면, 외국어로 접하는 사람은 그러한 어휘의 의미를 그 사람의 모국어로 먼저 학습한 후 이를 사용하기에 최대한 다채로운 의미를 학습하는 것이다.

약간의 폭력성을 가미하면 이러한 이정표들도 ≒의 느낌으로 봐도 되지 않을까?

그렇다면, 대비의 경우에도 좌우로 찢어진다. 좀 폭력적으로 보면 이 역시도 결국 다른 내용이 아닌가.

그러면 ≠와 같은 느낌으로 이해할 수 있다.

---

36. 물론 이러한 현상을 설명하는 가설은 여러 가지 있다. 그중 가장 와닿는 설명을 제시했다.

논의의 끝

자 그러면 내 머릿속에선 정보의 이정표는 ≠/≒ 의 느낌을 파생시킨다.

그러나의 경우 ≠ 라는 느낌을 터트리고, 그러므로의 경우 ≒라는 느낌을 터트린다.

이렇게 극한의 단순함을 가지고 글을 읽어도 상관없다.

나는 이 땅에서 나고 자란 모국어 사용자이며, 많은 글을 읽었기 때문에 이런 단순한 태도만을 가지고 각 이정표들이 주는 미묘한 차이를 느낄 수 있기 때문이다.

그러나 이건 내가 글을 읽는 방법이다. 그러니 내 세상에서만 가능하다.

따라서 이 책을 보는 여러분들은 각 이정표들이 주는 느낌[37]만 가져가면 좋을 듯하다.

당연히, '궁극기'에서 언급했던 "A의 이정표가 나왔을 땐 B하고, 그것이 안 된다면 C하자"와 같은 명령어들과 마지막 장에서 제시한 극한의 단순화는 절대적인 사실이 아닌 하나의 의견에 불과하다.

이 책에서 전달하고 싶은 독해는 글 곳곳에 도사리고 있는 이정표들이 주는 느낌을 느껴보며 읽자는 것이다.

그저 그뿐이다.

---

37. 예시: 꼬라박기, 대비: 좌우로 찢기, 일치: 겹치기, 논증 및 추론: 지탱하기

마치며

• 돌아보며

이제 이 책은 끝났습니다. 참으로 긴 여정이었네요.

우리가 걸어왔던 길을 잠깐 돌아봅시다.

먼저 '궁극기'라는 단원에서 "예시가 나오면 일단 멈추고 어쩌고 저쩌고..."와 같은 세밀한 방법론들을 언급했던 것 같네요.

여기서는 각 이정표들마다 취해야 할 생각을 시간순으로 분절해서 설명해 드렸습니다.

그렇게 전체적으로 언급한 뒤, <예시>, <대비>, <일치>, <논증> 순서로 꽤나 세부적으로 설명했습니다.

그러면서, 각 이정표들을 학습해볼 수 있는 여러 기출 문장들로 훈련도 해봤죠.

그리고 마지막 '종합'편에서 이런 모든 논의들을 종합해서 제가 가진 느낌까지 전달했습니다.

• 독자들에게

기억이 나실진 모르겠는데, 제가 언젠간 말했죠.

본인의 생각을 가지고. 이 책은 그저 도움 되면 좋고 아니면 그만이라는 생각으로 읽어보라고요.

하나만 예로 들어볼까요.

'예시의 이정표'가 등장한 상황
→그 즉시 멈춰선 뒤, 뒷 부분을 앞 부분에 꼬라박힌다는 생각을 하며 읽어라.

'대비의 이정표'가 등장한 상황
→ 일단 다 읽고, (1) 괜찮으면 넘어가고, (2)찜찜하면 (2-1) 1대1 대응을 해보고 (2-2) 이것도
   안된다면, 이정표를 해명해라.

이에 대해 학생들의 반응은 다채롭습니다.

어떤 학생은 엄청 신기하다며 제게 감사함을 표한 학생도 있었고, 어떤 학생은 <예시>와 <대비> 부분만 괜찮지 <논증> 부분은 **제가 소개한 방법으로 하면 더 헷갈리니,** 자기가 평소 읽던 대로 읽어봐야겠다고 하더라고요.

이게 무슨 뜻일까요.

사람마다 받아들이는 것이 다르다는 거죠. 살아온 세계가 다르고, 접한 사람들이 다르고, 관심사가 다르니까요.

그래서 **여러분들은 제 책을 가볍게 읽어야 합니다.** 그래야 과몰입하지 않고, 본인들에게 와닿는 것만 잘 빼먹을 수 있을 테니까요.

만약 당신의 세계에 제가 소개한 도구들이 만족스럽게 안착했다면, 이 책대로 열심히 공부하시면 됩니다.

만약 당신의 세계에 제가 소개한 도구들이 자리 잡지 못한다면, **본인만의 이정표 대처 방법**에 대해 생각해보시면 됩니다.

제가 언급했던 것들은 그저 하나의 방법론에 불과하니, 각 이정표들에 대해 본인만의 방법론을 만들어보신 뒤, 이걸 발전시켜 나가면 될 거예요.

· K에게

저는 아무래도 몇 년 전 그쪽이 제게 말했던 의문에 대해 이제야 답해줄 수 있을 것 같습니다.

그냥 읽고 푸는 것이 무엇인지에 대해, 그리고 그걸 잘 하려면 어떤 방식으로 글을 읽어야 하는지에 대해.

그 답변으로 200페이지에 가까운 답장을 보냅니다.

여태까지의 기나긴 논의를 요약하자면 다음과 같습니다.

"읽는 것은 글 속에 담긴 세상을 내게 끌어오는 것이고, 그냥 읽는 것은 별다른 목적의식 없이 이를 수행하는 것이다. 이를 위해 고안한 방법의 첫 번째는 이정표가 주는 느낌을 느끼며 읽는 것이다. 그러다 보면 언젠간 아무 생각 없이 글을 읽어도 성공적으로 읽을 수 있지 않을까."

이제야 저는 말할 수 없는 것들에 대한 수능적 접근을 끝마친 듯합니다.

감사합니다.

#26110103

[1~3] 다음 글을 읽고 물음에 답하시오.

글을 읽고 그 의미를 이해하는 독해에는 글의 유형이나 독서 흥미 등의 다양한 요소가 영향을 미칠 수 있다. 이를 고려하여 독해 능력을 복잡한 과정으로 설명한 연구가 많다. 하지만 고프와 동료 연구자들이 제시한 단순 관점 은 독해 능력을 '해독'과 '언어 이해'로 단순화하여 설명한다. 해독은 개별 단어를 인식하는 능력으로, 단어를 빠르고 정확히 소리 내어 읽기, 단어를 한눈에 식별하기 등을 포함한다. 언어 이해는 말로 듣거나 글로 읽은 내용의 의미를 파악하는 능력으로, 중심 내용 파악하기, 추론하기 등을 포함한다.

단순 관점에 따르면 해독 발달에는 글자와 글자 소리에 대한 학습이 필수적이므로 글 읽기 경험과 말소리 듣기 경험이 모두 필요하다. 한편, 단어 인식을 못해 글을 읽을 수 없어도 그 내용을 말로 들려주었을 때 중심 내용 파악하기 등을 할 수 있다면, 해독 발달 전에도 구어 의사소통 경험을 통해 언어 이해가 발달된 것으로 본다. 또한 해독이 발달되면 글 읽기 경험을 통해서도 언어 이해가 발달될 수 있으므로 해독 발달 후에는 독서 경험이 독해 능력 발달에 주요한 기여를 한다고 본다.

이를 바탕으로 단순 관점은 독자 유형을 다음의 네 가지로 구분한다. 해독과 언어 이해가 모두 충분한 독자, 해독과 언어 이해가 모두 부족한 독자, 언어 이해는 충분하지만 해독은 부족한 독자, 해독은 충분하지만 언어 이해는 부족한 독자이다. 단순 관점에 따르면 해독과 언어 이해 중 어느 하나라도 부족한 독자는 독해에 어려움을 겪으며, 능숙한 독해 수준에 도달하기도 힘들다. 가령, 단어 인식은 잘하지만 글의 중심 내용은 파악하지 못하는 학생은, 해독은 충분하지만 언어 이해가 부족한 독자 유형에 해당하며 능숙한 독해 수준에 도달하지 못했다고 할 수 있다.

단순 관점은 글자를 단어로 인식하고 글의 내용을 파악하여 그 의미를 이해하기까지 독자의 머릿속에서 일어나는 작용이 어떤 과정을 거치는지 설명하지는 않는다. 그러나 독해 능력에 해독과 언어 이해가 미치는 영향을 규명함으로써 독해 능력 연구의 이론적 토대를 제공했다는 의의가 있다.

01 윗글의 내용과 일치하지 않은 것은?

① 단순 관점에 따르면 추론하기는 언어 이해에 해당한다.

② 단순 관점은 해독의 발달과 언어 이해의 발달을 모두 고려하여 독자 유형을 나눈다.

③ 단순 관점에 따르면 독해 능력이 발달되기 위해서는 말소리 듣기 경험에 앞서 독서 경험이 필요하다.

④ 단순 관점은 해독과 언어 이해가 독해 능력에 끼치는 영향을 밝혀 독해 능력 연구의 기반을 마련하였다.

⑤ 단순 관점과 달리, 독해에 영향을 주는 여러 요소를 고려하여 독해 능력을 복잡한 과정으로 설명한 연구들이 있다.

02 단순 관점 에 대한 비판으로 가장 적절한 것은?

① 해독이 부족하여 글의 내용을 잘 이해하지 못하는 경우를 다루지 않았다.

② 독해에서 어려움이 나타날 수 있음을 고려하지 않아 독해를 지나치게 단순화하였다.

③ 독해 능력 발달에 있어 해독의 영향이 더 크다고 보아 언어 이해의 중요성을 고려하지 않았다.

④ 해독 발달을 글을 통한 시각적 경험으로만 설명하여 청각적 경험의 필요성을 증명하지 못하였다.

⑤ 해독과 언어 이해를 바탕으로 글의 의미를 이해하기까지의 사고 과정이 어떻게 이루어지는지 밝히지 않았다.

03 윗글을 바탕으로 〈보기〉를 이해한 내용으로 적절하지 않은 것은? [3점]

> **◆ 보기 ◆**
>
> 단순 관점을 지지하는 연구자 갑은 학생 A, B의 독해 능력을 분석하기 위한 활동을 진행하였다. 활동은 학생 A, B와 같은 연령대의 학생들이 수행하기에 무리가 없는 수준의 자료로 진행되었다. 아래는 학생 A, B가 수행한 활동의 결과이다.
>
> ○ 소리 내어 단어 읽기 : 학생 A는 활동 자료에 있는 단어를 빠르고 정확하게 소리 내어 읽었고 한눈에 잘 식별하였다. 학생 B는 활동 자료에 있는 단어를 올바르게 발음하지 못하였고 한눈에 식별하지 못하였다.
>
> ○ 중심 내용 파악하기 : 학생 A는 활동 자료를 글로 읽을 때와 말로 들을 때 모두 중심 내용을 파악하지 못하였다. 학생 B는 활동 자료를 글로 읽을 때는 중심 내용을 파악하지 못했지만 말로 들을 때는 중심 내용을 파악하였다.

① 갑은 학생 A가 해독은 발달되었지만, 중심 내용을 파악하지 못한 점에서 언어 이해가 부족하다고 생각하겠군.

② 갑은 학생 A가 글자와 글자 소리에 대한 학습을 통해 개별 단어를 인식하는 능력이 발달되었다고 생각하겠군.

③ 갑은 학생 A의 언어 이해가 구어 의사소통 경험뿐 아니라 글 읽기 경험을 통해서도 발달될 수 있다고 생각하겠군.

④ 갑은 학생 B가 단어를 올바르게 발음하지는 못하지만, 글 읽기 경험을 통해 중심 내용은 파악할 수 있게 되었다고 생각하겠군.

⑤ 갑은 학생 B가 단어를 한눈에 식별하지는 못하지만 말로 들은 활동 자료의 중심 내용을 파악할 수 있었던 것은, 해독 발달 전에 언어 이해가 발달되었기 때문이라고 생각하겠군.

[4~9] 다음 글을 읽고 물음에 답하시오.

(가)

법조문으로 구성된 법 규범인 성문법의 의미를 파악하는 것을 법 해석이라고 한다. 법은 사회 구성원들에게 보편적으로 적용되는 규범이므로, 성문법을 ⓐ구성하는 단어나 문장은 그 일상적 의미에 충실하게 해석되어야 한다. 이러한 '문리 해석'이 법 해석의 출발점이다.

그러나 문리 해석으로 그 내용을 제대로 파악하기 어려우면, 그것이 사용된 맥락을 ⓑ고려하여 그 의미를 파악하는 '체계적 해석', 입법 과정에서 논의된 내용을 바탕으로 그 의미를 파악하는 '역사적 해석' 등의 해석 방법을 사용할 수 있다. 그 예로서 '담보'를 들 수 있다. 담보의 일상적 의미는 '맡아서 보증함'이고, 이런 의미로 사용된 예로 '구조물의 안전을 담보하기 위한 검사'를 들 수 있다. 하지만 성문법 조문에서 사용될 때는 그 맥락을 고려하여 다른 의미로 해석되기도 한다.

담보는 유상 계약의 맥락에서 거래 대상의 값어치를 보장한다는 의미로 해석된다. 유상 계약이란 그 당사자가 서로 대가를 주고받을 것을 약속하는 계약을 뜻한다. 유상 계약의 일종인 매매 계약에서 목적물이 계약 체결 당시부터 있던 하자 때문에 대금만큼의 값어치를 하지 못하는 상태였다면, 매도인은 그 하자 발생의 원인이 무엇이든 담보 책임을 져야 한다. 그 책임의 내용은 손해 배상이 원칙이지만, 만약 하자로 인해 매수인이 계약의 목적을 달성할 수 없으면 매수인은 계약을 ⓒ파기하고 대금 환불을 청구할 수도 있다. 다만 매수인이 계약 체결 당시 하자의 존재를 알았거나 알 수 있었던 경우에는 담보 책임이 인정되지 않는다.

한편, 담보는 채권과 관련된 맥락에서는 채권의 실현 가능성을 보장하기 위한 조치라는 의미로 해석된다. 담보 물권이 그 예이다. 금전 채권은 채권자가 채무자로부터 돈을 받아야 실현되는데, 채무자가 돈을 지급하지 않으면 강제 집행 절차를 거쳐야 한다. 강제 집행의 목적물이 부동산이면 그 부동산을 경매하여 마련된 경매 대금을 배당받음으로써 금전 채권이 실현된다. 이때 경매 대금을 배당받을 금전 채권자가 여럿이면 각 채권자는 각자의 채권액에 비례하여 배당받아야 하는 것이 원칙이다. 그러나 그 채권자 중 담보 물권을 가진 자는 경매 대금에서 자신의 채권액부터 먼저 배당받는다.

(나)

보증이란 채무자가 채무를 이행하지 않으면 그 채무를 다른 사람이 대신 이행하기로 하는 것이다. 이때 원래의 채무자를 주채무자, 주채무자 대신 채무를 이행하는 사람을 보증인이라 하고, 주채무자가 부담하는 채무를 주채무, 보증인이 부담하는 채무를 보증 채무라 한다. 보증은 담보 기능을 수행하므로 주채무가 소멸되면 보증 채무도 당연히 소멸된다. 보증이 ⓓ성립하려면 채권자와 보증인을 당사자로 하는 보증 계약이 필요하다. 보증 계약은 보증인에게만 채무를 발생시키므로 유상 계약이 아니다. ㉠이는 주채무자와 보증인 간에 보증의 대가를 지급하기로 하는 계약이 별도로 체결되었더라도 마찬가지이다.

보증 계약에 대해서는 보증인 보호를 위하여 법적 규제가 적용된다. 우선 「민법」에 의하면 보증 계약을 할 때는 일반적인 계약과는 달리 계약서가 작성되어야 하고, 여기에는 보증인의 서명이나 기명 날인이 있어야 한다. 이를 위반한 보증 계약은 무효이지만 보증 채무가 이행되었으면 보증인이 그 무효를 주장할 수 없다. 주채무가 주채무자의 사업과 무관한 금전 채무이고, 보증인이 대가 없이 주채무자에 대한 호의로 보증 계약을 한 경우에는 「보증인 보호를 위한 특별법」에 의한 보호도 제공된다. 예컨대 보증 기간이 명시되지 않은 경우 보증 기간은 3년으로 간주된다.

채권자가 주채무자에게 주채무의 이행을 청구하지 않고 곧바로 보증인에게만 보증 채무의 이행을 청구한 경우, 보증인은 주채무자가 강제 집행 대상 재산을 보유하고 있음을 채권자에게 증명하여 보증 채무의 이행을 거절할 수 있는 권리가 있다. 그러나 보증인이 이러한 권리를 포기하기로 하는 '연대 보증 특약'이 보증 계약에 포함될 수 있다. 이러한 특약을 한 보증인인 연대 보증인은, 채권자가 곧바로 주채무 전액에 해당하는 돈의 지급을 요구하더라도 그 이행을 거절할 수 없다.

연대 보증인에게도 「보증인 보호를 위한 특별법」이 적용되는지가 문제 되는데, 어떤 해석 방법을 따르느냐에 따라 결론이 달라질 수 있다. 위 법률 제2조가 그 적용 대상인 보증 계약을 '주채무자가 금전 채무를 이행하지 않는 경우 그 채무를 보증인이 이행하기로 하는 계약'이라고 ⓔ규정하고 있으나 그 입법 과정에서 연대 보증인 보호의 필요성이 강조되었기 때문이다.

04 (가)와 (나)의 내용 전개 방식에 대한 설명으로 가장 적절한 것은?

① (가)는 법조문의 의미 해석 방법을 구분하여 제시하고, (나)는 보증 계약에 관한 규범의 주요 내용을 열거하고 있다.

② (가)는 법조문의 의미 차이가 확대되어 온 이유를 분석하고, (나)는 보증 계약에 관련되는 주요 개념들을 정의하고 있다.

③ (가)는 법조문의 의미를 해석하는 방법의 사례를 소개하고, (나)는 보증 계약의 폐해와 이로 인한 결과를 서술하고 있다.

④ (가)는 법조문의 의미를 파악하는 입장들을 대조하고, (나)는 보증 계약이 역사적 맥락에 따라 변화한 과정을 밝히고 있다.

⑤ (가)는 법조문의 의미를 다른 상황에서 유추하여 도출하고, (나)는 보증 계약의 유형별로 규제의 공통점을 비교하고 있다.

05 (가)를 통해 알 수 있는 내용으로 적절하지 <u>않은</u> 것은?

① 법은 사회 구성원들에게 보편적으로 적용되어야 하므로 일상적 의미가 해석의 출발점이 되어야 한다.

② 법조문에서의 담보에는 채권자의 금전 채권 실현의 가능성을 보장하는 조치라는 법적인 의미가 부여되기도 한다.

③ 금전 채권자가 여럿인 경우에 진행된 경매에서 담보 물권의 존재 여부는 경매 대금의 배당 순위에 영향을 준다.

④ 유상 계약에서의 담보는 당사자 간 거래 대상의 값어치를 보장하는 의미로 해석되므로, 교환 대상 사이의 값어치가 일치해야 계약이 체결된다.

⑤ 법조문의 의미를 문리 해석만으로 제대로 파악하기 어려운 경우에는 법조문의 입법 과정에서 논의된 내용을 바탕으로 그 의미를 해석하기도 한다.

06 (가), (나)를 바탕으로 할 때, ㉠의 이유로 가장 적절한 것은?

① 주채무자가 보증인에게 지급하기로 한 대가를 채권자가 대신 받을 수 있기 때문이다.

② 보증인에게 대가를 지급할 의무를 지는 사람이 보증 계약의 당사자가 아니기 때문이다.

③ 보증 채무를 이행하기 전까지는 보증인이 주채무자로부터 손해 배상을 받을 수 없기 때문이다.

④ 채권자에게 주채무자 대신 채무를 이행하는 것은 보증인 자신의 채무를 이행하는 것에 해당하기 때문이다.

⑤ 보증은 주채무자에 대한 채권의 실현을 담보하는 기능을 수행한다는 점에서 담보 물권과 다름없기 때문이다.

07 연대 보증인 에 대한 이해로 가장 적절한 것은?

① 주채무자에 대한 호의로 대가 없이 보증 계약을 한 자이어야 한다.

② 「보증인 보호를 위한 특별법」 제2조의 문리 해석에 의하면 이 법의 적용 대상에 해당한다.

③ 채권자가 주채무자에게 채무의 이행을 청구하지 않는 한 보증 채무의 이행을 거절할 권리가 있다.

④ 채권자와는 보증 계약을 하고 채무자와는 연대 보증 특약을 함으로써, 보증 채무를 부담하게 된다.

⑤ 채권자가 주채무자에게 채무의 이행을 청구하여 그 채권이 실현되면 더 이상 보증 채무를 이행할 의무가 없다

08 (가), (나)를 바탕으로 〈보기〉를 이해한 내용으로 적절하지 **않은** 것은? [3점]

> **─◆ 보기 ◆─**
>
> 갑은 자신이 보유한 예술품을 1년에 1점씩 4년간 을에게 납품하고, 그 대금으로 1점당 500만 원씩을 매년 연말에 받기로 하는 매매 계약을 했다. 을은 그 예술품을 소장 목적으로 수집하고 있었다. 갑이 을에게 대금 채무에 대한 담보를 요구하자 을은 병에게 보증을 서 달라고 부탁했고, 병은 을에 대한 호의로 대가 없이 갑과 보증 계약을 했다. 이에 갑이 을에게 예술품의 납품을 시작했고 을은 2년 동안 갑에게 그 대금을 지급했다. 그런데 이후 2년 동안 갑이 예술품을 1년에 1점씩 납품했으나 을은 그 대금을 지급하지 않았다. 이에 갑이 병에게 미납 대금 1,000만 원의 지급을 요구하고 있다.

① 갑이 납품한 예술품에 갑의 행위와 무관한 하자가 있어서 을에게 손해가 발생한 경우, 계약 체결 시점에 을이 그 하자를 알 수 있었으면 을은 손해 배상을 받을 권리가 없다.

② 갑이 납품한 예술품에 하자가 있어서 을에게 손해가 발생한 경우, 을이 그 하자에도 불구하고 계약의 목적을 달성할 수 있으면 을은 그 대금의 환불을 받을 권리가 없다.

③ 보증 계약서에 병의 서명은 있고 연대 보증 특약이 없는 경우, 을에게 강제 집행 대상 재산이 있음을 병이 갑에게 증명했더라도 병은 갑이 요구한 1,000만 원의 지급을 거절할 수 없다.

④ 보증 계약서가 작성되지 않았고 연대 보증 특약이 없는 경우, 병이 을을 대신하여 갑에게 1,000만 원을 지급했으면 보증 계약의 무효를 주장할 수 없다.

⑤ 보증 계약서에 병의 서명도 날인도 없지만 연대 보증 특약이 있는 경우, 「보증인 보호를 위한 특별법」 제2조를 어떤 방법으로 해석하든 병은 갑에게 1,000만 원을 지급할 의무가 없다.

09 문맥상 ⓐ~ⓔ와 바꿔 쓰기에 적절하지 **않은** 것은?

① ⓐ : 이루는

② ⓑ : 헤아려

③ ⓒ : 깨뜨리고

④ ⓓ : 이루어지려면

⑤ ⓔ : 바로잡고

[10~13] 다음 글을 읽고 물음에 답하시오.

열팽창이란 물체의 온도 변화에 따라 그 길이, 부피가 변화하는 현상을 말한다. 그중 길이의 변화를 수치화한 것이 선형 열팽창 계수인데, 이는 온도 변화에 따른 길이 변화율을 온도 변화량으로 나눈 값이다. 여기에서 길이 변화율은 길이의 변화량을 처음 길이로 나누어 ⓐ얻는 값이며, 변화량이란 나중 값에서 처음 값을 뺀 것이다. 대부분의 물질은 선형 열팽창 계수가 양수이며 물질마다 그 값이 다르다. 합금인 인바(invar)와 순수한 금속인 알루미늄은 선형 열팽창 계수가 양수인 물질이며 인바는 알루미늄에 비해 매우 작은 선형 열팽창 계수를 갖는다.

선형 열팽창 계수가 다른, 두 종류의 물질 P와 Q를 서로 같은 두께의 두 층으로 접합하여 평평한 띠를 만든다고 하자. 이

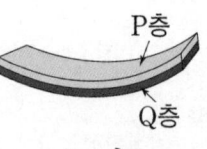

<그림>

때 Q가 P보다 선형 열팽창 계수가 크다면 온도를 올렸을 때 Q층은 P층보다 더 팽창하려고 한다. 그러나 두 층이 접합되어 있어 독립적인 팽창이 억제되므로, <그림>과 같이 띠가 P층 쪽으로 원의 호 형태로 휘면서 팽창한 후 그 상태를 유지한다. 이후 다시 처음의 온도로 내리면 띠는 원래 모양으로 ⓑ돌아온다.

물체의 휨의 정도는 곡률로 수치화할 수 있는데, 띠 또한 휨의 정도를 곡률로 나타낸다. 띠의 길이에 비해 두께가 매우 얇고 폭이 좁아 띠를 하나의 곡선이라고 간주하면, 띠를 원의 호로 생각할 수 있다. 이때 이 원의 호를 포함하는 원의 반지름을 휘어진 띠의 곡률 반지름이라 하는데, 곡률은 이 곡률 반지름의 역수이다. 즉, 곡률 반지름이 작을수록 더 심하게 휘어진 것이다. 다른 조건이 동일하다면, 두 물질의 선형 열팽창 계수 차이가 크거나 온도 변화가 클수록 띠가 더 휘어진다. 온도 변화량이 같아도 띠를 이루는 물질에 따라 띠가 휘는 정도는 달라지며, 이를 나타내는 것이 휨 민감도이다. 휨 민감도가 더 크다는 것은 같은 온도 변화량에서 띠가 더 심하게 휨을 의미한다.

띠의 한쪽 끝을 고정하고 열을 가하면 띠가 휘면서 반대쪽 끝이 움직이는 액추에이터가 된다. 액추에이터란 열에너지 등을 기계적 동작으로 변환하는 장치로, 액추에이터의 설계에는 최대 이동 거리, 띠가 외부에 가할 수 있는 힘, 반응 완료 시간 등이 고려된다.

띠가 휠수록 고정되지 않은 끝의 이동 거리는 커진다. 최대 이동 거리는 휨을 방해하는 외부의 힘이 없다고 가정할 때, 주어진 온도 변화량에서 띠의 끝이 최대로 이동할 수 있는 거리이다. 이 값은 띠의 길이에 따라 달라진다. 띠가 휘면서 띠의 끝이 외부에 힘을 가할 수 있는데, 이 힘은 띠의 끝이 최대 이동 거리에 도달하여 휨이 완료되었을 때 소멸된다. 따라서 띠가 외부에 가할 수 있는 힘이 소멸되는 시점은 최대 이동 거리에 도달했을 때이고, 이는 띠가 휘는 과정에서 최대의 곡률에 도달했을 때와 같다. 반응 완료 시간 또한 고려해야 하는데, 반응 완료 시간은 온도를 올리기 시작한 시점부터 띠의 끝이 최대 이동 거리에 도달하기까지의 시간이고, 띠의 두께가 얇을수록 짧다.

10 윗글의 내용과 일치하는 것은?

① 온도의 변화에 따라 물체의 길이는 변하지만 부피는 변하지 않는다.

② 물질의 선형 열팽창 계수는 열을 가해 변화되었을 때의 길이를 열을 가하기 전의 길이로 나눈 값이다.

③ 선형 열팽창 계수가 음수인 물질이 선형 열팽창 계수가 양수인 물질보다 그 종류가 더 많다.

④ 액추에이터는 열에너지를 얻기 위해 기계적 움직임을 이용하는 장치이다.

⑤ 서로 다른 물질을 두께가 같은 두 층으로 접합해 만든 띠의 온도를 올릴 때, 띠의 두께가 얇을수록 휨이 빨리 완료된다.

11 윗글에서 추론한 내용으로 적절하지 <u>않은</u> 것은?

① 선형 열팽창 계수가 음수인 물질에 열을 가하면 길이가 줄어든다.

② 온도에 따라 길이 변화가 작아야 하는 부품에는 알루미늄보다 인바가 더 적합하다.

③ 두 물질을 접합하여 두 층으로 이루어진 띠를 만들고 온도를 내리면 선형 열팽창 계수가 작은 물질 쪽으로 휜다.

④ 열팽창으로 길이가 늘어난 두 물체의 길이의 변화량이 같다면 팽창 전의 길이가 더 긴 물체의 길이 변화율이 더 작다.

⑤ 한쪽 끝이 고정되고 길이가 다른 평평한 두 띠가 동일한 곡률로 휘었다면 길이가 긴 띠의 끝의 이동 거리가 더 길다.

③ T_0에서 T_1로 올렸을 때, A와 B 각각의 동작이 멈추는 데 걸린 시간이 서로 같았다면 b의 반응 완료 시간이 a보다 짧겠군.

④ T_0에서 T_2로 올렸을 때, a의 최대 이동 거리가 b보다 더 크겠군.

⑤ B와 달리, T_2가 되어야 A가 물체를 잡을 수 있었던 것은 a가 b보다 휨 민감도가 크기 때문이겠군.

12 윗글을 바탕으로 〈보기〉를 이해한 내용으로 적절한 것은? [3점]

─────── 보기 ───────

두 물질을 접합하여 두 층으로 만든, 두 종류의 띠 a와 b가 있다. 두 물질의 선형 열팽창 계수의 차이는 b가 a보다 크고, 두께와 길이는 a, b 모두 같다. 이 띠를 활용하여 오른쪽 그림과 같이 띠가 안으로 휘어 물체를 잡는 집게를 만들 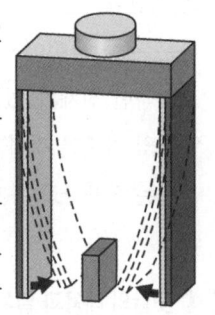 었다. a를 두 개 사용한 것은 집게 A이고, b를 두 개 사용한 것은 집게 B이다. 온도 T_0에서 A와 B의 모든 띠는 평평한 형태였다. 이후 온도를 T_1로 올렸을 때는 B만 물체를 잡을 수 있었다. 그런데 T_0에서 T_1보다 높은 온도인 T_2로 온도를 올렸을 때는 A도 물체를 잡을 수 있었다. (단, 선형 열팽창 계수 차이, 온도 변화 외에 휨에 영향을 주는 다른 요소는 고려하지 않음.)

① T_0에서 T_1로 올렸을 때보다 T_0에서 T_2로 올렸을 때, a와 b 모두 외부에 가할 수 있는 힘이 소멸되는 시점의 곡률은 더 크겠군.

② T_0에서 T_1로 올렸을 때, a와 b 각각의 휨이 멈춘 시점에서의 a의 곡률 반지름은 b의 곡률 반지름보다 작겠군.

13 ⓐ, ⓑ의 의미로 쓰인 예가 바르게 짝지어진 것은?

①
- ⓐ : 그는 이 실험에서 예측한 근사치를 <u>얻었다</u>.
- ⓑ : 그는 은퇴한 후 고향으로 <u>돌아왔다</u>.

②
- ⓐ : 그는 친구의 도움에 용기를 <u>얻었다</u>.
- ⓑ : 곧 그에게 발표할 차례가 <u>돌아온다</u>.

③
- ⓐ : 그는 열심히 일해 지금의 결과를 <u>얻었다</u>.
- ⓑ : 그는 지름길을 두고 먼 길로 <u>돌아왔다</u>.

④
- ⓐ : 그는 자신이 하는 일에서 보람을 <u>얻었다</u>.
- ⓑ : 모임이 한 달에 한 번씩 <u>돌아온다</u>.

⑤
- ⓐ : 그는 가족의 열렬한 호응에 자신감을 <u>얻었다</u>.
- ⓑ : 우리 부서에 적은 돈이 몫으로 <u>돌아왔다</u>.

[14~17] 다음 글을 읽고 물음에 답하시오.

철학에서 특정한 개인으로서의 인간을 '인격', 그중 '나'를 '자아'라고 한다. 인격의 동일성은 모든 생각의 기반이다. 우리는 과거의 내가 현재의 나와 동일한 인격이기에 과거에 내가 한 약속을 현재의 내가 지켜야 한다고 판단한다. 칸트 이전까지 인격의 동일성을 설명하는 유력한 견해는, '생각하는 나'인 영혼이 단일한 주관으로서 시간의 흐름 속에 지속한다는 것이었다. '주관'은 인식의 주체를 가리키며, '인식'은 '앎'을 말한다.

그러나 칸트는 '나는 생각한다.', 즉 '자기의식'은 인식이 이루어지는 것을 가능하게 하는 조건 중 하나에 불과하다고 본다. 그러한 조건 자체는 무언가가 실재함을 보장하지 않는다. 그렇기에 자기의식은 '생각하는 나'가 단일한 주관으로서 실제로 존재한다는 것, 즉 '영혼의 실재함'을 보장하지 않고, '영혼이 실재할 가능성'을 열어둘 뿐이다.

[A] 이를 바탕으로 칸트는 영혼이 인격이라는 견해를 반박한다. 칸트는 '시간의 흐름 속에서 스스로의 동일성을 의식하는 것은 인격이다.'와 '영혼이 자기의식을 한다.'라는 두 전제 모두 납득할 수 있다고 보지만, 그 전제들로부터 '영혼이 인격이다.'라는 결론은 도출되지 않는다고 지적한다. 첫 번째 전제에 등장하는 '의식'은 실제로 존재하는 무언가에 대해 의식한다는 뜻이지만, '생각하는 나는 생각한다.'와 다름없는 두 번째 전제에 등장하는 '의식'은 무언가가 꼭 실재함을 뜻하지는 않기 때문이다.

칸트는 통시적으로 동일한 인격의 존재를 직접 증명하는 대신 '시간의 흐름 속에서 마주치는 복수의 주관이 동일한 인격으로 인식된다.'라는 가정이 반드시 선행되어야 한다고 제안한다. 그래야 경험적 판단, 윤리적 판단 등의 생각이 가능하기 때문이다. 생각의 구성은 시간의 흐름을 따르는데, 이러한 구성은 통시적으로 동일한 인격을 반드시 필요로 한다는 것이다.

스트로슨은 자아를 인식하는 방식이 경험적 인식의 방식과 구별된다는 칸트의 견해에 동의하지만, 복수의 주관이 동일한 인격으로 인식된다고 가정하는 것은 철학적 상상에 불과하다고 칸트를 비판한다. 인격의 문제에서 신체를 간과한 칸트와 달리, 스트로슨은 인격을 의식과 신체의 복합체로 본다. 스트로슨에 따르면, 시공간적 세계 안에서 우리의 신체를 매개로 대상이 경험된다는 것은 과학적 사실이며 자아에 대한 인식은 경험적 인식들로부터 추상화되는 것이다. 그러므로 시공간적 세계에서의 경험이 인격의 통시적 동일성을 뒷받침한다고 그는 주장한다. 자기의식도 마찬가지로 경험에 의존하기에, 자기의식이 인식을 가능하게 하는 조건이라는 칸트의 견해는 잘못이라는 것이다.

롱게네스는 통시적으로 동일한 자아가 없이는 경험적 인식이 성립할 수조차 없으므로, 자아에 대한 인식은 경험으로부터 추상화된 것이 아니라고 본다. 하지만 그는 자아와 인격이 시공간적 세계를 경험하는 인간에만 적용되는 개념이라고 주장한다. 롱게네스는 인간은 도덕적 존재이며 도덕적 존재로서의 인간은 자율성을 지닌 존재라는 칸트의 견해를 인정한다. 그러나 자율성을 지닌다는 것은 시공간적 세계를 살아가는 동안 경험하는 것들 사이에서 스스로 선택한다는 것을 뜻한다. 그러려면 신체가 있고 살아 있어야 하므로, 인격의 동일성의 기준은 각자가 자신의 것이라고 통시적으로 인식하는 신체라고 롱게네스는 주장한다.

14 윗글의 내용과 일치하는 것은?

① 칸트에 따르면 자기의식은 영혼의 실재를 보장한다.

② 칸트에 따르면 생각의 구성은 시간의 흐름과 독립적이다.

③ 스트로슨에 따르면 자기의식은 인식을 가능하게 하는 조건이다.

④ 스트로슨에 따르면 의식을 매개로 대상이 경험된다는 것은 과학적 사실이다.

⑤ 롱게네스에 따르면 살아 있다는 것은 시공간적 세계 안에서의 선택에 필수적이다.

15 [A]에서 답을 찾을 수 있는 질문으로 가장 적절한 것은?

① '두 전제'를 연결하는 개념의 함의는 실재성과 관련하여 어떤 점에서 서로 다를까?

② '복수의 주관이 동일한 인격으로 인식된다.'라는 가정은 어떤 점에서 반박되고 있을까?

③ '영혼이 실재할 가능성'이 열려 있다는 것이 납득할 수 없는 견해인 근거는 무엇일까?

④ 인격의 통시적 동일성이 '직접 증명'될 수 있다는 견해를 받아들여야 하는 근거는 무엇일까?

⑤ '영혼이 자기의식을 한다.'라는 전제가 '생각하는 나는 생각한다.'라는 전제와 다름없는 근거는 무엇일까?

16 다음은 윗글을 읽고 학생이 작성한 학습 활동지이다. 윗글을 바탕으로 할 때, 적절하지 <u>않은</u> 것은?

□ 아래의 핵심 개념에 대해 윗글에 제시된 학자들이 보일 수 있는 입장을 작성해 봅시다.

[핵심 개념1] 자아에 대한 인식과 경험적 인식

• 칸트 : 자아를 인식하는 방식과 시공간적 세계의 대상들을 경험적으로 인식하는 방식은 다르다고 본다. · ①

• 스트로슨 : 시공간적 세계에서 이루어지는 경험적 인식은 자아에 대한 인식에 의존한다고 본다. ··········· ②

[핵심 개념2] 추상화 과정

• 스트로슨 : 경험으로부터의 추상화 과정을 거치지 않고서 '나'를 인식할 수 있다는 것에 동의하지 않는다.

• 롱게네스: 경험으로부터의 추상화 과정을 거치지 않고서 '나'를 인식할 수 있다는 것에 동의한다. ········ ③

[핵심 개념3] 통시적 인격과 도덕적 존재

• 칸트, 롱게네스 : 도덕적 존재로서의 인간이 자율성을 지닌다는 것을 수용한다. ··············· ④

• 칸트, 스트로슨, 롱게네스 : '시간의 흐름 속 동일한 인격으로서의 나'라는 개념을 수용한다. ··············· ⑤

17 윗글을 바탕으로 〈보기〉를 이해한 반응으로 가장 적절한 것은? [3점]

┤ 보기 ├

갑 : 두뇌에서 일어나는 의식을 스캔하여 프로그램으로 재현 한다고 상상해 보자. 그런 경우, 본래의 자신과 재현된 의식은 동일한 인격이 아니야. 두뇌에서 일어나는 의식은 신체 전체의 기여로 일어난 것이기 때문이지. 즉, 프로그램으로 재현된 의식은 인격일 수 없어. '생각하는 나'의 지속만으로는 인격의 동일성이 보장될 수 없고, 살아 있는 신체도 인격의 구성 요소에 포함되어야 하거든.

을 : 그렇지 않아. 프로그램으로 재현된 의식은 본래의 자신과 동일한 인격이야. 비록 프로그램은 신체가 없지만 우리 두뇌와 프로그램이 수행하는 사고 기능에는 근본적인 차이가 없거든. 인격의 동일성은 어떤 가정도 두지 않고 이러한 사고 기능의 동일성만을 기준으로 판단해야 해.

① 롱게네스의 견해에 의하면, 프로그램으로 재현된 의식만으로 인격이 될 수 있다는 갑의 입장은 옳겠군.

② 스트로슨의 견해에 의하면, 신체를 지니지 않은 존재에게 인격이 귀속될 수 없다는 을의 입장은 옳지 않겠군.

③ 칸트 이전까지 유력했던 견해에 의하면, '생각하는 나'의 지속만으로는 인격의 동일성을 보장하지 않는다는 갑의 입장은 옳지 않겠군.

④ 칸트의 견해에 의하면, 인격의 통시적 동일성은 그것에 대한 가정이 선행될 필요 없이 사고 기능의 동일성을 통해 판단된다는 을의 입장은 옳겠군.

⑤ 롱게네스의 견해에 의하면, 인간과 상이한 존재에 의해서도 동일하게 수행될 수 있는 사고 기능이 인격의 동일성을 판단하는 기준이라는 을의 입장은 옳겠군.

해설

· 본인이 찾은 이정표가 맞는지 헷갈린다면 이를 참고해보자.

001 이를 바탕으로 단순 관점은 독자 유형을 다음의 네 가지로 구분한다. 해독과 언어 이해가 모두 충분한 독자, 해독과 언어 이해가 모두 부족한 독자, 언어 이해는 충분하지만 해독은 부족한 독자, 해독은 충분하지만 언어 이해는 부족한 독자이다. 단순 관점에 따르면 해독과 언어 이해 중 어느 하나라도 부족한 독자는 독해에 어려움을 겪으며, 능숙한 독해 수준에 도달하기도 힘들다.^(예시의 이정표)**가령**, 단어 인식은 잘하지만 글의 중심 내용은 파악하지 못하는 학생은, 해독은 충분하지만 언어 이해가 부족한 독자 유형에 해당하며 능숙한 독해 수준에 도달하지 못했다고 할 수 있다.

[26110103]

002 그러나 문리 해석으로 그 내용을 제대로 파악하기 어려우면, 그것이 사용된 맥락을 고려하여 그 의미를 파악하는 '체계적 해석', 입법 과정에서 논의된 내용을 바탕으로 그 의미를 파악하는 '역사적 해석' 등의 해석 방법을 사용할 수 있다. ^(예시의 이정표)그 예로서 '담보'를 들 수 있다. 담보의 일상적 의미는 '맡아서 보증함'이고, 이런 의미로 사용된 ^(예시의 이정표)예로 '구조물의 안전을 담보하기 위한 검사'를 들 수 있다. 하지만 성문법 조문에서 사용될 때는 그 맥락을 고려하여 다른 의미로 해석되기도 한다.

[26110409]

003 대부분의 물질은 선형 열팽창 계수가 양수이며 물질마다 그 값이 다르다. ^(예시의 이정표)합금인 인바(invar)와 순수한 금속인 알루미늄은 선형 열팽창 계수가 양수인 물질이며 인바는 알루미늄에 비해 매우 작은 선형 열팽창 계수를 갖는다.

[26111013]

004 천지간에 만물이 소리를 내게 만드는 것은 무엇인가? ^(예시의 이정표) 초목은 움직이지 않으면 그 자체로 소리가 나지 않으나 바람이 불면 소리가 난다. 그런즉 초목이 소리를 내게 하는 것은 바람이다. 금석은 때리지 않으면 그 자체로는 소리가 나지 않으나 물건이 때리면 소리가 난다. 그런즉 금석이 소리를 내게 하는 것은 물건이다.

[26112226]

005 이러한 사단이 벌어지게 된 것은 다름이 아니었다. 아무도 거들떠보지 않던 심심산골, 불모의 황무지였던 이곳 독가촌 일대가 하루아침에 각광을 받는 지대로 둔갑이 되었기 때문에 생긴 일이었다. ^(예시의 이정표)**특히** 독가촌은 오늘의 달라진 인문지리의 환경으로 따져 보았을 적에 고속도로와 접속이 되게 될 교통 요충지가 되었을 뿐 아니라 관광지로서의 좋은 조건을 모두 구비하고 있다는 것이었다.

[26112730]

006 대중 예술인 영화는 대중의 취향에 민감하게 반응해 왔다. 장르 영화가 ^(예시의 이정표)대표적인 사례다. 특정 장르가 유행했다가 침체되는 현상이나, 장르의 전형적인 관습이 형성되고 변형되는 과정에는 대중의 취향이 반영되어 있다.

[26090409]

007 크라카우어는 영화의 표면에 가시적으로 드러난, 전형적인 모티브나 이미지가 암시하고 비유하는 것을 해석함으로써 그 이면에 감추어진 이념을 읽어 내고, 이를 바탕으로 사회를 이해할 수 있다고 보았다. ^(예시의 이정표)예를 들어, 1920년대 독일 영화에 반복해서 등장하는 밀실, 광인, 독재자 등을 담은 이미지의 이면에서 패전 이후 독일 사회 전반에 만연했던 현실 도피의 퇴행적인 심리와, 왕정복고를 바라는 정치적 이념을 읽어 낼 수 있다는 것이다.

[26090409]

008 수빈은 SF가 등장하기 이전에도 인간은 허구적 이야기를 통해, 낯선 미지의 세계에 대한 동경심을 충족해 왔다고 말한다. ^(예시의 이정표)**특히** 수빈은 이상적인 세계인 유토피아에 대한 동경을 다룬 이야기와 SF 사이의 유사성을 인정하고 유토피아를 SF의 중요한 소재로 받아들인다.

[26090409]

009 최소가청강도는 주파수 별로 그 크기가 정해져 있다. ^(예시의 이정표)**예를 들어**, 1,000 Hz부터 10,000 Hz 사이에서는 아주 작은 소리도 들을 수 있지만, 100 Hz 이하의 저음에서는 훨씬 큰 소리여야 들을 수 있다.

[26091417]

010 범주화는 우리가 대상을 이해하는 방식 중 하나로, 개별 대상을 동일한 속성끼리 묶어 파악하는 사고방식이다. ^(예시의 이정표)**예를 들면**, 음악을 연주하는 데 쓰는 기구를 소리를 내는 방법이 동일한 것끼리 묶어 현악기 · 관악기 · 타악기로 이해하는 것이다.

[26094345]

011 개인의 권리 보장뿐 아니라 주거, 노동, 환경 등의 영역에서 평등과 연대의 가치를 구현하기 위한 제도의 구축 및 관리도 법의 역할이 되어, 그 역할 수행에 필요한 의무 규정들이 늘어난다. ^(예시의 이정표)**가령** 「대기환경보전법」은 오염 물질의 배출을 규제하는 대기 환경 관리 체계의 기능을 강화함으로써, 깨끗한 환경에서 살 시민의 권리를 실현하기 위한 공적 토대를 만들고자 한다.

[26060103]

012 주택이나 상가 임대차에서도 법이 아니라 계약으로 재산 관계가 정해지는 경우가 있다. 임차인이 임차물을 사용할 권리가 소멸했거나 임차인의 경제력이 충분하면 임차인을 보호할 필요가 없기 때문이다. ^(예시의 이정표)**예컨대** 임대차 종료 후 임차물을 반환할 때 임차인이 이를 원상회복할 의무를 지는지를 결정할 때는 계약이 법률보다 우선 적용된다. 또한 보증금이 「상가건물 임대차 보호법」에 정해진 상한액을 초과하면 최단 존속 기간이 적용되지 않으므로, 이때 존속 기간을 정하지 않기로 계약했다면 당사자들은 자유롭게 임대차를 종료시킬 수 있다.

[26060409]

013   이 공간은 기존의 공간 개념과는 다른 이해를 요구한다. ^(예시의 이정표)**예를 들어** 뉴턴이 생각한 공간은 주체나 대상과 관계없는 절대적인 것이었으나, 인포스피어는 대상과 주체가 서로 의존함으로써 존재하는 공간이자 대상이 추상화 층위를 통해서 인식되는 공간이다.

[26061417]

014   그런데 용언이 활용할 때에는 음운 변동이 일어날 수 있으며 그 결과가 표기에 반영되기도 하고 반영되지 않기도 한다. ^(예시의 이정표)**예컨대** '쌓다'는 '쌓+고[싸코]'에서 거센소리되기, '쌓+아[싸아]'에서 'ㅎ' 탈락, '쌓+는[싼는]'에서 음절의 끝소리 규칙과 비음화가 적용되더라도 이들 음운 변동 결과는 표기에 반영되지 않는다.

[26063536]

015   「정을선전」은 영웅소설과 가정소설의 상투적인 면모가 혼재되어 나타난다. ^(예시의 이정표)**이를테면**, 가정 안팎의 서사는 남주인공을 매개로 연결되고, 사건이 선악 구도로 전개되며, 인물의 고난과 감정은 극대화된다.

[25110025]

016   영화의 형식을 중시한 '이미지를 믿는 감독'은 다양한 영화적 기법으로 현실을 변형하여 새로운 의미를 창조하는 데 주력한다. 몽타주의 대가인 예이젠시테인이 ^(예시의 이정표)**대표적이다.** 몽타주는 추상적이거나 상징적인 이미지를 통해 관객이 익숙한 대상을 낯설게 받아들이게 한다. 또한 짧은 숏들을 불규칙적으로 편집해서 영화가 재현한 공간이 불연속적으로 연결된 듯한 느낌을 만들어 낸다.

[25091217]

017　이러한 문제점을 완화하기 위해 기업이 경영자와 계약을 체결하여 급여 이외의 경제적 이익을 동기로 부여하는 방안이 있다. ^(예시의 이정표)**예를 들면**, 일정 수량의 주식을 계약 시에 정한 가격으로 미래에 매수할 수 있도록 하는 스톡옵션의 권리를 경영자에게 부여하는 방식이 있다. 이 권리를 행사할지 말지는 자유이고, 경영자는 매수 시점을 유리하게 선택할 수 있다.　　　　　　　　　　[25060407]

018　그렇다면 'P이면 Q이다.'에 포함된 'P이다.'가 단독으로 진술된 경우와 다른 점은 무엇인가? ^(예시의 이정표)**가령** '귤은 맛있다.'는, '귤은 맛있다면 귤은 비싸다.'라는 조건문에 포함되는 경우 화자가 대상에 속성을 부여하는 행위를 하는 것은 아니기에 그것의 판단적 본질을 발현하지 못한다.　　　　[25060409]

019　그러나 정상적인 데이터라도 데이터의 특징을 왜곡하는 데이터 값이 있을 수 있다. ^(예시의 이정표)**예를 들어**, 데이터가 어떤 프로 선수들의 연봉이고 그중 한 명의 연봉이 유달리 많다면, 이상치가 포함된 데이터에 해당한다.　　　　　　　　　　　　　　　　　　　　　　[24110811]

020　불량 식품에 해당하는 것이 다양하다 보니 무엇이 불량 식품인지 잘 모르는 경우가 있다. ^(예시의 이정표)**예를 들어**, 저렴한 군것질거리는 불량 식품으로 생각되기 쉽지만 법규에 맞게 위생적으로 만들어져 유통, 판매되는 것이라면 불량 식품이 아니다. 그렇다면 의약품인 것처럼 광고하는 식품은 불량 식품일까? 허위 광고나 과대광고를 통해 판매되는 식품은 소비자에게 유해한 불량 식품이다.　　　　　[24094345]

021 금속은 다양한 물질들이 표면에 흡착될 수 있어 여러 반응에서 활성 성분으로 사용된다. ^(예시의 이정표)**예를 들면**, 암모니아를 합성할 때 철을 활성 성분으로 사용하는데, 이때 반응물인 수소와 질소가 철의 표면에 흡착되어 각각 원자 상태로 분리된다.　　　　　　　　　　　　　　　　　　　　　　　　　　[24060811]

022 하지만 지각은 주체와 대상이 각자로서 존재하기 이전에 나타나는 얽힘의 체험이다. ^(예시의 이정표)**예를 들어** 다른 사람과 손이 맞닿을 때 내가 누군가의 손을 만지는 동시에 나의 손 역시 누군가에 의해 만져진다.　　　　　　　　　　　　　　　　　　　　　　[24061217]

023 그의 미학은 기존의 예술에 대한 비판적 관점을 제공한다. ^(예시의 이정표)**가령** 사과를 표현한 세잔의 작품을 아도르노의 미학으로 읽어 낸다면, 이 그림은 사회의 본질과 유리된 '아름다운 가상'을 표현한 것에 불과할 것이다.　　　　　　　　　　　　　　　　　　　　　　　　　　　　　　[23090409]

024 댐핑 인자는 모든 링크에 동일하게 적용된다. ^(예시의 이정표)**가령** 그 비율이 20%이면 댐핑 인자는 0.8이고 두 웹 페이지는 A로부터 각각 1.6을 받는다.　　　　　　　　　　　　　　　　　　　　　　　[23091417]

025 따라서 이 작업의 관건은 그 사건 외에는 결과에 차이가 날 이유가 없는 두 집단을 구성하는 일이다. ^(예시의 이정표)**가령** 어떤 사건이 임금에 미친 효과를 평가할 때, 그 사건이 없었다면 시행집단과 비교집단의 평균 임금이 같을 수밖에 없도록 두 집단을 구성하는 것이다.

[23061317]

026 문제는 흄이 지적했듯이 인과 관계 그 자체는 직접 관찰할 수 없다는 것이다. 원인과 결과에 해당하는 사건만을 관찰할 수 있을 뿐이다. ^(예시의 이정표)**가령** "추위 때문에 강물이 얼었다."는 직접 관찰한 물리적 사실을 진술한 것이 아니다.

[22060409]

027 첫 번째로 임의의 선택이 그 이전 사건들에 의해 선결정된다고 가정해 보자. 반자유의지 논증에서는 이 경우 우리에게 자유의지가 없다고 결론 내린다. ^(예시의 이정표)**가령** 갑의 딸기 우유 선택이 심지어 갑이 태어나기도 전에 선결정된 것이라면 갑이 자유의지로 그것을 선택한 것이라고 보기 어려울 것이다. 두 번째로 임의의 선택이 무작위로 일어난 것이라 가정해 보자. 반자유의지 논증에서는 이 경우에도 우리에게 자유의지가 없다고 결론 내린다. ^(예시의 이정표)**가령** 갑의 딸기 우유 선택이 단지 갑의 뇌에서 무작위로 일어난 신경 사건이라고 한다면, 그것은 자유의지의 산물이라고 보기 어려울 것이다.

[22091013]

028 국어에는 하나의 단어가 둘 이상의 쓰임을 보이는 경우가 있다. 하나의 단어가 둘 이상의 품사로 사용되는 현상인 품사통용도 이러한 경우 중 하나이다. ^(예시의 이정표)**가령** '그는 세계적 선수이다.'의 '세계적'은 관형사이고 '그는 세계적으로 유명하다.'의 '세계적'은 명사이므로 '세계적'은 품사 통용을 보이는 단어이다.

[25093536]

029 글을 읽고 그 의미를 이해하는 독해에는 글의 유형이나 독서 흥미 등의 다양한 요소가 영향을 미칠 수 있다. 이를 고려하여 독해 능력을 복잡한 과정으로 설명한 연구가 많다. ^(대비의 이정표)**하지만** 고프와 동료 연구자들이 제시한 단순 관점은 독해 능력을 '해독'과 '언어 이해'로 단순화하여 설명한다.　　　[26110103]

030 안녕하세요? 지난 수업 시간에는 우리나라의 평균 기온이 점점 높아지고 있는 현상에 대해 조사하는 활동을 함께 했었는데요, ^(대비의 이정표)**그런데** 여름철에도 낮은 기온을 유지해 시원한 곳이 있다고 합니다. 바로 풍혈지라는 곳입니다.　　　[26113537]

031 영화를 사회적 생산물로 간주한 지크프리트 크라카우어는 영화에는 대중의 취향뿐만 아니라 대중이 공유하고 있는 이념도 반영되어 있다고 생각했다. ^(대비의 이정표)**그런데** 이런 이념은 영화에 투명하게 드러나지 않는다.　　　[26090409]

032 크라카우어가 모티브나 이미지에 대한 해석을 통해 사회를 심층적으로 이해하고자 한다면, ^(대비의 이정표) 프레드릭 제임슨은 영화의 서사를 통해 영화에 반영된 사회를 총체적으로 이해하고자 한다.　　　[26090409]

033 임대차의 경우 그 내용은 계약으로 정해지는 것이 ^(대비의 이정표)원칙이**지만**, 임대차의 목적물인 임차물이 생활의 근거인 주택이나 생업의 근거인 상가이면 임차인 보호라는 과제는 계약만으로는 실현되기 어렵다.　　　[26060409]

034   모든 주주가 경영진을 이루어 상호 협력 관계를 기반으로 기업을 운영하며 의사 결정권도 균등하게 행사하는 경우에 이를 '공동체적 경영'이라 부르기도 한다. 이런 기업에서 경영진은 모두 업무와 관련하여 전문성을 가지며, 경영 수익에 관련된 중요한 사항은 주주들이 공동으로 결정한다. ^(대비의 이정표)**그러나** 기업의 규모가 성장하고 사업이 다양해지면, 소수의 의사 결정에 따른 수직적 경영으로 효율성을 지향하는 '과두제적 경영'으로 나아가는 일도 있다.   [25090407]

035   경마식 보도는 선거와 정치에 무관심한 유권자들의 선거 참여, 정치 참여를 독려하는 장점이 있다. ^(대비의 이정표)**하지만** 흥미를 돋우는 데 치중하는 경마식 보도는 선거의 주요 의제를 도외시하고 경쟁 결과에 초점을 맞춰 선거의 공정성을 저해할 수 있다.   [24110407]

036   지지율 차이가 오차 범위 내에 있을 때 "경합"이라는 표현은 ^(대비의 이정표)무방하**지만** 서열화 하거나 "오차 범위 내에서 앞섰다."라는 표현처럼 우열을 나타내어 보도할 수 없다는 것이다.   [24110407]

037   이상치는 데이터의 다른 값에 비해 유달리 크거나 작은 값으로, 데이터를 수집할 때 측정 오류 등에 의해 주로 생긴다. ^(대비의 이정표)**그러나** 정상적인 데이터라도 데이터의 특징을 왜곡하는 데이터 값이 있을 수 있다. ^(예시의 이정표)**예를 들어**, 데이터가 어떤 프로 선수들의 연봉이고 그중 한 명의 연봉이 유달리 많다면, 이상치가 포함된 데이터에 해당한다.   [24110811]

038 그리고 후자가 작동하면 수용자들은 공포 소구의 권고를 따르게 ^(대비의 이정표)되**지만**, 전자가 작동하면 공포 소구로 인한 두려움의 감정을 통제하기 위해 오히려 공포 소구에 담긴 위험을 무시하려는 반응을 보이게 된다고 하였다.

[24060407]

039 위험과 효능감의 수준이 모두 높을 때에는 위험 통제 반응이 작동하고, 위협의 수준은 높지만 효능감의 수준이 낮을 때에는 공포 통제 반응이 작동한다. ^(대비의 이정표)**그러나** 위협의 수준이 낮으면, 수용자는 그 위협이 자신에게 아무 영향을 주지 않는다고 느껴 효능감의 수준에 관계없이 공포 소구에 대한 반응이 없게 된다

[24060407]

040 이처럼 기능주의는 의식을 구현하는 물질이 무엇인지는 중요하지 않다고 본다. 설(Searle)은 기능주의를 ^(대비의 이정표)**반박**하는 사고 실험을 제시한다. '중국어 방' 안에 중국어를 모르는 한 사람만 있다고 하자. 그는 중국어로 된 입력이 들어오면 정해진 규칙에 따라 중국어로 된 출력을 내놓는다. 설에 의하면 방 안의 사람은 중국어 사용자와 함수적 역할이 같지만 중국어를 아는 것은 아니다. 기능이 같으면서 의식은 다른 사례가 있다는 것이다.

[24061217]

041 동일론, 기능주의, 설은 모두 의식에 대한 논의를 의식을 구현하는 몸의 내부로만 한정하고 있다. ^(대비의 이정표)**하지만** 의식의 하나인 '인지' 즉 '무언가를 알게 됨'은 몸 바깥에서 일어나는 일과 맞물려 벌어진다. 기억나지 않는 정보를 노트북에 저장된 파일을 열람하여 확인하는 것이 한 ^(예시의 이정표)**예**이다.

[24061217]

042   행정 당국은 지목(地目) 변경은 해 ^(대비의 이정표)두었**지만** 서류상으로는 그 모든 가옥들이 무허가 주택이나 다름없었으며, 따라서 집들의 매매는 권리금에 다름이 아니었다.   [26112730]

043   한 파일 내의 오디오 신호에는 모든 소리 크기에 균일한 개수의 비트가 할당된다. 일반적으로 각 소리 크기에 16비트를 할당하며, 소리 크기에 따라 16자리의 이진수 값을 달리한다. 각 소리 크기에 할당되는 비트의 개수가 늘면 소리는 아날로그 원음에 가까워진다. ^(대비의 이정표)**그런데** 오디오 파일은 저장하거나 네트워크를 통해 전송하기에는 데이터 양이 많다.   [26091417]

044   근대 국가는 시민의 생명과 재산을 보호하는 것을 일차적인 존립 이유로 삼았다. 최소한의 금지 행위만을 법으로 정하고 이를 위반하는 경우에만 개입함으로써 시민의 자유를 최대한 보장하고자 했다. 이러한 목적이 반영된 자유주의적 법 모델은 근대법의 근간을 이루었다. ^(대비의 이정표)**그러나** 이 모델은 자유를 실질적으로 누릴 사회·경제적 조건이 모두에게 동등하게 주어지지 않은 상황에서 갈등이나 분쟁에 대처하는 데 한계가 있었다.   [26060409]

045   그래서 「주택임대차보호법」, 「상가건물 임대차보호법」에는 계약보다 우선 적용되는 제도가 마련되어 있다. ^(예시의 이정표)**예컨대** 계약으로 임대차 기간을 이 법들에 규정된 최단 존속 기간보다 짧게 정했더라도 임차인에게는 최단 존속 기간이 보장된다. ^(대비의 이정표)**한편** 임대차 계약이 종료되기 전의 일정 기간 내에 임대인이나 임차인이 계약 갱신 여부에 대한 의사를 표시할 수 있다.   [26060409]

046 심적 상태는 어떤 것에도 의존함이 없이 주체에게 의미를 나타낸다. ^(예시의 이정표)**예를 들어**, 무언가를 기억하는 사람은 자기의 기억이 무엇인지 알아보기 위해 아무것도 의존할 필요가 없다. ^(대비의 이정표)**이와 달리** ^(일치의 이정표)**'파생적 상태'는 주체의 해석에 의존해서만 또는 사회적 합의에 의존해서만 의미를 나타내는 상태로 정의**된다. 앞의 예에서 노트북에 저장된 정보는 전자적 신호가 나열된 상태로서 파생적 상태이다.

[24111217]

047 그에 따르면, 오늘날의 사회는 분산적이고 파편적이기 때문에 그 총체적인 양상은 시간이 흐른 뒤에야, ^(일치의 이정표)**즉** 역사가 된 이후에야 파악된다. ^(대비의 이정표)**그런데** 만약 현재를 역사처럼 조망할 수 있다면, 우리가 속한 사회의 총체적인 양상을 파악할 수 있을 것이다.

[26090409]

048 작가는 시간의 흐름에 따라 나타나는 모든 상황을 서술하지는 않는다. 일련의 상황이나 사건들 중 작가의 시선에 의해 특정한 부분이 부각되어 서술되는 ^(일치의 이정표)**것이다**. ^(일치의 이정표)**즉**, 서사는 시간과 공간을 배경으로 하는 사건의 선택과 결합을 통해 구성된다.

[19110026]

049 먼저 차량 주위 바닥에 바둑판 모양의 격자판을 펴 놓고 카메라로 촬영한다. 이 장치에서 사용하는 광각 카메라는 큰 시야각을 갖고 있어 사각지대가 ^(대비의 이정표)**줄지만** 빛이 렌즈를 지날 때 렌즈 고유의 곡률로 인해 영상이 중심부는 볼록하고 중심부에서 멀수록 더 휘어지는 현상, ^(일치의 이정표)**즉** 렌즈에 의한 상의 왜곡이 발생한다.

[22111417]

050 ^(일치의 이정표)**밑줄긋기 표시 체계는 밑줄 긋기가 필요한 부분에 특정 기호를 사용하여 표시하기로 독자가 미리 정해 놓는 것이다.** ^(예시의 이정표)**예를 들면** 하나의 기준으로 묶을 수 있는 정보들에 동일한 기호를 붙이거나 순차적인 번호를 붙이기로 하는 것 등이다.

[25110103]

051 ^(일치의 이정표)**채널 부호화는 오류를 검출하고 정정하기 위하여 부호에 잉여 정보를 추가하는 과정이다.** 송신기에서 부호를 전송하면 채널의 잡음으로 인해 오류가 발생하는데 이 문제를 해결하기 위해 잉여 정보를 덧붙여 전송한다. 채널 부호화 ^(예시의 이정표)**중 하나**인 '삼중 반복 부호화'는 0과 1을 각각 000과 111로 부호화한다. 이때 수신기에서는 수신한 부호에 0이 과반수인 경우에는 0으로 판단하고, 1이 과반수인 경우에는 1로 판단한다. ^(일치의 이정표)**즉** 수신기에서 수신된 부호가 000, 001, 010, 100 중 하나라면 0으로 판단하고, 그 이외에는 1로 판단한다.

[18113842]

052 두 작품 모두 사대부들에 의해 창작되었다. 사대부들은 수신(修身)을 임무로 하는 사(士)와 관직 수행을 임무로 하는 대부(大夫), ^(일치의 이정표)**즉** 선비와 신하라는 두 가지 정체성을 지니고 있었다.

[16110042]

053 전통적 의미에서 영화적 재현과 만화적 재현의 큰 차이점 중 하나는 움직임의 유무일 것이다. 영화는 사진에 결여되었던 사물의 운동, ^(일치의 이정표)**즉** 시간을 재현한 예술 장르이다. ^(대비의 이정표)**반면** 만화는 공간이라는 차원만을 알고 있다.

[13112528]

054 그러나 전통적인 경제학은 모든 시장 거래와 정부 개입에 시간과 노력, ^(일치의 이정표)**즉** 비용이 든다는 점을 간과하고 있다.

[12112930]

055 바다 속에 서식했던 척추동물의 조상형 동물들은 체와 같은 구조를 이용하여 물 속의 미생물을 걸러 먹었다. 이들은 몸집이 아주 작아서 물 속에 녹아 있는 산소가 몸 깊숙한 곳까지 자유로이 넘나들 수 있었기 때문에 별도의 호흡계가 필요하지 않았다. ^(대비의 이정표)**그런데** 몸집이 커지면서 먹이를 거르던 체와 같은 구조가 호흡 기능까지 갖게 되어 마침내 아가미 형태로 변형되었다. ^(일치의 이정표)**즉**, 소화계의 일부가 호흡 기능을 담당하게 된 것이다.

[05112427]

056 우리가 냄새를 맡으려면 공기 중에 취기재의 분자가 충분히 많아야 한다. ^(일치의 이정표)**다시 말해**, 취기재의 농도가 어느 정도에 이르러야 냄새를 탐지할 수 있다. ^(일치의 이정표)**이처럼 냄새를 탐지할 수 있는 최저 농도를 '탐지 역치'라 한다**. 탐지 역치는 취기재에 따라 차이가 있다. 우리가 메탄올보다 박하 냄새를 더 쉽게 알아챌 수 있는 까닭은 메탄올의 탐지 역치가 박하향에 비해 약 3,500배가량 높기 때문이다. 취기재의 농도가 탐지 역치 정도의 수준에서는 냄새가 나는지 안 나는지 정도를 탐지할 수는 있지만 그 냄새가 무슨 냄새인지 인식하지 못한다. ^(일치의 이정표)**즉** 냄새의 존재 유무를 탐지할 수는 있어도 냄새를 풍기는 취기재의 정체를 인식하지는 못하는 상태가 된다.

취기재의 정체를 인식하려면 취기재의 농도가 탐지 역치보다 3배가량은 높아야 한다. ^(일치의 이정표)**즉** 취기재의 농도가 탐지 역치 수준으로 낮은 상태에서는 그 냄새가 꽃향기인지 비린내인지 알 수 없는 것이다.

[15091618]

057 상식적으로는 자신에게 보이고 들리고 느껴지는 그대로 세계가 존재할 것이라고 ^(대비의 이정표)생각하**지만**, 회의론에서는 그 보고 듣고 느끼는 세계가 모두 환상일지도 모른다는 가정을 옹호한다. 가장 널리 알려진 회의론은 근세 철학의 창시자인 데카르트에 의해 제시되었는데, 그는 의심이 전혀 불가능한 확실한 지식을 찾기 위해 체계적으로 의심하는 방법을 만들었다. ^(일치의 이정표)**즉** 의심할 수 있는 이유를 더 이상 찾을 수 없을 때까지 의심할 수 있는 것은 모두 의심해 보는 것이다. 그가 의심한 첫 번째 범주의 지식은 감각에 의해 생긴 지식이다. ^(예시의 이정표) 휴대 전화가 없는데도 벨소리가 들릴 때가 있는 것처럼, 감각은 우리를 종종 속이므로 감각적인 증거를 토대로 생긴 지식은 믿을 수 없다.

[14예비1921]

058 아도르노의 미학은 예술과 사회의 관계를 통해 예술의 자율성을 추구했다는 점에서 긍정적으로 평가된다. 예술은 사회적인 것인 동시에 사회에서 떨어져 사회의 본질을 직시하는 것이어야 한다고 보기 때문이다. 그의 미학은 기존의 예술에 대한 비판적 관점을 제공한다. ^(예시의 이정표)**가령** 사과를 표현한 세잔의 작품을 아도르노의 미학으로 읽어 낸다면, 이 그림은 사회의 본질과 유리된 '아름다운 가상'을 표현한 것에 불과할 것이다.

^(대비의 이정표)**하지만** 세잔의 작품은 예술가의 주관적 인상을 붉은색과 회색 등의 색채와 기하학적 형태로 표현한 미메시스일 수 있다. ^(일치의 이정표)**미메시스란 세계를 바라보는 주체의 관념을 재현하는 것, 즉 감각될 수 없는 것을 감각 가능한 것으로 구현하는 것을 의미한다.** ^(일치의 이정표)**다시 말해** 세잔의 작품은 눈에 보이는 특정의 사과가 아닌 예술가의 시선에 포착된 세계의 참모습, ^(일치의 이정표)**곧** 자연의 생명력과 그에 얽힌 농부의 삶 그리고 이를 응시하는 예술가의 사유를 재현한 것이 된다.

[23090409]

059 ^(일치의 이정표)**중요도는 웹 페이지의 중요성을 값으로 나타낸 것**으로 링크 분석 기법으로 측정할 수 있다. 기본적인 링크 분석 기법에서 웹 페이지 A의 값은 A를 링크한 각 웹 페이지들로부터 받는 값의 합이다. 이렇게 받은 A의 값은 A가 링크한 다른 웹 페이지들에 균등하게 나눠진다. ^(일치의 이정표)**즉** A의 값이 4이고 A가 두 개의 링크를 통해 다른 웹 페이지로 연결된다면, A의 값은 유지되면서 두 웹 페이지에는 각각 2가 보내진다.

[23091417]

060 이처럼 헴펠의 설명 이론은 피설명항이 보편법칙의 개별 사례로서 마땅히 일어날 만한 일이었음을 보여주기 위한 설명의 요건을 제시했다는 점에서 의의가 있다. ^(대비의 이정표)**하지만** 헴펠의 설명 이론은 설명에 대한 우리의 일상적 직관, ^(대비의 이정표)**즉** 경험적으로 파악할 수 없는 추상적 문제에 대해 대부분의 사람들이 공유하는 상식적 판단과 충돌하기도 하는 문제가 있다.

[16091720]

061 읽기 요소들 중 어휘력 발달에 관한 연구들에서는, 학년이 올라감에 따라 어휘력이 높은 학생들과 어휘력이 낮은 학생들 간의 어휘력 격차가 점점 더 커짐이 보고 되었다. 여기서 어휘력 격차는 읽기의 양과 관련된다. ^(일치의 이정표)**즉** 어휘력이 높으면 이를 바탕으로 점점 더 많이 읽게 되고, 많이 읽을수록 글 속의 어휘를 습득할 기회가 많아지며, 이것이 다시 어휘력을 높인다는 것이다. ^(대비의 이정표)**반대로**, 어휘력이 부족하면 읽는 양도 적어지고 어휘 습득의 기회도 줄어 다시 어휘력이 상대적으로 부족하게 됨으로써, 나중에는 커져 버린 격차를 극복하는 데에 많은 노력이 필요하게 된다.

[23060103]

062 인간은 정보와 독립적으로 존재하며 정보는 인간의 도구에 불과하다는 인간중심주의와 ^(대비의 이정표)**달리**, 플로리디의 정보 철학은 인간을 정보적 존재의 하나로 간주한다. 인간을 포함한 세계 내 모든 존재는 속성과 행위가 정보로 환원된다는 것이다. ^(예시의 이정표)**가령** 내가 빵을 사는 행위를 하는 것은, '내가 빵을 산다'는 정보이다. ^(일치의 이정표)**이렇듯 속성과 행위가 정보로 환원되는 정보적 존재를 플로리디는 '인포그'라고 부른다.** ^(일치의 이정표)**인포그는 정보적으로 상호 연결되어 영향을 주고받는 존재이다.** ^(일치의 이정표)**상호 연결되었다는 것의 의미는, 다른 정보를 변화시키는 행위자 즉 주체인 동시에 다른 정보에 의해 변화되는 대상이라는 것이다.**

[26061417]

063 "훌륭한 비평가는 대작들과 자기 자신의 영혼의 모험들을 관련시킨다."라는 비평가 프랑스의 ^(일치의 이정표)**말처럼**, ^(일치의 이정표)**인상주의비평은 비평가가 다른 저명한 비평가의 관점과 상관없이 자신의 생각과 느낌에 대하여 자율성과 창의성을 가지고 비평하는 것이다.** ^(일치의 이정표)**즉**, 인상주의 비평은 작가의 의도나 그 밖의 외적인 요인들을 고려할 필요 없이 비평가의 자유 의지로 무한대의 상상력을 가지고 작품을 해석하고 판단한다.

[21092025]

064 인간의 본성에 관한 서로 다른 두 관점이 있다. 종교적 인간관에 따르면, 인간에게는 물리적 실체인 몸 이외에 비물리적 실체인 영혼이 있다. 영혼은 물리적 몸과 완전히 구별되며 인간의 결정의 원천이다. ^(대비의 이정표)**반면** 유물론적 인간관에 따르면, 인간은 물리적 몸에 지나지 않는다. 물리적 몸 이외에 영혼은 존재하지 않는다. 따라서 인간의 결정은 단지 뇌에서 일어나는 신경 사건이다. 이러한 두 관점 중 유물론적 인간관을 가정할 때, 인간은 자유롭게 선택할 수 있을까? ^(일치의 이정표)**즉** 인간에게 자유의지가 있을까? ^(예시의 이정표)**가령** 갑이 냉장고 문을 여니 딸기 우유와 초코 우유만 있다고 해보자. 갑은 이것들 중 하나를 자유의지로 선택할 수 있을까?

[22091013]

065 재판매 가격 유지 행위는 사업자의 가격 결정의 자유, ^(일치의 이정표)**즉** 영업의 자유를 제한하고 사업자 간 가격 경쟁을 제한한다. 유통 조직의 효율성도 저하시킨다. 재판매 가격 유지 행위를 하는 사업자는 형사 처벌은 받지 ^(대비의 이정표)**않지만** 시정명령이나 과징금부과 대상이 될 수 있다. ^(대비의 이정표)**다만,** '공정거래법'에 따라 공정거래위원회가 고시하는 출판된 저작물은 금지 대상이 아니다. 또 경쟁 제한의 폐해보다 소비자 후생 증대 효과가 큰 경우 등 정당한 이유가 있으면 재판매 가격 유지 행위가 허용되는데, 그 이유는 사업자가 입증해야 한다.

[25090407]

066 데이터가 무단으로 변경되기 어렵다는 성질을 무결성이라 하는데 무결성은 블록체인 기술의 대표적인 장점이다. 특정 노드에 저장되어 있는 일부 데이터가 변경되면 변경된 블록과 그 이후의 블록들은 블록체인과의 연결이 끊어진다. 끊어진 모든 블록을 다시 연결하는 것은 승인 과정을 필요로 하기 때문에 연결을 복구하는 것은 어렵다. ^(일치의 이정표)**즉** 블록과 블록체인의 연결을 유지하면서 블록체인에 포함된 데이터를 변경하는 것이 어려우므로 블록체인 데이터는 무결성이 높다. 무단 변경과 달리, 일부 데이터가 지워져도 승인된 원래의 데이터로 복원할 때는 승인 과정이 필요하지 않다. 따라서 블록체인에 포함된 데이터는 일부가 지워지더라도 복원이 용이하다.

[25090811]

067 바쟁은 '현실을 믿는 감독'을 지지했다. 이들은 '이미지를 믿는 감독'과 달리 영화의 내용, ^(일치의 이정표)**즉** 현실을 더 중요하게 생각하기에 변형되지 않은 현실을 객관적으로 보여주고자 한다. 디프 포커스와 롱 테이크는 이를 가능하게 해 주는 영화적 기법이다. ^(일치의 이정표)**디프 포커스는 근경에서 원경까지 숏 전체를 선명하게 초점을 맞춰 촬영하는 기법으로, 원근감이 느껴지도록 공간감을 표현할 수 있다.** ^(일치의 이정표)**롱 테이크는 하나의 숏이 1~2분 이상 끊김 없이 길게 진행되도록 촬영하는 기법이다.** 영화 속 사건이 지속되는 시간과 관객의 영화 체험 시간이 일치하여 현실을 마주하는 듯한 효과를 낳는다. 바쟁에 따르면, 디프 포커스와 롱 테이크를 혼용하여 연출한 장면은 관객이 그 장면에 담긴 인물이나 사물을 자율적으로 선택하여 응시하면서 화면 속 공간 전체와 사건의 전개를 지켜볼 수 있게 해 준다. [25091217]

068 크라카우어에 따르면, ^(일치의 이정표)**영화는 드러내면서 동시에 숨기는 매체이다.** 사회에서 불순하거나 위험하다고 간주되는 이념은 영화의 이면에 감추어진다. 크라카우어는 영화의 표면에 가시적으로 드러난, 전형적인 모티브나 이미지가 암시하고 비유하는 것을 해석함으로써 그 이면에 감추어진 이념을 읽어 내고, 이를 바탕으로 사회를 이해할 수 있다고 보았다. ^(예시의 이정표)**예를 들어,** 1920년대 독일 영화에 반복해서 등장하는 밀실, 광인, 독재자 등을 담은 이미지의 이면에서 패전 이후 독일 사회 전반에 만연했던 현실 도피의 퇴행적인 심리와, 왕정복고를 바라는 정치적 이념을 읽어 낼 수 있다는 것이다. 크라카우어가 모티브나 이미지에 대한 해석을 통해 사회를 심층적으로 이해하고자 한다면, ^(대비의 이정표) 프레드릭 제임슨은 영화의 서사를 통해 영화에 반영된 사회를 총체적으로 이해하고자 한다. 그에 따르면, 오늘날의 사회는 분산적이고 파편적이기 때문에 그 총체적인 양상은 시간이 흐른 뒤에야, ^(일치의 이정표)**즉** 역사가 된 이후에야 파악된다. ^(대비의 이정표)**그런데** 만약 현재를 역사처럼 조망할 수 있다면, 우리가 속한 사회의 총체적인 양상을 파악할 수 있을 것이다. [26090409]

069 ^(일치의 이정표)**로랜즈에게 인지 과정은 파생적 상태가 심적 상태로 변환되는 과정이 아니라, 파생적 상태를 조작함으로써 심적 상태를 생겨나게 하는 과정이다.** 심적 상태가 주체의 몸 외부로 확장되는 것이 아니라, 심적 상태를 생겨나게 하는 인지 과정이 확장되는 ^(일치의 이정표)**것이다.** 이러한 확장된 인지 과정은 인지 주체의 것일 때에만, ^(일치의 이정표)**다시 말해** 환경의 변화를 탐지하고 그에 맞춰 행위를 조절하는 주체와 통합되어 있을 때에만 성립할 수 있다. ^(일치의 이정표)**즉** 로랜즈에게 주체 없는 인지란 있을 수 없다. [24061217]

070　반면 듀이는 공중을 합리적인 존재로 보았다. 그는 파편화된 공중의 유기적인 결합을 위해 언론이 공적 담론의 장을 이끌어 내야 한다고 주장했다. 공중이 자신에게 필요한 사항을 요구하는 이성적인 공적 담론의 장을 통해 민주주의가 발전할 수 있다는 ^(일치의 이정표)**것이다.**　[26091013]

071　정립-반정립-종합. 변증법의 논리적 구조를 일컫는 말이다. 변증법에 따라 철학적 논증을 수행한 인물로는 단연 헤겔이 거명된다. 변증법은 대등한 위상을 지니는 세 범주의 병렬이 아니라, 대립적인 두 범주가 조화로운 통일을 이루어 가는 수렴적 상향성을 구조적 특징으로 한다. 헤겔에게서 변증법은 논증의 방식임을 넘어, 논증 대상 자체의 존재 방식이기도 하다. ^(일치의 이정표)**즉** 세계의 근원적 질서인 '이념'의 내적 구조도, 이념이 시·공간적 현실로서 드러나는 방식도 변증법적이기에, 이념과 현실은 하나의 체계를 이루며, 이 두 차원의 원리를 밝히는 철학적 논증도 변증법적 체계성을 지녀야 한다.　[22110409]

072　칸트 이전까지 인격의 동일성을 설명하는 유력한 견해는, '생각하는 나'인 영혼이 단일한 주관으로서 시간의 흐름 속에 지속한다는 것이었다. '주관'은 인식의 주체를 가리키며, '인식'은 '앎'을 말한다. ^(대비의 이정표)**그러나** 칸트는 '나는 생각한다.', ^(일치의 이정표)**즉** '자기의식'은 인식이 이루어지는 것을 가능하게 하는 조건 중 하나에 불과하다고 본다. 그러한 조건 자체는 무언가가 실재함을 보장하지 않는다. 그렇기에 자기의식은 '생각하는 나'가 단일한 주관으로서 실제로 존재한다는 것, ^(일치의 이정표)**즉** '영혼의 실재함'을 보장하지 않고, '영혼이 실재할 가능성'을 열어둘 뿐이다.　[26091013]

073　담보는 유상 계약의 맥락에서 거래 대상의 값어치를 보장한다는 의미로 해석된다. ^(일치의 이정표)**유상 계약이란 그 당사자가 서로 대가를 주고받을 것을 약속하는 계약을 뜻한다.** 유상 계약의 일종인 매매 계약에서 목적물이 계약 체결 당시부터 있던 하자 때문에 대금만큼의 값어치를 하지 못하는 상태였다면, 매도인은 그 하자 발생의 원인이 무엇이든 담보 책임을 져야 한다.　[26110409]

074 ^(일치의 이정표)**보증이란 채무자가 채무를 이행하지 않으면 그 채무를 다른 사람이 대신 이행하기로 하는 것이다.** ^(일치의 이정표)**이때 원래의 채무자를 주채무자, 주채무자 대신 채무를 이행하는 사람을 보증인이라 하고, 주채무자가 부담하는 채무를 주채무, 보증인이 부담하는 채무를 보증 채무라 한다.**

[26110409]

075 ^(일치의 이정표)**열팽창이란 물체의 온도 변화에 따라 그 길이, 부피가 변화하는 현상을 말한다.** ^(일치의 이정표)**그중 길이의 변화를 수치화한 것이 선형 열팽창 계수인데, 이는 온도 변화에 따른 길이 변화율을 온도 변화량으로 나눈 값이다.** ^(일치의 이정표)**여기에서 길이 변화율은 길이의 변화량을 처음 길이로 나누어 얻는 값이며, 변화량이란 나중 값에서 처음 값을 뺀 것이다.**

[26111013]

076 ^(일치의 이정표)**SF(Science Fiction)는 기존의 검증된 과학적 지식을 기반으로 한 허구적인 상황 설정을 통해 미래에 대한 상상력을 자극하는 서사 예술이다.** 과학적 지식에 기반을 둔다고 해서 SF가 다루는 소재나 서사가 모두 과학적으로 사실이어야 하는 것은 아니다. SF에서는 과학적 진위가 아니라 개연성, ^(일치의 이정표)**즉 작품의 주요 설정이나 사건의 인과 관계가 합리적으로 납득될 수 있느냐가 중요하다.**

[26090409]

077 ^(일치의 이정표)**저널리즘이란 공적 관심이 큰 시사 현안을 일련의 규칙에 따라 취재 및 편집하여 미디어를 통해 알리는 지적 활동이다.** 20세기 중·후반에 언론은 주로 권력 집단과 관련된 사안을 피상적으로 보도하는 경향이 있었다. 보도 내용이 대다수의 일반 사람들인 공중의 일상과 괴리되고, 일회적 문제 제기 수준을 벗어나지 못함에 따라 공중은 뉴스를 기피하였다. 이에 대한 대안으로 공중의 관심사를 보도의 중심 의제로 삼는 '공공 저널리즘'이 등장했다.

[26091013]

078 ^(일치의 이정표)**최소가청강도는 조용할 때 청각이 감지할 수 있는 소리 크기의 최솟값이다**. 최소가청강도보다 큰 소리는 들을 수 있지만, 작은 소리는 들을 수 없다. 최소가청강도는 주파수별로 그 크기가 정해져 있다. ^(예시의 이정표)**예를 들어**, 1,000 Hz부터 10,000 Hz 사이에서는 아주 작은 소리도 들을 수 ^(대비의 이정표)**있지만**, 100 Hz 이하의 저음에서는 훨씬 큰 소리여야 들을 수 있다. [26091417]

079 독자가 글에서 읽은 단어의 의미를 확정하지 못하면 글을 제대로 이해하기 어렵다. ^(일치의 이정표)**별개의 단어들이 서로 발음이 같고 의미가 다르면 동음이의어**라고 하듯, ^(일치의 이정표)**'별개의 단어들이 서로 표기가 같고 의미가 다르면 동형이의어'라고 한다**. 동형이의어는 여러 의미로 이해될 수 있으므로 독자가 글을 읽는 데 어려움을 줄 수 있다. 따라서 독자가 동형이의어를 읽고 떠올린 여러 의미 중에서 문장이나 문맥에 어울리는 것으로 의미를 확정하는 것이 중요하다. [26060103]

080 리프킨은 사회적 상호 작용에서의 자기표현은 본질적으로 연극적이며, 표면 연기와 심층 연기로 이루어진다고 언급했다. ^(일치의 이정표)**표면 연기는 내면의 자연스러운 감정보다 의례적인 표현과 같은 형식에 집중하여 연기하는 것이고**, ^(일치의 이정표)**심층 연기는 내면의 솔직한 정서를 불러내어 자신의 진정성을 보여주는 것이다**. 인터넷에서의 커뮤니케이션에 주목한 리프킨은 가상 공간에서 자기 표현이 더욱 활발히 이루어진다고 보았다. [25111417]

081 ^(일치의 이정표)**두 명제가 모두 참인 것도 모두 거짓인 것도 가능하지 않은 관계를 모순 관계라고 한다**. ^(예시의 이정표)**예를 들어**, 임의의 명제를 P라고 하면 P와 ~P는 모순 관계이다.(기호 '~'은 부정을 나타낸다.) ^(일치의 이정표)**P와 ~P가 모두 참인 것은 가능하지 않다는 법칙을 무모순율이라고 한다**. ^(대비의 이정표)**그런데** "다보탑은 경주에 있다."와 "다보탑은 개성에 있을 수도 있었다."는 모순 관계가 아니다. 현실과 다르게 다보탑을 경주가 아닌 곳에 세웠다면 다보탑의 소재지는 지금과 달라졌을 것이다. 철학자들은 이를 두고, P와 ~P가 모두 참인 혹은 모두 거짓인 가능세계는 없지만 다보탑이 개성에 있는 가능세계는 있다고 표현한다. [19113942]

082 주택이나 상가 임대차에서도 법이 아니라 계약으로 재산 관계가 정해지는 경우가 있다. 임차인이 임차물을 사용할 권리가 소멸했거나 임차인의 경제력이 충분하면 임차인을 보호할 필요가 없기 ^(논증의 이정표)**때문이다.** ^(예시의 이정표)**예컨대** 임대차 종료 후 임차물을 반환할 때 임차인이 이를 원상회복할 의무를 지는지를 결정할 때는 계약이 법률보다 우선 적용된다. 또한 보증금이 「상가건물 임대차 보호법」에 정해진 상한액을 초과하면 최단 존속 기간이 적용되지 않으므로, 이때 존속 기간을 정하지 않기로 계약했다면 당사자들은 자유롭게 임대차를 종료시킬 수 있다.

[26060409]

083 첫 번째로 임의의 선택이 그 이전 사건들에 의해 선결정된다고 가정해 보자. 반자유의지 논증에서는 이 경우 우리에게 자유의지가 없다고 ^(논증의 이정표)**결론 내린다.** ^(예시의 이정표)**가령** 갑의 딸기 우유 선택이 심지어 갑이 태어나기도 전에 선결정된 것이라면 갑이 자유의지로 그것을 선택한 것이라고 보기 어려울 것이다. 두 번째로 임의의 선택이 무작위로 일어난 것이라 가정해 보자. 반자유의지 논증에서는 이 경우에도 우리에게 자유의지가 없다고 ^(논증의 이정표)**결론 내린다.** ^(예시의 이정표)**가령** 갑의 딸기 우유 선택이 단지 갑의 뇌에서 무작위로 일어난 신경 사건이라고 한다면, 그것은 자유의지의 산물이라고 보기 어려울 것이다.

[22091013]

084 인터넷 ID의 명예 주체성을 인정하는 ^(논증의 이정표)**입장**에 따르면, 자기 정체성은 일원적·고정적인 것이 아니라 현실 세계와 가상 공간에 걸쳐 존재하고 상호 작용하는 복합적인 것이다. 인터넷에서의 자기 정체성은 사용자 개인의 자기 정체성의 일부이기 때문에 자기 정체성을 가진 인터넷 ID의 명예 역시 보호되어야 한다. ^(대비의 이정표)**반면** 인정하지 않는 입장에 따르면, 생성·변경·소멸이 자유롭고 복수로 개설이 가능한 인터넷 ID는 그 사용자인 개인을 가상 공간에서 구별하는 장치에 불과하다. 인터넷 ID는 현실에서의 성명과 달리 그 사용자인 개인과 동일시될 수 없고, 인터넷 ID 자체는 사람이 아니므로 명예 주체성을 인정할 수 없다는 ^(일치의 이정표)**것이다.**

[25111417]

085 ^(논증의 이정표)**이러한 규정이 선거 운동의 기회균등 원칙을 침해하는지**에 대해 헌법재판소는 위헌이 아니라고 결정했다. 다수 의견은 방송 토론회의 효율적 운영을 고려할 때 초청 대상 후보자 수가 너무 많으면 제한된 시간 안에 심층적인 토론이 이루어지기 어렵고, 유권자들도 관심이 큰 후보자들의 정책 및 자질을 직접 비교하기 어렵다는 점을 지적하며, 이 규정은 합리적 제한이라고 보았다. ^(대비의 이정표)**반면** ^(논증의 이정표)**소수 의견**은 이 규정이 가장 효과적인 선거 운동의 기회를 일부 후보자에게서 박탈하며, 유권자에게도 모든 후보자를 동시에 비교하지 못하게 하고, 초청 대상 후보자 토론회에 참여한 후보자와 그렇지 못한 후보자를 차별적으로 인식하게 만든다고 지적하였다. 이 규정을 소수 정당이나 정치 신인 등에 대한 자의적이고 차별적인 침해라고 본 ^(일치의 이정표)**것이다.**　　　　　　　　　　　[24110407]

086 ^(논증의 이정표)**데이터를 재화로 보아 소유권이 누구에게 귀속되어야 하는지에 대한 논의**가 있다. 소유권의 주체를 빅 데이터 보유자로 보는 견해와 정보 주체로 보는 ^(논증의 이정표)**견해**가 있다. 전자는 빅 데이터 보유자에게 소유권을 부여하면 빅 데이터의 생성 및 유통이 쉬워져 데이터 관련 산업이 활성화된다고 ^(논증의 이정표)**주장한다**. 후자는 정보 생산 주체는 개인인데, 빅 데이터 보유자에게 부가 집중되는 것은 ^(논증의 이정표)**부당하므로**, 정보 주체에게도 대가가 주어져야 한다고 본다.　　　　　[24090407]

087 ^(일치의 이정표)**그런데 정자, 난자와 같은 생식 세포가 레트로바이러스에 감염되고도 살아남는 경우가 있었다. 이런 세포로부터 유래된 자손의 모든 세포가 갖게 된 것이 내인성 레트로바이러스**이다. 내인성 레트로바이러스는 세대가 지나면서 돌연변이로 인해 염기 서열의 변화가 일어나며 해당 세포 안에서는 바이러스로 활동하지 않는다. ^(대비의 이정표)**그러나** 내인성 레트로바이러스를 떼어 내어 다른 종의 세포 속에 주입하면 이는 레트로바이러스로 변환되어 그 세포를 감염시키기도 한다. ^(논증의 이정표)**따라서** 미니돼지의 DNA에 포함된 내인성 레트로 바이러스를 효과적으로 제거하는 기술이 개발 중에 있다.　　　　　[20112629]

088　논리실증주의자와 포퍼는 수학적 지식이나 논리학 지식처럼 경험과 무관하게 참으로 판별되는 분석 명제와, 과학적 지식처럼 경험을 통해 참으로 판별되는 종합 명제를 서로 다른 종류라고 구분한다. ^{(대비의} ^{이정표)}**그러나** 콰인은 총체주의를 정당화하기 위해 이 구분을 부정하는 ^(논증의 이정표)**논증**을 다음과 같이 제시한다. 논리실증주의자와 포퍼의 구분에 따르면 "총각은 총각이다."와 같은 동어 반복 명제와, "총각은 미혼의 성인 남성이다."처럼 동어 반복 명제로 환원할 수 있는 것은 모두 분석 명제이다. 그런데 후자가 분석 명제인 까닭은 전자로 환원할 수 있기 때문이다. 이러한 환원이 가능한 것은 '총각'과 '미혼의 성인 남성'이 동의적 표현이기 때문인데 그게 왜 동의적 표현인지 물어보면, 이 둘을 서로 대체하더라도 명제의 참 또는 거짓이 바뀌지 않기 때문이라고 할 것이다. 하지만 이것만으로는 두 표현의 의미가 같다는 것을 보장하지 못해서, 동의적 표현은 언제나 반드시 대체 가능해야 한다는 필연성 개념에 다시 의존하게 된다. 이렇게 되면 동의적 표현이 동어 반복 명제로 환원 가능하게 하는 것이 되어, 필연성 개념은 다시 분석 명제 개념에 의존하게 되는 순환론에 빠진다. 따라서 콰인은 종합 명제와 구분되는 분석 명제가 존재한다는 주장은 근거가 없다는 결론에 도달한다.

[17111620]

089　위험 공동체의 구성원이 납부하는 보험료와 지급받는 보험금은 그 위험 공동체의 사고 발생 확률을 근거로 산정된다. 특정 사고가 발생할 확률은 정확히 알 수 ^(대비의 이정표)**없지만** 그 동안 발생된 사고를 바탕으로 그 확률을 예측한다면 관찰 대상이 많아짐에 따라 실제 사고 발생 확률에 근접하게 된다. 본래 보험 가입의 목적은 금전적 이득을 취하는 데 있는 것이 아니라 장래의 경제적 손실을 보상받는 데 ^(논증의 이정표)**있으므로** 위험 공동체의 구성원은 자신이 속한 위험 공동체의 위험에 상응하는 보험료를 납부하는 것이 공정할 것이다. ^(논증의 이정표)**따라서** 공정한 보험에서는 구성원 각자가 납부하는 보험료와 그가 지급받을 보험금에 대한 기댓값이 일치해야 하며 구성원 전체의 보험료 총액과 보험금 총액이 일치해야 한다. ^{(일치의} ^{이정표)}**이때 보험금에 대한 기댓값은 사고가 발생할 확률에 사고 발생 시 수령할 보험금을 곱한 값이다.** ^(일치의 이정표)**보험금에 대한 보험료의 비율(보험료 / 보험금)을 보험료율**이라 하는데, 보험료율이 사고 발생 확률보다 높으면 구성원 전체의 보험료 총액이 보험금 총액보다 더 많고, 그 반대의 경우에는 구성원 전체의 보험료 총액이 보험금 총액보다 더 적게 된다. ^(논증의 이정표)**따라서** 공정한 보험에서는 보험료율과 사고 발생 확률이 같아야 한다.

[17113742]

090 우리 상법에 규정되어 있는 고지 의무는 이러한 수단이 법적으로 구현된 제도이다. 보험 계약은 보험 가입자의 청약과 보험사의 승낙으로 성립된다. 보험 가입자는 반드시 계약을 체결하기 전에 '중요한 사항'을 알려야 하고, 이를 사실과 다르게 진술해서는 안 된다. 여기서 '중요한 사항'은 보험사가 보험 가입자의 청약에 대한 승낙을 결정하거나 차등적인 보험료를 책정하는 근거가 된다. ^(논증의 이정표)**따라서** 고지 의무는 결과적으로 다수의 사람들이 자신의 위험 정도에 상응하는 보험료보다 더 높은 보험료를 납부해야 하거나, 이를 이유로 아예 보험에 가입할 동기를 상실하게 되는 것을 방지한다. [17113742]

091 광통신은 빛을 이용하기 때문에 정보의 전달은 매우 빠를 수 ^(대비의 이정표)있**지만**, 광통신 케이블의 길이가 증가함에 따라 빛의 세기가 감소하기 ^(논증의 이정표)**때문에** 원거리 통신의 경우 수신되는 광신호는 매우 약해질 수 있다. 빛은 광자의 흐름이므로 빛의 세기가 약하다는 것은 단위 시간당 수신기에 도달하는 광자의 수가 적다는 뜻이다. ^(논증의 이정표)**따라서** 광통신에서는 적어진 수의 광자를 검출하는 장치가 필수적이며, 약한 광신호를 측정이 가능한 크기의 전기 신호로 변환해 주는 반도체 소자로서 애벌랜치 광다이오드가 널리 사용되고 있다. [16111921]

092 경제학에서는 증거에 근거한 정책 논의를 위해 사건의 효과를 평가해야 할 경우가 많다. ^(일치의 이정표)**어떤 사건의 효과를 평가한다는 것은 사건 후의 결과와 사건이 없었을 경우에 나타났을 결과를 비교하는 일이다.** ^(논증의 이정표)**그런데** 가상의 결과는 관측할 수 없으므로 실제로는 사건을 경험한 표본들로 구성된 시행집단의 결과와, 사건을 경험하지 않은 표본들로 구성된 비교집단의 결과를 비교하여 사건의 효과를 평가한다. (논증의 이정표)따라서 이 작업의 관건은 그 사건 외에는 결과에 차이가 날 이유가 없는 두 집단을 구성하는 일이다. ^(예시의 이정표)**가령** 어떤 사건이 임금에 미친 효과를 평가할 때, 그 사건이 없었다면 시행집단과 비교집단의 평균 임금이 같을 수밖에 없도록 두 집단을 구성하는 것이다. 이를 위해서는 두 집단에 표본이 임의로 배정되도록 사건을 설계하는 실험적 방법이 이상적이다. ^(대비의 이정표)**그러나** 사람을 표본으로 하거나 사회 문제를 다룰 때에는 이 방법을 적용할 수 없는 경우가 많다. [23061417]

093 리프만은 공중이 저마다의 경험과 지식에 기반한 고정관념의 틀로 세상을 바라보는 경향이 있으며, 이러한 고정관념을 분별할 수 있는 이는 드물다고 판단했다. 또한 공중은 공공의 문제에 대한 전문적 지식이 부족하다고 보았다. ^(논증의 이정표)**따라서** 그는 정확하고 객관적인 뉴스를 공중에게 전달하는 언론의 역할이 중요하며, 이것은 언론인의 전문화를 통해 구현될 수 있다고 보았다. ^(대비의 이정표)**반면** 듀이는 공중을 합리적인 존재로 보았다. 그는 파편화된 공중의 유기적인 결합을 위해 언론이 공적 담론의 장을 이끌어내야 한다고 주장했다. 공중이 자신에게 필요한 사항을 요구하는 이성적인 공적 담론의 장을 통해 민주주의가 발전할 수 있다는 ^(일치의 이정표)**것이다.**

[26091013]

094 한 파일 내의 오디오 신호에는 모든 소리 크기에 균일한 개수의 비트가 할당된다. 일반적으로 각 소리 크기에 16비트를 할당하며, 소리 크기에 따라 16자리의 이진수 값을 달리한다. 각 소리 크기에 할당되는 비트의 개수가 늘면 소리는 아날로그 원음에 가까워진다. 그런데 오디오 파일은 저장하거나 네트워크를 통해 전송하기에는 데이터 양이 많다. ^(논증의 이정표)**따라서** 저장 공간을 아끼고 전송이 가능하도록 오디오 신호를 압축할 필요가 있다. 일반적으로 오디오 신호 압축에는 지각 부호화를 이용한다. 지각부호화는 청각 특성에 따라 감도가 낮은 소리를 제거하여 오디오 신호를 압축하는 기술이다.

[26091417]

095 논리학에서 제기된 의문이 윤리학의 특정 견해에 대한 비판이 되기도 한다. 다음 논의는 이를 보여준다. 'P이면 Q이다. P이다. 따라서 Q이다.'인 논증을 전건 긍정식이라 한다. 전건 긍정식은 'P이면 Q이다.'와 'P이다.'라는 두 전제가 참이면 결론 'Q이다.'는 반드시 참이라는 뜻에서 타당하다. 그런데 어떤 문장이 단독으로 진술되는 경우에는 감정이나 태도를 표현할 수 있지만 그 문장이 조건문인 'P이면 Q이다.'의 부분으로 포함되는 경우에는 그렇지 않다. '귤은 맛있다.'는 화자의 선호라는 감정을 표현한다. 하지만 그 문장이 '귤은 맛있다면 귤은 비싸다.'처럼 조건문의 일부가 되면 귤에 관한 화자의 선호를 표현하지 않는다. 이에 전건긍정식의 P가 감정이나 태도를 표현하는 문장일 때 'P이면 Q이다.'의 P와 'P이다.'의 P 사이에 내용의 차이가 생기므로, 전건긍정식임에도 두 전제의 참이 결론 'Q이다.'의 참을 보장하지 않는다는 것이 몇몇 논리학자들이 제기한 문제였다. 전건긍정식인 '표절은 나쁘다면 표절을 돕는 것은 나쁘다. 표절은 나쁘다. ^(논증의 이정표)**따라서** 표절을 돕는 것은 나쁘다.'라는 논증은 직관적으로 타당해 보인다. 하지만 '표절은 나쁘다.'가 감정을 표현했다면, 위 논증은 타당하지 않다고 해야 한다. ^(논증의 이정표)**그러므로** 에이어의 윤리학 견해를 고수하려면, 도덕 문장을 포함하는 전건 긍정식의 타당성을 부정하거나, 전건 긍정식은 도덕 문장을 포함할 수 없다고 해야 한다. 이 쟁점에 대해 행크스는 다음과 같이 논의를 전개하였다.

[25061217]

096   논리실증주의자와 포퍼는 지식을 수학적 지식이나 논리학 지식처럼 경험과 무관한 것과 과학적 지식처럼 경험에 의존하는 것으로 구분한다. 그중 과학적 지식은 과학적 방법에 의해 누적된다고 주장한다. 가설은 과학적 지식의 후보가 되는 것인데, 그들은 가설로부터 논리적으로 도출된 예측을 관찰이나 실험 등의 경험을 통해 맞는지 틀리는지 판단함으로써 그 가설을 시험하는 과학적 방법을 제시한다. 논리실증주의자는 예측이 맞을 경우에, 포퍼는 예측이 틀리지 않는 한, 그 예측을 도출한 가설이 하나씩 새로운 지식으로 추가된다고 주장한다.

하지만 콰인은 가설만 가지고서 예측을 논리적으로 도출할 수 없다고 본다. 예를 들어 새로 발견된 금속 M은 열을 받으면 팽창한다는 가설만 가지고는 열을 받은 M이 팽창할 것이라는 예측을 이끌어낼 수 없다. 먼저 지금까지 관찰한 모든 금속은 열을 받으면 팽창한다는 기존의 지식과 M에 열을 가했다는 조건 등이 필요하다. 이렇게 예측은 가설, 기존의 지식들, 여러 조건 등을 모두 합쳐야만 논리적으로 도출된다는 것이다. ^(논증의 이정표)**그러므로** 예측이 거짓으로 밝혀지면 정확히 무엇 때문에 예측에 실패한 것인지 알 수 없다는 것이다. 이로부터 콰인은 개별적인 가설뿐만 아니라 기존의 지식들과 여러 조건 등을 모두 포함하는 전체 지식이 경험을 통한 시험의 대상이 된다는 총체주의를 제안한다.   [17111620]

097   콰인은 분석 명제와 종합 명제로 지식을 엄격히 구분하는 대신, 경험과 직접 충돌하지 않는 중심부 지식과, 경험과 직접 충돌할 수 있는 주변부 지식을 상정한다. 경험과 직접 충돌하여 참과 거짓이 쉽게 바뀌는 주변부 지식과 달리 주변부 지식의 토대가 되는 중심부 지식은 상대적으로 견고하다. 그러나 이 둘의 경계를 명확히 나눌 수 없기 ^(논증의 이정표)**때문에**, 콰인은 중심부 지식과 주변부 지식을 다른 종류라고 하지 않는다. 수학적 지식이나 논리학 지식은 중심부 지식의 한가운데에 있어 경험에서 가장 멀리 떨어져 있지만 그렇다고 경험과 무관한 것은 아니라는 것이다. 그런데 주변부 지식이 경험과 충돌하여 거짓으로 밝혀지면 전체 지식의 어느 부분을 수정해야 할지 고민하게 된다. 주변부 지식을 수정하면 전체 지식의 변화가 크지 않지만 중심부 지식을 수정하면 관련된 다른 지식이 많기 ^(논증의 이정표)**때문에** 전체 지식도 크게 변화하게 된다. ^(논증의 이정표)**그래서** 대부분의 경우에는 주변부 지식을 수정하는 쪽을 선택하겠지만 실용적 필요 때문에 중심부 지식을 수정하는 경우도 있다. ^(논증의 이정표)**그리하여** 콰인은 중심부 지식과 주변부 지식이 원칙적으로 모두 수정의 대상이 될 수 있고, 지식의 변화도 더 이상 개별적 지식이 단순히 누적되는 과정이 아니라고 주장한다.   [17111620]

098 「숙영낭자전」에서 승천은 인간 세상의 명분에 구속받지 않는 가족 사랑을 모색한다는 의의를 갖는다. 작품에서는 상공의 잘못이 개인의 문제이기 이전에 가문이라는 명분을 중시하는 인간 세상의 구조적 문제라고 보았다. ^(논증의 이정표)**그래서** 숙영 부부는 가문이라는 명분이 작동하지 않는 천상으로 보내고, 상공 부부는 가문의 무의미함을 깨닫게 하여 구조적 문제에 대응하는 한 방식을 보여주었다. 하지만 숙영 부부를 천상에 간 뒤에도 부모를 잘 섬기려는 모습으로 그려 낸 것은, 가족 사랑의 보편적 가치를 환기하기 위한 것이다.

[24090021]

099 아도르노에게 있어 예술은 사회적 산물이며, ^(논증의 이정표)**그래서** 미학은 작품에 침전된 사회의 고통스러운 상태를 읽기 위해 존재한다. 그는 비동일성 그 자체를 속성으로 하는 전위 예술을 예술이 추구해야 할 바람직한 모습으로 제시했다.

[23090409]

100 어휘적 빈자리는 계속 존재하기도 하지만, 다양한 방식으로 채워지기도 한다. 그렇다면 어휘적 빈자리가 채워지는 방식에는 어떤 것들이 있을까? 첫 번째 방식은 단어가 아닌 구를 만들어 빈자리를 채우는 방식이다. 어떤 언어에는 '사촌, 고종사촌, 이종사촌'에 해당하는 각각의 단어는 존재하지만, 외사촌을 지시하는 단어는 없다. ^(논증의 이정표)**그래서** 그 언어에서 외사촌을 지시할 때에는 '외삼촌의 자식'이라고 말한다고 한다. 현대 국어에서 어린 돼지를 가리킬 때 '아기 돼지, 새끼 돼지' 등으로 말하는 것도 이러한 방식에 해당된다. 두 번째 방식은 한자어나 외래어를 이용하여 빈자리를 채우는 방식이다.

[20061112]

101 근대 이후 서양의 철학자들은 과학적 세계관이 대두하면서 이전과는 달리 인과를 물리적 작용 사이의 관계로 국한하려는 경향을 보였다. 문제는 흄이 지적했듯이 인과 관계 그 자체는 직접 관찰할 수 없다는 것이다. 원인과 결과에 해당하는 사건만을 관찰할 수 있을 뿐이다. 가령 "추위 때문에 강물이 얼었다."는 직접 관찰한 물리적 사실을 진술한 것이 아니다. ^(논증의 이정표)**그래서** 인과가 과학적 개념인지에 대한 의심이 철학자들 사이에 제기되었다. 이에 인과를 과학적 세계관에 입각하여 이해하려는 시도가 새면의 과정 이론이다.

[22060409]

102 행정입법의 유형에는 위임명령, 행정규칙, 조례 등이 있다. 헌법에 따르면, 국회는 행정 규제 사항에 관한 법률을 제정할때 특정한 내용에 관한 입법을 행정부에 위임할 수 있다. 이에 따라 제정된 행정입법을 위임명령이라고 한다. 위임명령은 제정주체에 따라 대통령령, 총리령, 부령으로 나누어진다. 이들은 모두 국민에게 적용되기 때문에 입법예고, 공포 등의 절차를 거쳐야 한다. 위임명령은 입법부인 국회가 자신의 권한의 일부를 행정부에 맡겼기 때문에 정당화될 수 있다. ^(논증의 이정표)**그래서** 특정한 행정규제의 근거 법률이 위임명령으로 제정할 사항의 범위를 정하지 않은 채 위임하는 포괄적 위임은 헌법상 삼권 분립 원칙에 저촉된다. [21092630]

103 플라스틱을 이루는 거대한 분자들은 길이가 길다. ^(논증의 이정표)**그래서** 사슬들이 일정한 방향으로 나란히 배열되어 있는 결정 영역은, 분자들 전체에서 기대할 수는 없지만 부분적으로 있을 수는 있다. 플라스틱에서 결정 영역이 차지하는 부분의 비율은 여러 조건에 따라 조절이 가능하고 물성에 영향을 미친다. 결정 영역이 많아질수록 플라스틱은 유연성이 낮아 충격에 약하고 가공성이 떨어지며 점점 불투명해지지만, 밀도가 높아져 단단해지고 화학물질에 대한 민감성이 감소하며 열에 의해 잘 변형되지 않는다. 이런 성질을 활용하여 필요에 따라 다양한 종류의 플라스틱을 만들 수 있다. [25060811]

104 블록체인 기술에서 고려해야 할 세 가지 특성이 있다. 보안성은 데이터의 무단 변경이 어려울 뿐 아니라 동일한 내용의 데이터가 블록체인의 서로 다른 블록에 또는 단일 블록에 이중으로 포함되는 것이 어렵다는 성질이다. 승인 과정에 걸리는 시간이 줄거나 노드 수가 감소하면 보안성은 낮아진다. 탈중앙성은 승인과정에 다수의 노드들이 참여하고, 특정 노드가 승인 과정을 주도하지 않는다는 성질이다. 노드 수가 감소하면 탈중앙성은 낮아진다. 확장성은 블록체인 기술이 목표로 하는 응용 분야에 적용 가능할 만큼 성능이 높고, 노드 수가 증가해도 서비스 유지가 가능하다는 성질이다. 노드 수가 증가하면 성능이 저하되므로, 확장성이 높다는 것은 노드 수가 증가하더라도 성능 저하가 크지 않다는 것을 의미한다. 그래서 기술 변화 없이 확장성을 높이고자 할 때 노드 수를 제한하는 방법이 사용되기도 한다. 노드 수를 제한하면 성능 저하를 막을 수 있기 ^(논증의 이정표)**때문이다.** 아직까지 블록체인 기술은 보안성, 탈중앙성, 확장성을 함께 높일 수 있는 방법이 없어 대규모로 채택되지 못하고 있다. [25090811]

105 ^(논증의 이정표)**인터넷 ID의 명예 주체성을 인정하는 입장**에 따르면, 자기 정체성은 일원적·고정적인 것이 아니라 현실 세계와 가상 공간에 걸쳐 존재하고 상호 작용하는 복합적인 것이다. 인터넷에서의 자기 정체성은 사용자 개인의 자기 정체성의 일부이기 때문에 자기 정체성을 가진 인터넷 ID의 명예 역시 보호되어야 한다. 반면 ^(논증의 이정표)**인정하지 않는 입장**에 따르면, 생성·변경·소멸이 자유롭고 복수로 개설이 가능한 인터넷 ID는 그 사용자인 개인을 가상 공간에서 구별하는 장치에 불과하다. 인터넷 ID는 현실에서의 성명과 달리 그 사용자인 개인과 동일시될 수 없고, 인터넷 ID 자체는 사람이 아니므로 명예 주체성을 인정할 수 없다는 것이다. [25111417]

106 이러한 규정이 선거 운동의 기회균등 원칙을 침해하는지에 대해 헌법재판소는 위헌이 아니라고 결정했다. ^(논증의 이정표)**다수 의견**은 방송 토론회의 효율적 운영을 고려할 때 초청 대상 후보자 수가 너무 많으면 제한된 시간 안에 심층적인 토론이 이루어지기 어렵고, 유권자들도 관심이 큰 후보자들의 정책 및 자질을 직접 비교하기 어렵다는 점을 지적하며, 이 규정은 합리적 제한이라고 보았다. 반면 ^(논증의 이정표)**소수 의견**은 이 규정이 가장 효과적인 선거 운동의 기회를 일부 후보자에게서 박탈하며, 유권자에게도 모든 후보자를 동시에 비교하지 못하게 하고, 초청 대상 후보자 토론회에 참여한 후보자와 그렇지 못한 후보자를 차별적으로 인식하게 만든다고 지적하였다. 이 규정을 소수 정당이나 정치 신인 등에 대한 자의적이고 차별적인 침해라고 본 것이다. [24110407]

107 ^(논증의 이정표)**데이터를 재화로 보아 소유권이 누구에게 귀속되어야 하는지에 대한 논의가 있다.** 소유권의 주체를 빅 데이터 보유자로 보는 견해와 정보 주체로 보는 견해가 있다. 전자는 빅 데이터 보유자에게 소유권을 부여하면 빅 데이터의 생성 및 유통이 쉬워져 데이터 관련 산업이 활성화된다고 주장한다. 후자는 정보 생산 주체는 개인인데, 빅 데이터 보유자에게 부가 집중되는 것은 부당하므로, 정보 주체에게도 대가가 주어져야 한다고 본다. [24090407]